HD역사스페셜 1

한국사, 신화를 깨고 숨을 쉬다

HD역사스페셜 1

한국사, 신화를 깨고 숨을 쉬다

KBS HD역사스페셜 원작 | 표정훈 해저

효형출판

국립중앙도서관 출판시도서목록(CIP)

HD역사스페셜. 1, 한국사, 신화를 깨고 숨을 쉬다 / KBS HD역
사스페셜 원작 ; 표정훈 해저. ― 파주 : 효형출판, 2006
    p. ;   cm

ISBN 89-5872-025-5 04910 : ₩8800
ISBN 89-5872-019-0 (세트)

911.02-KDC4
951.901-DDC21   CIP2006000474

역사는 사랑이다

〈역사스페셜〉이 새롭게 〈HD역사스페셜〉로 부활한 것은 '사건'이었다.

〈HD역사스페셜〉이 방송을 시작한 것은 광복 60년이 되는 해인 2005년 5월로, 〈역사스페셜〉이 종영된 지 1년 반 만이었다. 1998년 가을에 시작해서 5년여 동안 방송했던 〈역사스페셜〉이 종영되자 시청자들이 들고 일어났다. '역사스페셜 부활'을 위한 모임이 만들어졌고 7000명이 넘는 시청자가 '역스(역사스페셜의 애칭) 부활'을 위해 서명했다. 그리고 이를 끊임없이 KBS에 요구했다. 마침내 방송국은 적당한 시기에 프로그램 부활을 약속했다. 우리 방송사에 유례가 없는 '사건'이었다.

'사건'은 이어졌다. 중국이 동북공정이라는 프로젝트를 통해 고구려, 발해 등의 역사를 자국의 역사에 편입시키려는 의도를 드러내고 일본이 전보다 훨씬 강도 높게 독도 문제를 제기하는 등 우리를 향해 역사 전쟁을 일으키는 듯한 일들이 잇따라 일어났다. 그에 대응해서 위원회가 만들어지고 연구회가 생기고 우리 역사에 대한 수요는 가히 폭발적이었다. 〈HD역사스페셜〉은 이 같은 '역사적' 배경에서 '역사적'으로 되살아났다.

'역사는 사랑'이다. 〈HD역사스페셜〉을 출범시키면서 방송쟁이들에게 역사는 어떠해야 하는가 궁리하다가 역사는 '사랑'이었으면 좋겠다는 생각을 했다. 이 땅, 이 땅에 살았던 사람들, 그들의 삶 그리고 그들이 남긴 모든 것을 사랑하는 것이 역사가 아닐까 싶었다. 〈HD역사스페셜〉도 바로 이 '사랑'에서 출발한다. 지난 〈역사스페셜〉이 주로 좋은 추억을 사랑한 데 비해 이번에는 아픈 추억도 사랑하자는 것이 다를 뿐이다. 오늘도 제작진은 그 '사랑'을 담기 위해 자료를 뒤적이고 유물을 찾고 상상력을 발휘하며 시공간을 넘는 가상 세계를 그리고 있다. 그럼으로써 많은 사람이 우리 역사를 '사랑'하게 하는 데 기여했으면 하는 것이 제작진의 바람이다.

〈HD역사스페셜〉은 욕심을 부리면서 출발했다. 이슈 중심이었던 〈역사스페셜〉과는 달리 선사 시대부터 8·15해방까지 우리의 역사를 시대순으로 다루기로 했다. 역사학자는 통사通史를 쓰는 것을 마지막 학문적 성과로 여긴다는데, 이를 감히 TV 프로그램이 시도한 것이다. 〈다큐멘터리 극장〉, 〈역사의 라이벌〉, 〈역사추리〉, 〈TV조선왕조실록〉, 〈역사스페셜〉 등 10여 년 넘게 역사 프로그램을 제작한 역량이 축적되었다는 자신감에서 감행한 일이었지만 여간 어려운 일이 아닐 수 없다. 프로그램의 경쟁력을 유지하는 것도 녹록하지 않다. 그러나 제작진은 우리 역사에 대한 '사랑'으로 이를 극복하고 있으며 앞으로도 그럴 것이다.

프로그램을 하면서 언제나 느끼는 아쉬움은 충분히 이야기할 수 없다는 것이었다. 매회 60분이라는 시간적 제약, 영상 표현의 어려움 등으로 프로듀서들은 하고 싶은 이야기를 다할 수 없음을 늘 아쉬워한다. 이러한 아쉬움을 책 《HD역사스페셜》은 훌륭하게 채워주고 있다. 프로그램이 환골탈태한 만큼 책도 탈바꿈했다. 본격 HD로 제작한 고품격 다큐멘터리의 뛰어난 영상미를 살리기 위해 판형을 늘리고 편집에도 변화를 시도했다. 출판 칼럼니스트 표정훈 님이 방송을 쉽고 재미있게 읽을 수 있는 글로 풀어 써주었다. 모두 여섯 권으로 펴낼 《HD역사스페셜》은 새로운 통사적 접근 모델로 청소년을 비롯한 모든 독자에게 사랑받는 흥미롭고 유익한 교양서가 될 것이다.

이 책은 우리 역사를 사랑하고 〈역사스페셜〉을 사랑하는 사람들이 있어 만들어질 수 있었다. 먼저 〈역사스페셜〉 시청자 여러분께 감사드린다. 〈역사스페셜〉은 남다른 사랑과 격려를 보내준 시청자들이 있어 오늘에 이른 것이다. '종영반대 서명 운동'을 이끌고 참여한 분들에게도 감사드린다.

제작진 못지않게 〈역사스페셜〉을 사랑하여 이번에도 적극 나서서 책을 펴낸 효형출판 관계자에게도 고마움을 전한다. 아까운 시간을 쪼개어 자문에 응해 자료를 찾아주고 인터뷰하고 현장을 함께 다녀주신 역사학자 여러분에게도 감사 인사를 드린다.

그리고 우리의 제작진―프로듀서, 작가를 비롯한 모든 스태프들에게 감사한다. 제작진 한 사람 한 사람의 땀과 열정이 우리 역사에 대한 사랑이 되어 프로그램에, 또 이 책에 담겨 있기 때문이다.

2005년 10월
여의도 한국방송공사 신관 6층에서
KBS 광복 60년 프로젝트 팀장 남성우

순간 포착의 스케치, 역사를 말하다

역사의 궁극적인 꿈은 과거 인간 행위를 속속들이 아우르는 총체적인 모습을 재구성하여 기술하는 전체사全體史가 아닐까? 그러나 역사학자들은 과거 인간 행위의 작은 한 모퉁이一隅를 붙잡아 깊이 파고든다. 물론 아주 작은 한 모퉁이를 깊이 파고들더라도 그 결과는 전체사라는 끝을 알 수 없는 거대한 그물과 연결되어 있다. 그물의 한 모퉁이를 통해 그물 전체의 짜임새를 가늠할 수 있을 때, 비로소 한 모퉁이를 깊이 파고든 역사학자의 노고는 빛을 발하게 된다.

KBS 한국방송이 기획·제작·방영한 〈HD역사스페셜〉의 각 편은 작지만 결코 작지 않은 한 모퉁이라고 할 수 있다. 선사 시대부터 일제강점기에 이르는 수만 년 세월을 65편으로 살펴보니 그 한 편이 얼마나 작은 한 모퉁이일지 짐작할 수 있다. 그러나 아주 작은 한 모퉁이들이 저마다 해당 시대의 중추를 짚어낸다는 점에서, 작은 한 모퉁이의 의미는 결코 작지 않다.

《HD역사스페셜》의 한 편 한 편은 그 시대가 역사 전개 과정에서 갖는 의미, 중요한 역사학적 주제와 쟁점 등을 조망할 수 있는 전망대 구실을 한다. 대상의 특징을 잡아 빠르게 묘사해낸 스케치 그림들을 모아놓은 한 권의 역사 스케치북이라 해도 좋다. 이 책의 독자가 한국사의 어떤 전체상과 특징 그리고 얼개를 대략만이라도 포착할 수 있다면, 《HD역사스페셜》은 비로소 그 구실을 다했다고 할 것이다.

우리 역사의 다채로운 풍경들을 좀더 속속들이 감상하고픈 독자 여러분이 스스로 그 풍경에 가까이 다가서려는 노력을 기울이려 할 때, 《HD역사스페셜》이 든든한 발판이자 반려가 될 수 있으면 좋겠다. 방송 프로그램과 마찬가지로 이 책 역시 우리 역사를 연구하는 수많은 연구자의 집단 창작이라고 해도 지나치지 않다. 이 책이 발할지도 모르는 어떤 공업功業은 거의 전적으로 그들의 학덕學德에 빚지고 있는 셈이다. 지면으로나마 감사드린다.

2005년 10월
표정훈

차례

일러두기

1. 고고학 용어는 중·고등학교 《국사》 교과서, 국립국어원의 《국어 순화 자료집》, 《표준국어대사전》에 따라 표기했다. 널리 알려진 한자어가 있는 경우, 대괄호 안에 한자를 썼다. (예) 널무덤〔土壙墓〕.
2. 한자, 원어, 설명 등은 소괄호를 쓰지 않고 내용 옆에 작은 글씨로 표기했다.
3. 외국의 인명, 지명의 표기는 외래어 표기법에 의거했다.
4. 중국 인명은 과거인과 현대인을 구분하여 과거인은 종전의 한자음대로, 현대인은 중국어 표기법에 따라 적었다.
5. 중국의 역사 지명으로 현재 쓰이지 않는 것은 우리 한자음대로 하고, 현재 지명과 같은 것은 중국어 표기 법을 따랐다.
6. 중국 및 일본의 지명 가운데 우리 한자음으로 읽는 관용이 있는 것은 이를 허용했다.
7. 도판은 KBS 〈HD역사스페셜〉의 방송영상을 KBS미디어에서 제공받았다. 그 외의 도판은 저작권자를 명 시했다.

01 한반도의 첫 사람들

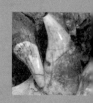

최초의 인류와 우리의 조상을 밝히기 위해 고고학자들은
작은 돌맹이 하나도 예사롭게 보아 넘기지 않는다.
문명이라 일컫기에는 삶의 방식과 기술이 초보적이었던
구석기 시대 한반도에 살았던 사람들.
그들의 의식 세계와 문화는 우리와 크게 다르지 않았다.

과거를 향한 지적 호기심

옛 사람들의 내력과 생활을 오늘날 우리가 어떻게 알 수 있을까? 아주
가까운 과거라면 사진에 찍히거나 영상물에 담긴 당시 모습을 볼 수도
있겠지만, 사진이나 영상 기기가 발명된 것은 그리 오래전의 일이 아니
다. 그러므로 역사학자들은 주로 문헌 사료史料, 즉 문자로 남겨진 기록
으로 옛 사람들의 내력과 생활을 밝히려 한다.

그렇다면 문자로 기록된 사료가 없는 시대는 어떻게 연구해야 할까?
더구나 그러한 시대가 인류의 역사에서 훨씬 더 길지 않은가. 결국 그
시대 사람들이 남긴 유물과 유적을 바탕으로 연구하는 수밖에 없다. 문
헌 사료가 있는 시대, 즉 문자 기록으로 남아 있는 시대를 역사歷史 시대
라 할 때, 그 전 시대를 선사先史 시대라 한다. 선사 시대에는 석기 시대,
청동기 시대, 철기 시대가 모두 포함되어 있지만, 해독할 수 있는 문헌
사료가 나타나는 시대가 지역에 따라 다른 데다가 그 시대의 문화, 사회,
경제 등의 발전 단계도 다양하기 때문에 선사 시대란 용어가 엄밀한 말

16

은 아니다.

연구하는 시대가 오래전이어서 문헌 사료가 적을수록 역사학자들은 유물과 유적에 더 많이 의존하는 경향이 있으며, 특히 선사 시대의 연구에는 유물과 유적이 절대적으로 중요하다. 과연 아득한 옛날, 선사 시대 한반도에 살았던 첫 사람들은 누구이며, 어떻게 살았을까?

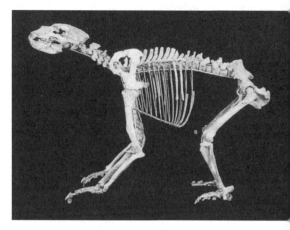

두루봉 동굴 유적에서 출토된 동굴곰뼈. 전 세계에서 유일하게 전체가 다 남아 있는 화석이다.

1976년 충청북도 청원군 문의면 두루봉 지역에서 석회암 광산을 일구던 도중 여섯 개의 동굴이 나타났다. 선사 시대 유적지로 밝혀진 이 동굴들에서 사슴, 표범, 노루, 원숭이, 곰 등 다양한 동물의 엄청나게 많은 뼈와 치아, 화석은 물론, 석기石器와 인골人骨까지 출토되었다.

이렇게 많은 구석기 시대 유물이 썩지 않고 남아 있었던 것은 이 지역의 토양이 알칼리성 석회암으로 이루어졌기 때문이다. 두루봉 동굴 유적에서 발굴된 동물 화석 중에는 지금은 멸종되고 없는 동물도 여럿 포함되어 있다. 현재 지구상에 존재하지 않는 쌍코뿔이와 전 세계에서 유일하게 완벽한 한 마리 분의 화석으로 발견된 동굴곰이 그 예다. 두루봉 지역의 동굴 유적 여섯 곳은 각기 다른 시기의 것이며, 지금의 한반도보다 훨씬 따뜻한 곳에 살았던 동물들의 화석이나 뼈가 발견되었다. 옛코끼리와 쌍코뿔이 등이 살았던 시기의 한반도 자연환경은 오늘날 아열대 지방과 비슷했다. 대체로 따뜻하고 습한 기후로, 지질 시대로 보면 홍적

세洪積世 중기에 해당한다.

그런데 이렇듯 아득히 먼 옛날 선사 시대의 이야기를 굳이 역사학에서 다뤄야 할지 의문을 품을 사람도 없지 않을 듯하다. 그보다 분명하게 알 수 있는 시대부터 다루면 될 터인데 왜 구태여 그 먼 옛날까지 거슬러 올라가려 하는가?

고고학계에서는 아주 먼 옛날 아프리카에서 출발한 사람들이 전 세계로 퍼져나가 인류의 역사가 시작되었다고 믿고 있다. 그렇다면 한반도에 처음 등장한 사람들은 누구였을까? 그 사람들과 지금의 우리는 어떤 연관이 있을까? 그들은 우리와 어떤 면에서 비슷하고 어떤 면에서 다를까? 그들이 우리의 직접 조상일까? 바로 이런 질문들이 역사학에서 선사 시대를 다루는 까닭이다. 바꿔 말하면, 되도록 인류의 가장 먼 과거 또는 인류의 기원을 알고 싶어하는, 거의 본능에 가까운 인간의 지적 호기심과 탐구욕 때문이다.

문헌 사료에 바탕을 두고 역사 시대를 연구할 때도 어느 정도 그렇지만, 선사 시대에 관한 역사학자들의 대답에는 확실한 정답이 없다. 같은 유물과 유적을 놓고도 역사학자마다 달리 해석하는 경우가 얼마든지 있다. 더구나 의미 있는 학설을 내세우기에는 유물과 유적이 부족한 시기도 있기 때문에, 약간은 상상력을 발휘해야 할 때도 있다.

그래서 먼 옛날을 연구하는 일은 조각 그림 맞추기와 비슷하다. 더구나 우리가 가진 조각은 그림을 완성하는 데 필요한 조각의 숫자에 한참 못 미칠 때가 많다. 그러므로 우리는 활용할 수 있는 조각들을 제자리에 배치하면서, 조각이 없어 비어 있는 자리를 메워나가고, 이를 통해 전체 그림을 그려보는 수밖에 없다. 그러니 여기서 제시할 대답은 유일하고 확실하다기보다는, 다른 대답들보다는 설득력 있는 해답이라고 할 수 있다. 다른 모든 학문 분야와 마찬가지로, 역사학에서도 여러 가지 학설과

주장에 대해 열린 태도로 접근할 때, 꼭 진리가 아니
더라도 조금은 더 진리에 가까운 답을 할 수 있다.
이제 그런 대답을 찾아보자.

우리의 직접 조상을 찾아서

지구상에 등장한 사람들이 최초로
도구를 사용한 약 250만 년 전부터 1
만 년 전까지는 이른바 뗀석기(打製石
器)가 쓰였다. 이 시대를 구석기 시대
라 한다. 이렇게 본다면 인류 역사는 대부분
구석기 시대에 해당한다.

전문가가 아닌 보통 사람의 눈에 구석기 시대
의 석기들이 아무 쓸모도 없는 평범한 돌멩이로
보이기 쉽다. '겨우 이런 어설픈 도구들밖에 만
들 수 없었다니', '이런 건 어린아이라도 쉽게 만
들겠다' 이런 생각을 품을 수도 있다. 그러나 구석

주요 구석기 발굴 지역.

기 시대의 석기들은 그 발굴지에 사람이 살았음을 말해
주는 소중하고 강력한 증거다. 그리고 나중에 살펴보겠지만, 구석기 시대
후기로 갈수록 석기 제작 방식이 차츰 복잡하고 정교해져서, 숙련된 솜
씨가 아니면 제대로 만들 수 없는 수준에 이른다.

한반도에 구석기 시대가 존재했다는 사실이 입증된 때가 1960년대
중반이니, 우리나라의 구석기 연구는 이제 겨우 40년이 되었을 뿐이다.
하지만 지금까지 밝혀진 구석기 유적은 모두 1000여 곳에 달하며 지금도
전국 곳곳에서 구석기 시대 유적이 쏟아져 나오고 있다. 한반도는 구석

기 유적과 유물이 특히 많아 세계 고고학계에서 주목하는 지역이다. 남한과 북한을 통틀어 구석기가 발견되지 않는 지방이 없을 정도로 유적이 고루 분포한다. 그러니 누가 알겠는가? 우리 가운데 누군가가 멀지 않는 곳에 강이 흐르는 경치 좋은 산을 오르다 구석기 유물이나 유적을 발견하게 될른지.

그렇듯 많은 유적 가운데 북한 평양특별시 상원군의 검은모루(검은색 모퉁이) 구석기 유적을 보자. 한반도에서 사람이 산 흔적 가운데 가장 오래된 곳으로 평가받는 청원군 두루봉 동굴과 마찬가지로 이곳에서도 쌍코뿔이를 비롯한 사멸종을 포함해 하이에나, 원숭이, 사슴 등 모두 스물아홉 종의 동물뼈가 발견되었다. 현재 북한 학계는 이 유적을 바탕으로 이미 100만 년 전부터 한반도에 사람이 살았다고 보고 있다. 사멸종이 많다는 것은 아주 오래전 해당 지층이 메워졌다는 뜻이며, 석기의 존재는 인골이 나오지는 않았더라도 사람들이 그곳에 살면서 동물을 잡아먹었음을 알려준다. 그러니 선사 시대 인간의 행위를 엿볼 수 있는 중요한 유적이라 할 수밖에.

그렇다면 이 검은모루 유적에는 누가 살았을까? 비슷한 시기를 살았던 베이징원인과 자바원인을 단서로 그 모습을 추정해보자. 이 시기 사람들은 오늘날의 현대인과는 크게 달랐다. 특히 앞이마가 낮아 앞뇌가 덜 발달했다. 진화의 결과 가장 큰 변화를 보이는 신체 부위는 바로 두개골이다. 현생 인류로 내려올수록 생각하는 능력을 관장하는 앞뇌가 발달하기 때문에 앞이마가 솟는다. 인류의 진화 단계에서 가장 발달한 인류를 호모 사피엔스Homo sapiens, 즉 '지혜를 갖춘 인간' 또는 '슬기 사람'이라 일컫지 않던가. 인류는 지구상에 나타난 이후 현대인이 되기까지 오랜 진화의 과정을 거쳐야 했다. 그러므로 자바원인이나 검은모루에 살았던 사람들을 오늘날 우리의 직접 조상이라고 하기는 힘들다. 그렇다면

한반도에 살았던 최초의 현생 인류, 우리
의 직접 조상은 누구일까?

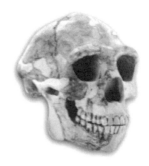

　다시 청원군 두루봉 유적으로 돌아가
보자. 흥수아이. 약 4만 년 전의 사람으로
추정되는 이 인골의 이름은 처음 발견하여
제보한 김흥수 씨의 이름을 따서 '흥수아이'
라 붙여졌다. 흥수아이는 동아시아에서 유일하
게 전신이 완전한 형태로 발견된 구석기 시
대 사람으로, 키가 120센티미터 정도 되는

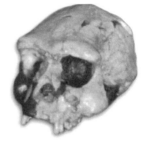

어린아이다. 사람은 보통 만 여섯 살 정도
면 젖니가 빠지고 영구치가 올라오는데,
흥수아이는 젖니가 남아 있고 영구치인
앞니가 뼛속에 남아 있는 걸로 보아 만 여
섯 살이 채 안 된 것으로 추정한다.

(위부터) 베이징원인과 자바원인.
나중에 나타난 베이징원인의 두
개골이 더 크다. 그만큼 뇌의 부
피도 클 것이다.

　4만 년 전에 살았던 이 아이의 얼굴은
어떤 모습일까? 사람의 두개골에는 해부학
적 부위의 치수를 과학적으로 측정할 수 있는 많은 계측 지점이 있다. 이
지점들을 비교하면 인종별·민족별로 다른 인류학적 특징을 꽤 정확하게
확인할 수 있다. 두개골의 계측 지점들을 측정한 뒤에 기초 골격을 완성
한다. 피부의 두께를 계산하여 각 지점의 두께만큼 점토를 붙여 얼굴 모
양을 만든 다음에는 해부학 지식을 이용해 얼굴의 윤곽선과 근육 등 좀
더 세부적인 특징을 표현한다. 세계적으로 활용되고 있는 방법으로, 컴
퓨터 작업보다도 더 정확한 결과를 얻을 수 있다.

　두루봉 지역은 아득한 옛날부터 수많은 사람이 살아온 터전이다. 4만
년 전 어느 날 이곳에서 한 아이가 태어나 오늘날의 여느 아이처럼 가족

(왼쪽부터) 한반도 첫 사람의 비밀을 간직한 흥수아이 유골과 흥수아이 복원 모습. 오늘날 우리나라 어느 곳에서나 만날 수 있는 어린아이와 크게 다르지 않다.

의 사랑을 받으며 개구쟁이로 자라났다. 그러다가 질병이나 불의의 사고 혹은 그 밖에 우리가 잘 알지 못하는 원인으로 여섯 살도 채 되기 전에 세상을 떠났다. 그 시대 많은 어린아이가 흥수아이와 비슷한 운명을 맞이했을 것이다. 흥수아이처럼 일찍 세상을 떠나지 않고 살아남아 성인이 되어 자손을 남긴 사람들, 또 그들의 자손들과 그 자손들의 자손들, 이렇게 이어져 내려와 오늘날 이 땅에 우리가 살고 있다.

집도 짓고 마을을 이루니

현재까지 발굴된 사람 중에 가장 이른 시기 사람이자 우리들의 직접 조상이라 할 흥수아이가 살던 시대 한반도 사람들의 생활은 어떤 모습이었을까. 흔히 구석기 시대라고 하면 돌도끼를 들고 뛰어다니며, 맹수나 추위 등을 피하기 위해 동굴 속에 모여 사는 사람들의 모습을 상상한다. 우리나라에 그렇게 많은 동굴이 있을 것 같지 않은데, 그렇다면 이 땅의 구석기 시대 사람들은 어디에서 살았을까?

남한강이 한눈에 내려다보이는 단양의 금굴(충청북도 단양군 매포읍 도담리). 우리나라에서 발굴된 구석기 동굴 유적 가운데 그 규모가 가장

우리 땅에서 가장 오래된 인골 유적은?

홍적세에 나타난 화석 인류는 크게 원인猿人·원인原人·구인舊人·신인新人으로 나뉜다.

가장 원시적인 인류인 원인猿人으로는 남아프리카의 오스트랄로피테쿠스와 파란트로푸스, 동아프리카의 진잔트로푸스, 원인原人으로는 자바의 피테칸트로푸스(자바원인)와 중국의 시난트로푸스(베이징원인)가 대표적이다. 그리고 구인으로는 네안데르탈인이, 현 인류와 동류인 신인으로는 호모 사피엔스가 있다. 일각에서는 네안데르탈인을 호모 사피엔스에 포함시키기도 한다.

우리 땅에서 가장 오래된 인골은 어디에서 나왔을까? 북한의 평안남도 덕천시 승리산 동굴에서 발견된 덕천사람(어금니와 어깨뼈)과 평양특별시 대현동 역포동굴에서 나온 역포아이(머리뼈)로 추정하고 있다. 덕천사람과 역포아이(열 살 안팎의 여자아이)는 구석기 시대 중기, 대략 10만 년 전 사람으로 모두 네안데르탈인이다.

동아시아 지역에서 가장 오래된 구석기 시대 사람은 70~20만 년 전의 베이징원인이다. 앞으로 우리나라에서 베이징원인과 비슷한 시대 사람의 흔적을 찾아낼 가능성도 없지 않다.

평안남도 덕천시 승리산 동굴 유적에서는 덕천사람이 발견된 곳보다 조금 더 위쪽에서 다른 사람의 아래턱뼈가 발견됐다. 이 인골을 '승리산사람'이라 한다. 또 평양시 승호구역 만달리 동굴에서도 사람의 아래턱뼈와 머리뼈가 발굴됐다. 이를 만달사람이라 한다. 이들 모두 크로마뇽인으로, 대략 4~3만 년 전 사람이다.

크다. 굴의 평균 높이만 해도 12미터, 전체 길이는 150미터가 넘는다. 1983년부터 3년에 걸쳐 진행된 발굴 결과, 이곳은 최고最古 70만 년 전부터 구석기인의 주거지였던 것으로 밝혀졌다. 앞으로는 남한강이 흘러 물고기 자원이 풍부하고, 넓은 들을 따라 짐승을 잡기도 좋고, 동굴이 크고 아늑해서 아주 옛날부터 사람들이 살기 좋았을 환경이다.

구석기 시대에 동굴은 가장 훌륭한 주거지였다. 그러나 모든 동굴이 이 금굴처럼 집으로 이용된 것은 아니다. 가파른 산비탈에 자리한 단양 구낭굴(충청북도 단양군 가곡면 여천리) 역시 구석기 시대 동굴 유적이지만 거주 외의 다른 용도로 이용되었다고 추정된다. 이곳에서는 엄청난 양의 동물뼈가 출토되었고, 지금도 동굴 곳곳에서 동물뼈를 쉽게 찾아볼 수 있다. 하나도 깨지지 않은 온전한 모양의 사슴 뒤축뼈를 비롯해 굉장히 많은 뼈가 나오고 있다. 동물 화석도 무수히 발견되는데 대부분 조각나 깨진 상태다. 이로 미루어보면 이 동굴은 사람이 오랜 기간 머물며 생활하던 장소가 아니라, 짐승을 대량으로 도살하던 곳이 아닐까?

구낭굴에서 수집된 뼛조각은 모두 3만여 점으로, 그 중 사슴뼈가 가장 많다. 사슴뼈의 치아를 분석해본 결과 50퍼센트 이상이 사냥하기 쉬운 어린 사슴이었다. 사슴은 6월을 전후해서 태어나는 동물이니 구낭굴에서 발견된 사슴뼈는 대부분 늦가을에서 초봄 사이에 사냥한 것임을 알 수 있다. 결국 구낭굴은 달리 먹을 것을 구하기 힘든 겨울철 사냥의 베이스캠프였을 가능성이 크다. 구낭굴에서 발견된 뼛조각들을 정밀 분석한 결과도 그런 가능성을 뒷받침한다.

뼛조각에서는 사람의 힘이 가해진 흔적이 보이는데, 그 모습이 조금씩 다르다. 구낭굴 뼛조각과 두루봉 동굴에서 발견된 뼛조각을 비교해보면, 두루봉 동굴에서 나온 뼈에는 잘리거나 긁힌 자국이 많다. 이것은 짐승의 살갗을 벗기거나 하는 섬세한 작업의 결과다. 반면 구낭굴에서 나

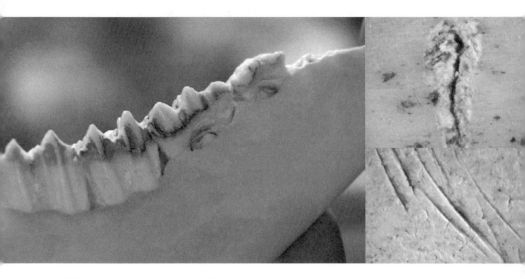

단양 구낭굴에서 출토된 어린 사슴의 턱뼈.
(오른쪽 위부터) 각각 구낭굴과 두루봉 동굴에서 나온 뼛조각. 찍힌 자국과 긁힌 자국이 서로 다른 작업의 결과임을 보여준다.

온 뼈는 대부분 깊이 패어 있고 무언가로 찍은 자국들이 나 있다. 짐승을 거칠게 큰 부위별로 해체할 때 날 만한 자국이다. 이로 미루어보면 구낭굴은 사람들이 차분히 일상생활을 했다기보다는, 짐승을 큰 부위별로 나누어 다른 데로 운반할 준비를 한 일종의 임시 기지로 보인다. 가파른 언덕에 자리한 구낭굴의 입지도 그것을 확인해준다.

그렇다면 이 땅에 살았던 수많은 구석기 시대 사람들은 어떤 집에서, 또 어떤 자연환경에서 살았을까? 남한강과 북한강이 만나는 두물머리 지점에서 이런 궁금증을 풀어주는 유적이 발견되었다. 발굴 당시 이곳에서는 정체를 알 수 없는 구멍이 여러 개 발견되었는데, 연구 결과 이것은 집을 짓기 위해 기둥을 세운 흔적으로 밝혀졌다. 구석기 시대 집터는 충청남도 공주 석장리를 비롯해 여러 곳에서 확인되고 있다. 구석기 시대

화순 대전마을 유적을 바탕으로 복원한 구석기 시대 집.

에 이미 집을 짓고 생활하는 것이 다반사였음을 알 수 있다.

불을 사용한 흔적도 여러 유적에서 확인되었고, 집의 규모도 다양했다. 화순의 대전마을(전라남도 화순군 남면 사수리) 유적에서 발견된 집터를 복원해보니 성인 일고여덟 명이 함께 살 수 있는 큰 집이 만들어지기도 했다. 구석기 시대 사람들의 지적 수준이 매우 낮았다고 생각하기 쉽지만, 주거 문화에서 볼 수 있듯이 그들도 주어진 조건과 기술적 한계 안에서 나름대로 최대한 과학성을 발휘하면서 생활의 편리를 추구했다.

구석기 시대 마지막 단계에 속하는 유물이 대거 출토된 순천의 월평마을(전라남도 순천시 외서면)에서는, 수정으로 만든 석기 등 1만여 점이 넘는 석기가 무더기로 발견되었다. 이 지역은 송광천이 삼면으로 감싸 흘러 살기 좋은 곳이다. 여기서 발견되는 유적들을 살펴보면 당시 일부의 사람들이나마 이곳을 중심으로 정착했던 것으로 보인다. 송광천 주변에는 월평마을 외에도 10여 개의 후기 구석기 유적이 몰려 있어, 이런 가설을 뒷받침해준다. 땅을 파고 만든 신석기 시대의 움집과는 물론 다르지만, 여하간 마을의 효시로 볼 수 있는 유적인 셈이다.

아득한 진화의 과정을 거쳐 마침내 이 땅의 주인공으로 등장한 후기

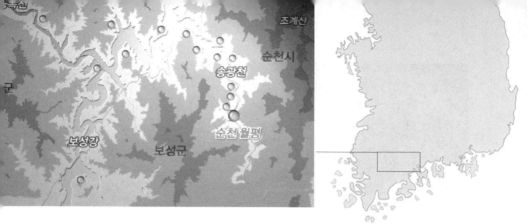

전라남도 순천시 송광천 주변 구석기 유적 분포도. 물길을 따라 마을이 배치되어 있다.

구석기 시대 사람들의 생활은 여전히 수렵과 채집이 중심이었다. 그러나 그들은 생존을 위해 일방적으로 자연에 순응하기만 하는 약한 존재는 아니었다. 필요에 따라서는 동굴을 벗어나 집도 지었고, 살기 좋은 곳을 찾아 모여 사는 지혜를 발휘하기도 했다. 이것은 다음 세대로 전해질 소중한 문명의 유산이었다.

구석기는 힘이 세다

구석기 시대라고 하면 괴성을 지르며 뛰어다니는 원시인만 떠올리는 사람이 있을지 모르겠다. 그런 사람이라면, 구석기인들이 좋은 입지 조건을 가려 집을 짓고 모여 살았음을 신기하게 생각할 법하다. 시야를 넓혀 이런 질문도 해볼 수 있다. 한반도에서 저런 집을 지었다면, 당시 전 세계에 널리 퍼져 살고 있던 다른 구석기인들은 어떠했을까?

　프랑스의 구석기 시대 집터를 보면 우리나라와 별반 다르지 않다. 물론 평범한 모양의 집들만 있었던 건 아니어서, 우크라이나에서는 매머드의 상아와 턱뼈를 이용해 만든 뼈집이 발굴되었다. 이런 집을 지으려면

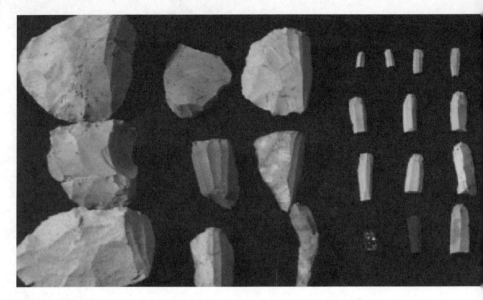

연천 전곡리 출토 주먹도끼. 돌덩이를 손에 쥐기 좋은 형태로 다듬어서 짐승을 사냥하는 데는 물론,
짐승의 가죽을 벗기거나 땅을 파고 나무뿌리 등을 캐는 데도 썼다.

단양 수양개 유적 출토 흑요석.
규산이 풍부한 유리질 화산암
인 흑요석은 가볍게 내려치기
만 해도 날카로운 날을 만들
수 있어 석기 시대에 칼·화살
촉·도끼로 사용되었다.

수십 마리의 매머드가 필요하고, 그렇게 많
은 매머드를 사냥하고 해체해야 했는데, 석
기만 갖고도 나무를 자르고 집을 짓고, 동물
을 사냥하는 일이 모두 가능했을까? 석기
로 할 수 있는 일이 그렇게 많았을까?

1978년 경기도 연천군 전곡리에서는 세
계 구석기 역사를 다시 쓰게 만든 중요한 유물
이 발견되었다. 아슐리안Acheulian 도끼, 즉 주
먹도끼가 세계 고고학계를 발칵 뒤집어놓은
것이다. 전곡리 유적을 찾기 전에는 아슐리안
도끼가 인도 서쪽, 즉 유럽과 아프리카에서만

발견된다는 것이 고고학계의 정설로 인정받았다. 그래서 인도 이서以西는 아슐리안 문화권, 동아시아 지역은 찍개 문화권으로 구분했다. 이런 주장을 구석기 이원론 학설이라 하는데, 주먹도끼를 사용하는 유럽의 구석기 문명이 아시아보다 우월하다는 주장을 은근히 함축하고 있었다. 그러나 전곡리 유적이 발견되면서 이 학설은 무너지고 말았다.

2만 5000년~1만 2000년 전에 쓰인 좀돌날. 너비 0.5~5cm의 좀돌날은 구석기 시대의 '석기 혁명'이라 할 만큼 획기적인 도구다.

주먹도끼 이전의 석기들은 마구잡이로 깨다가 얻게 된 우연의 산물에 가까운 데 비해, 주먹도끼는 어떻게 만들겠다는 분명한 의도, 설계, 일종의 디자인을 갖고 제작한 것이므로 훨씬 발전된 기술의 산물이라 할 수 있다. 도구를 머릿속에 그리고 계획에 따라 만들었다는 자체가 중요한 발전일 뿐 아니라, 제작 과정도 복잡해지고 도구의 효율성도 크게 높아졌다.

대부분의 이기利器가 그렇듯 새로운 석기도 어느 날 갑자기 등장한 게 아니라 오랜 세월에 걸쳐 조금씩 발전했는데, 한반도에서도 예외가 아니다. 큰 돌멩이 하나로 하나의 석기를 만들던 전과 달리, 구석기 중기에 이르면 몸돌에서 떼어낸 여러 개의 돌조각이나 판을 이용하는 기술이 널리 퍼졌다. 예컨대 약 4만 년 전 무렵에는 훗날 돌날이라 부르는, 훨씬 더 얇고 날카로운 돌조각이 쓰였다. 그리고 2만 5000년 전쯤에는 전과 비교할 수 없을 만큼 작아진 석기인 좀돌 혹은 잔석기[細石器]가 등장한다. 잔석기의 등장은 획기적인 기술 혁명이었다. 구석기 시대에도 기술 혁명은 끊임없이 이뤄지고 있었고, 우리나라 곳곳에서 발견되고 있는 석기들

구석기 제작 기법 재현. (왼쪽부터) 다른 돌로 때려서 만드는 직접떼기, 정과 비슷한 뾰족한 도구를 사용하는 간접떼기, 좀더 정밀하게 다듬을 수 있는 눌러떼기.

이 그 생생한 증거다.

석기 제작은 숙련된 기술이 필요한 작업이다. 구석기 시대 사람들이 사용하던 석기들은 모양과 쓰임새가 매우 다양했다. 동물의 가죽을 벗기는 것같이 정밀함이 필요한 작업도 석기로 얼마든지 할 수 있다. 약간의 해부학 지식만 있으면 구석기 시대 석기만으로 동물의 가죽을 피 한 방울 내지 않고 벗길 수 있다. 동물의 뼈와 가죽, 살을 자주 분리하다 보니 어느 부위를 어떻게 자르면 되는지, 어디를 잘라 옷을 만들고 어느 뼈로 도구를 만들지 잘 알고 있었을 것이다.

몸돌을 나무 등의 도구에 끼워서 떼어낸 좀돌날은 작지만 매우 날카로운 날들을 가진 도구로 구석기 시대 마지막 단계에서 나온 가장 발달된 석기다. 나무 등에 끼워서 낫이나 작살, 칼 등을 만들 수 있는데, 좀돌날을 만들려면 주변에서 쉽게 구하기 힘든 단단한 돌이 필요했다. 세계적인 후기 구석기 유적인 단양 수양개(충청북도 단양군 적성면 애곡리) 유적에서는 3만여 점에 달하는 석기는 물론, 석기 제작터도 여러 곳 발견되었다. 모두 50군데의 석기 제작터가 1250제곱미터 안에 분포해 있는데, 한 지역에 이만큼 집중해 자리한 경우는 정말 드물다. 가히 아시아 최대의 석기 공방이라고 할 만하다.

수양개에서도 여러 점이 발견된 흑요석黑曜石은 좀돌날을 만드는 가장 중요한 재료 중 하나다. 화산 지형에서만 얻을 수 있는 이 석재는 어디서 나왔는지에 따라 그 성분이 각각 다르다. 그렇다면 화산 지형과 거리가 먼 수양개의 흑요석은 어디에서 왔을까? 발견 유물의 샘플을 채취해 성분을 분석한 결과, 수양개에서 발견된 흑요석은 서로 다른 세 지역에서 온 것임을 확인할 수 있었다.

구석기 후기인 마지막 빙하기에 바닷물이 줄어든 동아시아의 모습. 그림에 밝은 색으로 나타난 오늘날 바다인 지역이 육로로 연결되어 있었다.

지금은 우리나라에서 발견된 구석기 시대 흑요석 가운데 강원도 홍천 것만이 원산지가 밝혀진 상태다. 러시아 과학원의 분석 결과, 홍천(강원도 홍천군 북방면 하화계리) 흑요석은 백두산에서 가져온 것으로 확인되었다. 백두산에서 홍천까지는 약 450킬로미터. 결국 홍천 흑요석은 구석기 시대 사람들이 이렇게 먼 거리를 이동했다는 증거물이다. 이렇듯 귀하게 얻은 흑요석은 당시 사람들에게 무척이나 소중한 의미였을 것이다. 때로는 홍천 지역까지 흑요석을 갖고 오다가 만난 사람들에게 흑요석을 떼어주고 물건이나 식량을 구하기도 했을 것이다. 말하자면 구석기 시대에 물물 교역의 매체였을 수 있다.

좀돌날 문화를 이루었던 사람들의 행동반경은 우리 생각보다 훨씬 더 넓다. 일본 후쿠오카 시립박물관에 전시된 석기는 대부분 후기 구석

(왼쪽 위부터) 일본 후쿠오카 시립박물관 소장 슴베찌르개와 단양 수양개 출토 슴베찌르개. 이러한 잔석기들은 한반도에서 일본으로 건너갔으리라 짐작된다. 이러한 슴베찌르개는 일상생활에서 다양한 용도로 쓰였다(오른쪽).

기 시대의 것으로, 슴베찌르개와 좀돌날, 몸돌 등 잔석기가 주종을 이룬다. 우리나라에서 발견된 잔석기와 거의 비슷한 이 석기들은 같은 사람들이 만들었을 가능성이 크다. 일본의 관련 전문가들도 단양 수양개 유적이 발견된 이후에는, 일본 규슈九州 지방에서 발견된 잔석기들이 한반도에서 건너온 것으로 인정하고 있다. 그런데 구석기 시대 사람들이 어떻게 한반도와 일본을 오갈 수 있었을까. 이는 마지막 빙하기에 바닷물이 얼어붙으면서 육로 여행이 가능했기 때문이다.

모양도 쓰임새도 다양했던 구석기 시대의 석기들

구석기인들은 부딪혀떼기, 모루떼기 등 다양한 석기 제작 기술을 사용해서 주먹도끼, 톱니날, 밀개 등 원하는 모양과 크기, 용도의 다양한 석기를 만들었다. 뗀석기는 원석原石에 타격을 가해 원하는 모양을 만든 몸돌석기와, 타격으로 떨어져나온 돌조각(격지)을 손질해 만든 격지석기로 나뉜다.

여기서 몸돌은 격지석기를 만들기 위해 격지를 떼어내고 남은 돌을 가리키는데, 이를 석기로 사용했을 때는 몸돌석기라 부른다. 또 석기를 만드는 방법에는 돌·나무·뼈로 만든 망치를 손에 들고 원석을 내리치는 간접떼기, 모룻돌에 원석을 부딪쳐서 만드는 직접떼기, 뾰족한 막대기나 뼈를 돌의 모서리에 놓고 압력을 가해 격지를 떼어내는 눌러떼기가 있다.

| 뗀석기 종류와 쓰임새 |

■주먹도끼
주먹에 쥐고 쓴다. 짐승을 잡거나 털과 가죽을 분리할 때 사용했다.

■긁개
둥글넓적한 모양으로 날을 세워 짐승을 사냥하거나 나무를 찍어낼 때 썼다.

■뚜르개
구멍을 뚫거나 옷감을 만들 때 사용했다.

■밀개
긁개보다 좀더 길고 가는 박편을 이용하여 만든 것으로, 끝부분에 좌우 대칭으로 날이 있어서 나무껍질을 벗겨내는 데 효과적이었다.

■슴베찌르개
박편의 양쪽을 다듬어서 끝부분을 뾰족하게 만든 것으로, 자루를 달아 창 같은 무기로 사용하기도 했다.

좀돌날 제작 과정. 좀돌날 몸돌을 고정시키고 사슴뿔로 세게 누르면 좀돌날이 떨어져 나온다. 좀돌날 칼로 짐승의 고기도 자를 수 있었다.

그들도 우리처럼

동아시아 전 지역을 무대로 좀돌날 문화를 이루었던 후기 구석기 시대 사람들의 자취가 다음 시대로 이어졌음을 보여주는 흔적이 있다. 바로 제주도 고산리(북제주군 한경면)에서 발견된 석기 시대 유적인데, 그곳에서는 대표적인 신석기 유물 토기가 출토되었다. 이로써 고산리 유적이 신석기에 속하는 것임을 알 수 있었다. 그런데 고산리 유적에서 나온 석기들은 전 시대보다 크기가 작고 좀더 섬세하기는 했지만, 기본 제작 방법은 크게 다르지 않았다. 구석기 시대의 석기와 신석기 시대의 토기가 함께 발견되었다는 사실은 후기 구석기 시대와 신석기 시대가 단절되어 있지 않았음을 알려준다.

신석기 시대가 되었다는 사실은 구석기 시대 사람들이 몰락하고 완전히 새로운 신석기인이 등장했음을 뜻하지 않는다. 오히려 구석기 시대 사람들이 발전시킨 문화가 활짝 꽃을 피운 결과, 신석기 시대라는 새로운 시대가 열렸다고 보는 편이 옳다. 구석기 시대 사람들은 어느 날 갑자기 이 땅에서 사라진 것이 결코 아니다. 그들이 일군 문화가 신석기 시대로 이어지고, 신석기 시대 문화가 다시 청동기 시대로 면면히 이어져 내려온 것이다. 이렇게 본다면 오늘날 우리에게도 아득히 먼 옛날 한반도에서 살았던 구석기인들의 피와 슬기가 전해 내려온다고 할 수 있다.

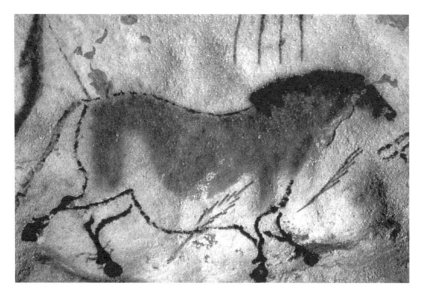

프랑스 라스코 동굴벽화. 동물의 그림을 그리는 데는 주술적인 의미가 담겨 있다. 구석기인들의 감정과 욕망을 우리에게 전하는 증거다.

그렇다면 감정은 어땠을까? 사람이라면 누구나 갖는 보통의 마음 또는 생각을 뜻하는 인지상정人之常情이라는 표현도 있지만 사랑, 미움, 슬픔, 기쁨, 죽음에 대한 두려움, 이런 감정들은 사람이라면 누구나 느끼기 마련이다. 구석기인들도 사랑하는 사람을 이승에서 저승으로 떠나보내는 슬픔을 느꼈을까? 슬픔을 느끼는 데 그치지 않고 그것을 어떤 방식으로든 표현했을까? 그 표현 방식이 소리를 지르거나 하는 수준에 머무르지 않고 어떤 일정한 형식을 갖추고 있지는 않았을까? 우리가 구석기인들의 후손이라면 우리가 느끼는 감정들도 그들에게 물려받은 게 아닐까?

1940년 프랑스의 몽티냐크, 산속을 헤매던 네 소년이 깊고 어두운 동굴 속에서 신기한 그림을 발견했다. 바로 1만 5000년 전 구석기 시대에 그려진 라스코Lascaux 동굴벽화다. 여기서는 벽화뿐 아니라 동물의 뼈로 만든 구석기 시대 예술품도 많이 발견되었다. 동물의 뼈는 구석기 시대에 예술품을 만드는 가장 중요한 재료였고, 한반도에서도 동물뼈를 이용한 구석기 시대 예술품들이 발견된다. 끝 부분에 구멍을 뚫어 끈으로 묶은 뒤 목에 걸거나 몸에 걸칠 수 있는, 뼈로 만든 일종의 장신구도 그 예다.

아직까지 우리나라에서 동굴벽화가 발견된 적은 없지만, 단양 수양개에서 나온 쇠뼈에는 물고기 그림이 그려져 있다. 구석기 시대 사람들은 뼈를 생명의 원천으로 여겼다. 뼈에 영혼이 깃들어 있다고 생각했고, 개체가 죽은 뒤에 뼈로 부활한다고도 생각했다. 그렇다면 수양개 유적이 강가에 있다는 점이 예사롭지 않다. 물고기를 잡아먹은 구석기인들은, 그 물고기가 되살아나 다시 많은 물고기가 잡히길 바라는 주술적인 의미를 담아 쇠뼈에 물고기 그림을 새기지 않았을까? 여기에 뼈가 가진 주술적 의미가 더해져 물고기 모양의 예술품이 만들어졌을 것이다.

청원 두루봉 동굴에서 나온 동굴곰의 뼈무지에서도 구석기인의 의식 세계를 엿볼 수 있다. 동굴곰의 머리뼈와 아래턱뼈가 분리되어 있고, 그 가운데 사슴뿔이 놓여 있는 특이한 상태로 발견되었는데, 이것은 누군가가 어떤 의도를 갖고 그렇게 배치했음을 뜻한다. 사슴의 특징을 가장 잘 나타내는 상징적인 부분인 뿔과 곰의 뼈를 특이하게 배치한 데는 특별한 목적이 있었을 것이다. 이를테면 두루봉 동굴 근처에서 특히 사슴 사냥이 가장 활발했을 수도 있다. 앞으로도 많은 사냥감, 즉 많은 사슴이 동굴 근처에서 뛰놀기를, 그리고 사슴 사냥에서 늘 풍성한 성과를 거둘 수 있기를 바라는 주술 행위가 이루어지지 않았을까? 혹은 곰을 숭배하는 관념이 있었을지도 모른다.

그렇다면 사후死後 세계에 대한 구석기인의 관념은 어떠했을까? 우리의 직접 조상인 홍수아이를 통해 이를 엿볼 수 있다. 홍수아이 발굴지에서는 뚜렷한 매장 흔적이 발견되었다. 납작한 석회석 판자돌을 놓고 흙을 덮은 뒤 그 위에 죽은 이를 안치한 것이다. 시신을 아무 곳에나 아무렇게 방치하거나 버린 게 아니라, 그들 나름대로 형식을 갖추어 매장했다는 증거다.

청원 두루봉 유적의 동굴곰 뼈무지. 특정한 의도가 엿보이는 배치다.

더욱 흥미로운 것은, 홍수아이 주변 흙을 채취하여 분석해보니 가슴뼈 부분에서 집중적으로 많은 양의 꽃가루가 나왔다는 사실이다. 특히 국화과 꽃의 꽃가루가 많았는데, 이를 통해 아이를 묻을 때 국화를 사용한 모종의 장례 의식이 치러졌다는 것과 국화가 만개한 가을쯤에 매장했다는 것도 짐작할 수 있다. 1950년 이라크 북부 자그로스Zagros 산맥의 샤니다르Shanidar 동굴에서 발견된 30세가량의 네안데르탈인 남자 유골 주변에 수많은 꽃가루 화석이 발견되었을 때, 이를 해석하는 학자들의 의견은 분분했다. 하지만 홍수아이의 발견으로 선사 시대인들이 사후 세계에 관념을 갖고 있었으며 죽은 이를 애도하기 위한 장례 절차를 치렀음이 상당히 분명해졌다.

구석기인들은 분명 우리와 많이 달랐다. 그러나 우리가 보통 생각하는 것보다는 훨씬 더 우리와 닮았다. 그들도 우리처럼 사랑했고 슬퍼했으며 나름의 기술과 편리한 도구를 발전시켰고 형식을 갖추어 죽은 자를 애도했다. 죽은 이의 영전에 꽃 한 송이를 바치고 절을 올려 추모하는 오늘날의 우리와 흥수아이의 가슴에 국화꽃을 던져 슬픔을 표했던 4만 년 전 두루봉 지역의 인간은 닮아도 많이 닮았다. 그렇다. 한반도에 살았던 구석기인은 오늘을 사는 우리의 먼 조상이다.

02 신석기인들, 바다를 건너다

배를 만들어 고래도 잡고 더 나아가
바다 건너 일본과 물품 교역에 나섰던 신석기인들.
간석기 기술과 목재 가공술의 결정판인 통나무배는
번영했던 한반도 해양 문명의 상징이다.
당시 사람과 바다의 비밀이 바위그림에 담겨 있다.

'자 떠나자, 고래 잡으러'

문자가 없던 시절 누군가 바위에 그림을 새겨놓았다. 바위그림(巖刻畵)은 바다를 누비고 다니며 고래를 잡던 신석기인들의 삶을 담은 기록이다. 고래를 잡을 만큼 뛰어난 어로漁撈 기술과 함께 한반도에 새로운 문명을 열었던 신석기인들. 바다와 육지를 넘나들며 역동적인 삶을 살았던 그들의 흔적은 지금도 한반도 곳곳에 남아 있다. 언양의 태화강 상류 대곡천 (울산광역시 울주군)의 굽이진 계곡과 어우러진 가파른 절벽, 반구대 바위그림을 볼 수 있다. 1995년 6월 23일 국보 285호로 지정된 이 바위그림 은 근방에 축조된 사연댐 때문에 평상시에는 수면 밑에 있다가 물이 마를 때나 모습을 드러낸다.

반구대 바위그림이 발견된 때는 지난 1971년. 그림은 주로 움푹 들어간 면이 캔버스처럼 깨끗한 암벽의 중앙 부분에 새겨져 있다. 가로 약 6

컴퓨터로 재구성한 반구대 바위그림. 300여 점에 달하는 형상들이 한눈에 들어온다.

미터, 세로 약 3미터에 이르는 이 바위그림은 암벽 아래쪽까지도 얼마간 퍼져 있다. 바위를 일일이 쪼아 새긴 덕분인지 수천 년 세월의 풍파에도 제법 윤곽이 선명하다. 고래·개·늑대·호랑이·사슴·멧돼지·곰·토끼·여우·거북·물고기 등의 형상과 고래잡이를 하거나 사냥하는 광경 등이 생생하게 묘사되어 있다.

주변에 흩어져 있는 그림까지 빠짐없이 확인하기 위해 국립문화재연구소 건조물 연구실에서 단층촬영한 바위그림을 컴퓨터 그래픽으로 옮겨보았다. 색을 입히자 그림들이 한눈에 들어왔다. 바위에 새겨진 형상이 모두 300여 점에 달한다. 바다동물 가운데 주를 이루는 것은 고래인데, 한 방향으로 떼 지어 헤엄쳐 가는 모습도 그려져 있다. 종류마다 다른 고래의 생태도 자세히 묘사되어 있다. 이를테면 고래는 종마다 물을 뿜어내는 모습이 다르다. V자 형으로 물을 뿜어내는 녀석은 긴수염고래다. 몸체에 긴 선을 여러 개 그어, 흰긴수염고래의 독특한 배주름을 표시했다. 범고래는 반만 쪼아놓은 것이 특징이다. 뭉툭한 입 모양이 눈에 띄는 고래는 향유고래다. 고래 종류마다 새김 방법을 달리해 표현한 것이다.

살아 있는 고래를 보는 것처럼 고래의 종류뿐 아니라 생태까지 정확히 묘사되어 있다. 새끼를 등에 업은 어미 고래의 모습도 보인다. 실제로 새끼 고래는 호흡기가 발달하지 못해 3초 이상 물속에 머물 수 없기 때문에, 어미가 업고 다니면서 호흡을 도와주기도 한다. 이런 특징까지 알고 있었다면, 고래를 늘 가까이하고 고래잡이를 생업으로 했음에 틀림없다.

(위부터) 긴수염고래, 흰긴수염고래, 범고래, 향유고래, 새끼를 등에 업은 어미 고래. 고래는 구고래아목Archaeoceti, 이빨고래아목Odontoceti, 수염고래아목Mysticeti 이렇게 세 아목亞目으로 나뉜다. 수염고래아목의 긴수염고래는 무게가 약 75톤에 이를 만큼 크다. 범고래는 뭉툭한 주둥이와 날카로운 이빨이, 이빨고래아목인 향유고래는 큰 앞머리가 특징이다. 실제 고래와 비교해보면 바위그림이 고래의 종류와 생태를 매우 정확히 묘사했음을 알 수 있다.

그런데 바위그림이 있는 반구대는 한때 세계적인 고래잡이 항구였던 장생포에서 26킬로미터나 들어온 내륙이다. 그렇다면 반구대 사람들은 그 먼 거리를 이동해 고래를 잡았을까? 그렇지 않다. 반구대 바위그림을 새긴 사람들은 거주지 주변에서 고래를 잡았을 것이다. 이들이 살았던 신석기 시대 초기는 따뜻한 기온을 특징으로 하는 충적세, 그 중에서도 빙하가 녹아 해수면이 상승했던 때다. 해수면이 높아짐에 따라 바닷물이 내륙만으로 가장 깊게 들어온 시기인 것이다.

반구대 일대에서 고래를 잡았을 가능성은 경상남도 창녕군 비봉리 신석기 유적에서도 확인할 수 있다. 국립김해박물관은 발굴 중인 비봉리 유적을 2005년 4월에 공개했는데, 이 일대 신석기 유적에서 찾아낸 유물 중에는 도토리를 비롯하여 비봉리 신석기인들이 개를 길렀음을 알려주는 개머리뼈까지 있었다. 특히 학계의 주목을 끈 것은 신석기 시대의 망태기다. 풀로 엮어 만든 비봉리 유적 망태기는 초본류草本類 유물 가운데 가장 오래된 것이다. 이 지역이 저습지이기 때문에 풀로 엮은 유물이 썩지 않고 남아 있었던 것이다. 이곳에서 신석기 시대의 굴껍데기 더미가 나왔다는 사실도 주목할 만하다.

내륙인 비봉리에서 굴이 발견된 것은 무엇을 의미할까? 굴은 바다 생물이다. 간혹 강물이 바다로 들어가 담수와 해수가 뒤섞이는 곳에도 살지만, 대부분 바다에서 나는 패류다. 굴껍데기가 나왔다는 것은 신석기 초기 어느 시점 비봉리 일대가 바닷물의 영향을 받았음을 알려준다.

부산 동삼동 조개더미 유적에서도 신석기인들이 고래잡이를 했다는 확실한 증거가 나왔다. 동삼동 출토 신석기 유물 중에는 물고기뼈가 상당수 포함되어 있는데 지름 38센티미터에 달하는 고래뼈, 정확히 말하면 고래의 척추뼈 마디가 나와 특히 눈길을 끌었다.

왜 바위그림을 그렸을까?

바위그림은 바위 표면을 쪼거나 갈아 파거나 혹은 그어서 어떤 모양을 새겨놓은 그림이다. 우리나라에 돌에 새긴 그림이 있는 곳은 대부분 강가의 바위 절벽이거나 강과 가까운 곳이며, 그림이 새겨진 절벽 면 바로 밑에는 모종의 의식을 거행하는 데 적합한 공간이 인위적으로든 자연적으로든 형성되어 있는 경우가 많다. 바위그림은 단순한 장식용이나 예술적 창작 욕구에서 비롯한 것이 아니다. 심심해서 그렸을 리는 더더욱 없다.

바위그림은 모종의 종교 의식을 위해 그린 그림이라고 할 수 있다. 사냥, 어로, 농경의 성공을 빌고, 다산多産을 기원하는 뜻을 담은 것이다. 나와 내 가족과 그 후손의 생존과 안녕은 인간이라면 누구나 갖고 있는 바람이다. 바위그림을 그린 선사 시대 사람들도 이러한 인간의 보편적인 소망을 자신들이 놓인 생활환경과 생존 수단을 소재로 정성 들여 묘사했던 것이다.

바위그림이 선사 시대 사람들의 교육용 도감이라고 보는 견해도 있다. 사냥감의 생김새나 사냥 방법, 물고기의 모습이나 어로 방법, 농사 짓는 광경 등을 자세히 묘사해 후손들이 사냥, 어로, 농경의 대상과 방법을 배울 수 있도록 했다는 것이다.

이 견해대로 바위그림에 교육 목적이 있었다 해도, 그것이 종교성과 어긋나는 것은 아니다. 한 무리의 신석기인들이 바위그림 앞에 모여 사냥의 성공을 기원하는 의식을 행하는 광경을 상상해보자. 연장자들은 나이 어린 사람들에게 자연스럽게 그림 내용을 설명하며 교육 효과를 얻을 수 있었을 것이다.

부산 동삼동 조개더미 유적에서 출토된 고래 척추뼈(왼쪽)와 빗살무늬 토기의 흔적(오른쪽). 조개더미 유적은 신석기 시대의 생활사박물관이라 할 만하다.

낚싯바늘과 작살을 발명하다

어떻게 신석기 시대의 고래뼈 마디가 지금까지 남아 있는 것일까? 그 비밀은 신석기를 대표하는 유적인 조개더미에 있다.

조개더미 사이에서 고래뼈와 같은 동물뼈는 특별한 보호를 받게 된다. 비가 올 때마다 조개껍데기의 칼슘이 녹아내려 고래뼈를 보충해주고, 그로 인해 알칼리성이 강해진 땅에서 규산이 흘러나와 엷은 막을 씌우는 효과를 내기 때문에, 지금까지 신석기 시대의 고래뼈가 남아 있는 것이다.

동삼동 조개더미를 비롯해 남해안 여러 유적에서 고래뼈가 출토되는 양상을 보면, 당시 신석기인들이 직접 고래를 잡았음을 알 수 있다. 고래뼈가 발견된 조개더미 유적은 모두 열두 곳으로, 주로 남동 해안에 분포해 있다. 동삼동 조개더미에서 고래뼈와 함께 출토된 토기에는 반구대 바위그림을 그린 사람들에 관한 정보도 남아 있다. 몸체는 사다리꼴로 표현하고 다리 부분의 형상만 그린 사슴 그림을 보면 반구대 바위그림의 사슴과 새김 방법이 같다. 미술사적 측면에서 보면 같은 양식이라고 볼 수 있다.

반구대 바위그림과 토기 조각의 그물무늬를 바탕으로 복원한 그물(왼쪽)과 반구대 바위그림에 묘사된 그물로 고기 잡는 신석기인의 모습(오른쪽). 신석기인들이 그물을 발명하면서 인류는 대량 어획을 시작했다.

바위그림이 제작된 시기를 청동기 시대로 보는 견해도 있지만, 뿔을 강조한 청동기 시대의 그림과는 확연히 다르다. 동삼동 조개더미에서 출토된 토기가 반구대 바위그림의 제작 시기를 추정케 해주는 셈이다. 바다를 누비고 다니며 고래잡이를 하고, 그렇게 보고 느낀 고래의 특징을 마치 생물 도

동삼동 조개더미에서 나온 토기 조각의 그물무늬.

감을 만들듯 생생하게 기록한 사람들. 그들이 바로 울주 반구대 신석기인들이다.

부산과 남해안 일대 신석기 유적에서 발굴한 유물을 보면, 신석기인들이 돌과 뼈로 다양한 고기잡이 도구를 만들어 쓴 것을 확인할 수 있다. 납작하거나 둥근 돌의 끝 부분을 깎고 갈아서 그물을 맬 수 있게 만든 그물추도 있다. 그물은 남아 있지 않지만, 반구대 바위그림에 나오는 그물과 동삼동 조개더미 유적에서 나온 토기 조각의 그물무늬를 보면 신석기

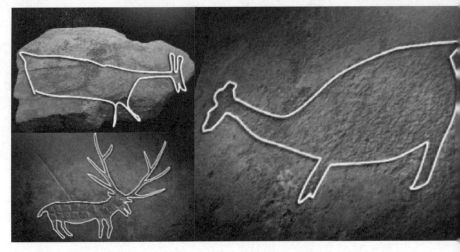

동삼동 조개더미 유적에서 출토된 토기의 사슴 무늬(왼쪽 위)와 뿔을 강조한 청동기 시대의 사슴(왼쪽 아래) 그리고 반구대 바위그림의 사슴 모양(오른쪽). 동삼동과 반구대의 사슴 모습이 비슷하고, 청동기와는 확연히 다름을 알 수 있다.

시대 그물의 모습을 짐작해볼 수 있다. 그물코의 간격은 약 3센티미터. 신석기인들이 그물을 발명하면서 인류는 대량 어획의 첫발을 내딛었다.

　돌로 만든 낚시대롱, 즉 축軸 부분에 사슴뿔, 멧돼지의 이빨, 짐승의 뼈 등으로 만든 낚싯바늘을 연결한 결합식 낚시는 한반도 신석기인들이 개발한 것이다. 단식 낚싯바늘은 사용하다 부러지면 못 쓰는 경우가 있다. 그러나 결합식 낚싯바늘은 부러져도 다시 바늘 부분만 연결해서 쓰면 되니 경제적이다. 이런 결합식 낚시는 주로 큰 물고기를 낚는 데 썼다.

　신석기인들이 고래잡이에 사용한 작살, 즉 화살처럼 다듬어놓은 돌도 있다. 지금도 원시 시대의 방법으로 고래를 잡는 인도네시아 원주민들의 고래 사냥 방식을 보면, 신석기인들의 고래잡이 모습을 추정할 수 있다. 그들의 도구는 작살이 전부다. 이들의 작살과 신석기 시대 작살이 다른 점은, 재료가 각각 쇠와 돌이라는 점뿐이다. 그러나 신석기 시대의 작살

조개더미가 왜 유적이 될까?

조개더미는 패총貝塚, 조개무지, 조개무덤이라고도 한다. 조개더미는 해안에 정착한 신석기인들이 조개껍데기와 함께 내다 버린 물건이 흙에 덮이고, 또다른 집단이 와서 살기를 반복하면서 무덤처럼 쌓여서 생겨난 유적이다.

조개껍데기가 함유하고 있는 석회질 때문에 그 안에 있는 토기, 석기 같은 생활 도구, 짐승뼈나 뿔이 보존되므로, 선사 시대 연구에서 없어서는 안 될 귀중한 유적이다. 바닷가에서 멀리 떨어진 곳에 형성된 조개더미도 있는데, 이를테면 경상남도 양산에서 발견된 조개더미는 해안선에서 40킬로미터나 떨어져 있다. 이는 당시 양산 지역이 해안이었음을 말해준다.

우리나라 조개더미는 신석기 시대의 것이 많고, 농경이 발달한 청동기 시대의 것은 거의 없지만, 어업 기술이 급속히 발달한 철기 시대의 것은 여럿 있다. 19세기 초만 해도 조개더미가 자연히 쌓였는지 사람이 쌓았는지 논란이 있었지만, 지금은 사람이 쌓은 것으로 밝혀졌다.

경상북도에 밀집한 바위그림 유적지

우리나라의 바위그림 유적은 대부분 경상북도 지역에 있다. 물론 울산광역시와 경상남도 남해, 전라북도의 남원, 전라남도 여수에도 있지만, 이 가운데 울산은 경상북도와 가까운 지역이다. 우리나라의 대표적인 바위그림 유적지는 다음과 같다.

울산 대곡리 반구대, 울산 천전리, 고령 양전리, 안화리, 포항 칠포리, 포항 인비리, 안동 수곡리, 영주 가흥동, 영천 보성리, 경주 석장동, 경주 상신리, 남원 대곡리 봉황대, 남해 상주리, 함안 도항리, 여수 오림동.

흑요석을 갈아 끼워 만든 결합식 작살(왼쪽)은 톱날 같은 날이 있어
고래나 상어 같은 큰 물고기를 잡는 데 유용했다.
신석기인들은 돌로 만든 낚시대롱과 짐승의 뼈 등으로 제작한 낚싯바
늘을 연결한 결합식 낚시(오른쪽)를 개발했다.

재료 가운데는 쇠 못지않은 것도
있었다. 바로 흑요석이다.

흑요석은 가볍게 치기만 해도
얇게 쪼개져 유리처럼 예리한 날이
생기는 돌이다. 흑요석의 이런 성질
을 이용해 신석기인들은 특별한 작살을 만들었다.
바로 흑요석을 갈아 톱날처럼 예리한 날을 만들어 나무에 끼운
결합식 작살이다. 흑요석은 쉽게 깨져 가공하기 쉽고, 각진 면
이 면도날처럼 날카로워서 어로 도구로 적합하다. 특히 결합식
작살은 톱날 같은 날이 있기 때문에 물고기를 찌르기가 쉬워서
주로 큰 물고기, 예컨대 고래나 상어를 포획하는 데 사용했을
것이다. 고래와 돌의 특성을 파악해 결합식 작살을 만들었던 한
반도의 신석기 시대 사람들에게 고래잡이는 목숨을 건 싸움이었으리라.
그러나 그들의 손에는 첨단 작살이 들려 있었다.

어떻게 배를 만들었을까?

일본 서북부 규슈에 위치한 이키리키伊木力. 일본의 대표적인 신석기 유
적 가운데 하나다. 1984년에 발굴이 시작된 이키리키 유적에서 일본 고
고학계의 관심을 끈 중요한 유물이 나왔다. 두꺼운 판자 모양의 이것은
다름 아니라 신석기 시대 배 유구遺構다. 현재 이키리키의 배 유구는 부

식을 막기 위해 겹겹이 밀봉하여 콘크리트 풀장 안에 보관하고 있다. 오래된 나무는 직사광선에 세 시간 정도 노출되면 금이 가고 부식되고 말기 때문에 물에 담가두어야 한다. 밀봉하기 전 분석해둔 자료에 의하면, 이 유구는 직경 1.5미터 정도의 소나무로 만든 5200년 전 통나무배로, 길이는 6.5미터, 폭은 80센티미터 정도다.

우리나라에도 한반도 신석기 시대의 배를 짐작하게 해주는 흥미로운 유물이 있다. 바로 부산 동삼동 조개더미에서 발굴한 배 모양 토기인데, 완전한 형태는 아니고 3분의 1 정도만 남아 있다. 배의 중심 부분인 것으로 추정되는 이 토기는 통나무 속을 파낸 형태에 가깝다. 깨진 부분을 고려하면 긴 유선형의 통나무배 모양이 된다. 같은 시기에 제작한 것으로 보이는 이키리키 유적의 배와 비교하면 형태에는 큰 차이가 없다. 동삼동 배 모양 토기는 우리나라에서 최초로 신석기 시대 배를 확인해주는 유물이었다.

그런데 2005년 9월 낙동강에서 북쪽으로 2킬로미터 정도 떨어진 비봉리 유적지의 맨 아래쪽 층위, 지표 6.5미터 아래 진흙층에서 통나무를 깎아 만든 통나무배가 나타났다. 지층으로 볼 때 신석기 시대 초기인 8000년 전에 만든 것으로 추정된다. 이는 우리나라에서 지금까지 발견된 배 가운데 가장 오래된 것으로, 선사 시대의 배가 발굴된 일은 이번이 처음이다. 그동안 우리나라에서 출토된 배 가운데 제일 오래된 것은 통일신라 시대의 안압지雁鴨池 통나무배(8세기)였다. 비봉리 통나무배의 제작 연대가 과학적 연대 측정을 통해 기원전 8000년경으로 밝혀지면, 일본 이키리키 유적에서 나온 배보다 2000년 이상 앞서게 된다.

비봉리 통나무배는 소나무 속을 U자 모양으로 파내 만든 이른바 마상이(獨木舟)로, 길이 3.1미터, 폭 최대 60센티미터, 두께 2~5센티미터, 깊이는 약 20센티미터다. 배의 본래 길이는 4미터가 넘었을 것으로 추정한

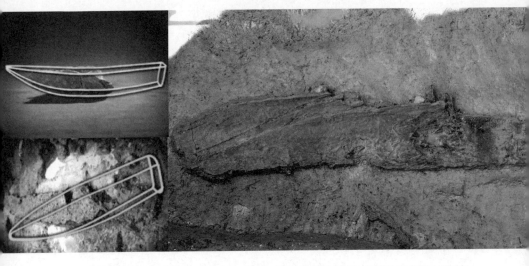

부산 동삼동 조개더미에서 나온 배 모양 토기(왼쪽 위)와 일본 이키리키 유적에서 발견된 배 유구(왼쪽 아래). 2005년 창녕 비봉리 유적에서 8000년 전 제작된 것으로 추정되는 통나무배(오른쪽)가 출토되어 비상한 관심을 모으고 있다.

다. 나무가 썩지 않고 보존된 이유는 개흙으로 덮여 있었기 때문이다. 선사 시대 배가 나온 것은 세계적으로도 매우 드문 일이거니와, 금속도구를 사용하지 않았던 시대였는데도 아주 세밀하게 가공한 흔적이 나타나 놀라움을 더해준다. 배의 여러 곳에서 불에 그을려 모양을 다듬은 흔적이 나타난다. 통나무 곳곳을 불태운 다음 날카로운 석기로 깎아내고, 맷돌 역할을 하는 갈돌 같은 도구로 표면을 다듬었던 것이다.

한편 반구대 바위그림에 그려진 고래잡이배는 규모와 형태로 보아 대여섯 명이 탈 수 있는 길이 5~6미터가량인 역시 긴 유선형 통나무배로 추정할 수 있다. 속도, 회전력, 기동성이 뗏목배보다 뛰어난 편이다. 뱃머리가 좁고 경사가 져서, 물살의 저항을 덜 받아 속도를 높일 수 있고, 배 밑바닥이 유선형이어서 뱃머리를 재빨리 돌릴 수도 있다. 신석기인들은 어떤 도구로 이런 통나무배를 만들었을까?

통영시 연대도烟臺島에서 발굴한 간도끼〔磨製石斧〕는 신석기 시대에 나무를 베거나 다듬을 때 쓴 도구다. 돌을 갈아서 예리하게 날을 세운 간도끼의 등장은 구석기와 신석기를 나누는 기술 혁명이었다. 숫돌에 돌을 갈아 좀더 날카롭고 튼튼한 도구를 만들게 되면서, 오늘날 우리가 사용하는 공구의 원형 대부분이 신석기 시대에 나타났다. 그만큼 종류도 무척 다양해졌다. 간석기〔磨製石器〕의 성능은 어느 정도일까?

오늘날 문화재 복원 전문가가 신석기 시대에 석기를 만들던 혈암頁巖을 숫돌에 갈아 날을 세워 홈자귀〔有溝石斧〕를 만드는 데 걸리는 시간은 약 네 시간이다. 손재주가 좋은 신석기인이라면, 이보다 빨리 만들었을 것이다. 목재를 긁어 파내는 데 쓰는 자귀의 모양은 오늘날과 신석기 시대가 크게 다르지 않다. 나무를 자르거나 속을 파낼 때 사용한 간도끼, 통나무 속을 찍어서 파내는 돌자귀, 목재를 다듬을 때 쓰는 돌대패. 과연 이런 석기들로 통나무배를 만들 수 있을까?

반구대 바위그림의 5인용 통나무배를 복원하려면 지름 1.5미터, 길이 6.5미터의 원목이 필요하다. 실험 결과 복원한 신석기 시대 간석기로 통나무 속을 찍고 파내는 데는 아무 문제가 없었다. 하지만 지름 1.5미터에 이르는 통나무 속을 파내려면 상당한 공력과 시간이 필요하다. 이 부분을 좀더 손쉽게 해결할 수는 없을까? 우리 생각보다 신석기인들은 훨씬 지혜로웠다. 숯불로 통나무 속을 태우면 훨씬 쉽고 빨리 속을 파낼 수 있음을 알아냈던 것이다. 실제로 일본의 신석기 시대 통나무배와 비봉리의 통나무배에는 불에 그을린 흔적이 남아 있다.

현대식 공구와 기계로도 5인용 통나무배 하나를 만드는 데 꼬박 한 달이 걸린다. 신석기 시대의 공구와 방식으로는 대략 여섯 달쯤 걸렸을 것이다. 길이 6.5미터, 너비 92센티미터 규모로 복원한 5인용 통나무배의

반구대 바위그림에 나온 통나무배를 복원하는 과정. 통나무의 가운데 부분을 간석기로 찍어 파서 숯불로 태워 속을 파낸 후 배 모양을 다듬어 완성했다.

무게는 730킬로그램에 달했다. 부산 앞바다에서 한국해양대 조정반 선수들이 항해 실험을 해보았다. 노의 장착 부위는 고증하기가 어렵기 때문에 카누처럼 손으로 잡고 젓는 방식을 택했다. 실험 당일 부산 앞바다의 풍속은 초당 12.8미터에 파고는 1.5~2미터로, 작은 통나무배가 항해하기에는 나쁜 조건이었다. 그러나 통나무배는 상당히 안정적으로 거센 물살을 헤치며 앞으로 나아갔다.

물론 아주 먼바다까지 나가려면 바람을 활용하는 돛 같은 장치를 달아야 한다. 오늘날의 관점에서 보면 원양 항해를 하기에는 무리가 있지만, 항법 자체는 비슷했다고 할 수 있다. 한반도 북쪽에서 현재의 울릉도, 독도 근해까지 배를 타고 간 흔적이 나타난다는 점을 생각해보면, 신석기 시대 당시 가장 뛰어난 항해자들이 승선했다면 원거리 항해도 어느 정도 가능했을 것이다. 신석기 시대 통나무배는 새로운 간석기 기술이 탄생시킨, 인류에게 획기적인 이동 수단이었다.

통나무배로 대한해협을 건너

부산 앞바다에서 뱃길로 49킬로미터를 달리면 쓰시마對馬 섬에 도착한다. 그곳 미네마치峰町

(위부터) 부산 동삼동과 일본 쓰시마 섬의 투박조개 팔찌. 모양과 제작 기법으로 미루어볼 때 동삼동 사람들이 투박조개 팔찌를 대량으로 제작해 수출했을 것으로 보인다.

역사민속자료관에는 쓰시마 섬의 신석기 유적에서 발굴한 수천여 점의 유물이 있다. 그 가운데 일본 고고학계도 의외로 생각하는 유물이 있다. 바로 고라니의 송곳니다. 사슴과 동물인 고라니는 한반도에만 서식한다. 그런 고라니의 송곳니가 어떻게 쓰시마 섬에서 나왔을까? 고라니의 송곳니는 동삼동 조개더미에서도 발견된 적이 있다. 고라니는 일본에는 살지 않는 동물이니, 한반도에서 가지고 왔다고 봐야 할 것이다.

일본 신석기인의 팔찌 재료로 쓰인 투박조개도 쓰시마 섬에는 없고 한반도 남해안에 많이 서식하는 패류다. 그렇다면 투박조개 팔찌도 한반도산이 아닐까? 부산 동삼동에서 나온 투박조개 팔찌는 무려 1500여 점에 달한다. 동삼동 조개더미 집단이 자체 소비만을 위해 이렇게 많은 팔찌를 만들었을 가능성은 그리 크지 않다. 제작 기법을 봐도 쓰시마 섬 출토 투박조개 팔찌는 '메이드 인 동삼동', 즉 동삼동 제품인 것으로 보인다. 동삼동 조개더미 집단은 교역을 목적으로 투박조개 팔찌를 대량 제작해 쓰시마 섬이나 일본 규슈 지역 등에 공급했던 것이다. 그렇다고 동삼동 집단이 먼 바닷길을 건너 일본 신석기인들에게 투박조개 팔찌를 공짜로 주었을 리는 없다. 그 대가로 그들도 무엇인가 받아왔을 것이다.

그 단서를 동삼동에서 출토된 흑요석 원석에서 찾을 수 있지 않을까. 부산과 남해안 일대에서는 흑요석이 생산되지 않는다. 동삼동 출토 흑요석은 강원도 홍천에서 나온 흑요석과 달리 한반도산이 아닌 것으로 밝혀

부산에서 거제도 근처로 간 다음 다시 쓰시마 섬을 거쳐 규슈로 향하는 뱃길. 동삼동 사람들은 이 길을 이용해 일본과 교류했다.

졌다. 그렇다면 대체 어디에서 왔을까? 일본 규슈 서남쪽의 고시다케腰岳. 일본의 3대 흑요석 산지 가운데 하나로, 신석기 시대 석기 제작 공장으로 통하는 곳이다. 여기에는 해발 300미터 정도의 산 여기저기에 흑요석이 묻혀 있다. 고시타케 산 전체에 널리 퍼져 있는 흑요석 가운데 하나를 무작위로 골라 분석해보니, 동삼동 것과 성분이 동일했다.

흑요석은 수렵과 어로 도구를 만드는 데 중요한 재료였다. 그러니 신석기 시대 사람들에게 흑요석 확보는 죽고 사는 문제였다. 부산 동삼동 앞바다에서 일본 규슈까지는 뱃길로 200여 킬로미터. 신석기인들은 생존을 위해 멀고도 험한 항해에 나섰을 것이다.

그렇다면 통나무배로 그 험하고 먼 바닷길을 어떻게 오갔을까? 가장 흔히 이용하는 바닷길은 현재 남해 동부인 부산이나 거제도 지역에서 쓰시마 섬을 경유해 일본 열도로 향하는 길이다. 그런데 부산에서 볼 때 쓰시마 섬은 북동이 아니라 남서 방향에 있기 때문에 물길을 거스르게 된다. 대신 부산에서 출발해 연안 항해를 통해 거제도 근처로 갔다가 거제도에서 다시 쓰시마 섬 쪽으로 항해한다면, 일본 열도에 쉽게 갈 수 있다. 거제도에서 북동 방향으로 흐르는 해류를 타면 쓰시마 섬을 거쳐 규슈로 갈 수 있고, 반대로 규슈에서 남동풍을 타면 곧장 부산으로 갈 수 있었던 것이다.

부산 동삼동의 돌 낚싯바늘(왼쪽)과 일본 사가현의 뿔 낚싯바늘(오른쪽). 재료만 다를 뿐 거의 동일한 형태다.

한·일 신석기인들은 물물뿐 아니라 기술도 교류했다. 일본에서 결합식 낚시가 출토된 지역은 한반도와 가장 가까운 서북 지역 규슈 일대다. 사슴뿔로 낚시대롱을 만든 것이 규슈 지역 결합식 낚시의 특징이다. 동삼동의 낚시는 돌을 사용했고 규슈의 그것은 사슴뿔을 썼을 뿐, 서로 다른 게 거의 없다. 일본 전문가들도 결합식 낚싯바늘이 한반도의 영향을 받아 만들어졌다는 데 동의한다. 일본 규슈 지방의 흑요석과 한반도 남해안 일대의 어패류 및 어로 기술 등을 대상으로, 200킬로미터 바닷길을 통한 교역 체계, 즉 유통망이 작동하고 있었던 것이다.

그러나 바람과 조류를 세심히 관찰하여 항해에 나섰다고 해도, 당시의 항해술로서는 통나무배에 탄 한반도의 신석기인들 가운데 많은 사람들이 난파당하거나 하여 불귀不歸의 객이 되고 말았을 것이다. 바다로 나가 돌아오지 않는 사람들을 그리워하며 슬픔에 잠긴 가족도 있었으리라. 반면 새로운 바닷길을 여는 데 성공한 사람들도 있었을 것이다. 그들이 항해에 성공하여 고향 바닷가로 무사히 돌아왔을 때 느낀 기쁨은 또 얼마나 컸을까. 문명 발달과 문화 교류는 그렇듯 용기 있는 사람들의 개척 정신과 희생에 크게 빚지고 있다.

시원한 조개탕을 끓일 수 있는 진보

스칸디나비아에서 발견된 어느 바위그림에는 주로 물고기들만 그려져 있다. 그곳 신석기인들도 한반도 신석기인들처럼 바다를 누비고 다녔을 것이다. 아프리카 신석기인들이 남긴 바위그림에는 치마 입은 여인이 절구로 곡식을 찧는 장면이 묘사되어 있다. 알제리 바위그림에는 소 떼를 몰고 가는 사람들이 그려져 있다. 야생 소를 잡아 사육한 것이다. 문자는 없었지만 전 세계 신석기인들은 바위그림으로 자신들의 생활을 기록해 놓았다. 여기서 신석기인들의 농경 문화를 엿볼 수 있다. 소도 키우고 농사도 지으면서, 더 이상 식량을 찾아 떠돌 필요가 없어졌다. 마침내 정착 생활을 시작한 것이다.

서울 강동구 암사동 선사 시대 유적은 지금까지 발굴한 우리나라 신석기 유적 가운데 최대의 마을이다. 스물여덟 개의 움집 터가 발굴되었는데, 그 가운데 여덟 곳을 그대로 보존해놓아 신석기 시대 움집 연구에 중요한 자료가 되고 있다. 움집은 60~70센티미터 정도 땅을 판 다음 기둥을 세우고 동물의 가죽, 나뭇가지 등으로 덮어 만들었다. 비슷한 크기의 움집이 몰려 있고, 출토되는 유물도 같으므로 계급 차이가 없는 집단 생활이었음을 알 수 있다. 움집 터에는 토기를 꽂아두는 구멍과 화덕 자리가 있고, 출입구는 대부분 남쪽을 향하고 있다. 땅을 파서 만든 반지하 집이기 때문에 여름에는 시원하고 겨울에는 따뜻했을 것이다.

집 한가운데 있는 화덕에 불을 피우면 연기가 많이 났겠지만, 지붕으로 연기가 빠져나가게 되어 있어 불편함이 덜했을 것이다. 집 안에는 낚시, 작살, 창, 화살 등 어로 및 사냥 도구는 물론, 절구처럼 곡식을 갈 때 사용한 갈돌과 갈판도 있다. 크기와 모양이 다른 토기들 안에는 조와 기장 같은 곡식을 보관했을 것이다. 움집 터에서는 한반도 신석기 시대를 대표하는 빗살무늬 토기 조각이 발견되기도 했다.

소 떼를 몰고 가는 알제리의 바위그림. 신석기인들은 이렇게 자신들의 생활을 바위그림에 남겨놓았다.

신석기 시대 음식 문화에 대한 단서는 최근 발굴된 창녕 비봉리 유적에서도 확인할 수 있다. 도토리가 들어 있는 열여섯 기의 저장 구덩이가 발굴되었고, 그 안에서 여러 종의 씨앗도 함께 쏟아져 나왔다. 비봉리 신석기 마을에 식량 저장고가 있었다는 증거다. 조리 흔적이 직접 남아 있는 토기도 찾아냈다. 토기에 붙어 있던 유기물질은 음식을 끓여먹은 흔적이다.

그런데 불과 섭씨 600도에서 구워낸 거칠고 얇은 신석기 시대 토기에 직접 열을 가해 음식을 조리할 수 있었을까? 비봉리 유적에서 나온 흙으로 토기를 빚어보니, 토기 하나를 빚는 데 40분이 걸렸다. 빚은 토기를 노천에서 세 시간에 걸쳐 섭씨 600도로 구워냈다. 이렇게 완성한 토기를 장작불 위에 올려놓고 조개와 물을 넣어 조개탕도 끓이고 조와 물을 넣어 조밥도 지어보았다. 잘 익은 조밥과 시원한 조개탕은 제법 먹을 만했다.

토기를 발명하기 전에는 조개탕 같은 음식의 조리는 상상도 못했을 것이다. 하지만 너무 거칠어 먹기 힘들던 재료도 토기에 요리해 먹게 되

서울 암사동 선사 유적지에 재현되어 있는 움집.

면서, 먹을거리는 훨씬 더 풍성해졌다. 구석기 시대에는 불에 직접 굽는 방법밖에 없었지만, 신석기 시대에는 토기를 사용해 끓이고 삶고 찌는 등 다양한 조리법을 활용할 수 있었다. 신석기인의 투박한 토기. 이 간단한 그릇이 인류의 식생활을 훨씬 더 풍요롭게 만들었다.

신석기 시대 토기의 등장은 식량을 포함해 물건을 저장할 수 있게 되었다는 의미도 있다. 물을 담고 음식물을 저장하고 조리한다는 것은 농경과 관계가 깊다. 또한 이는 사람들이 이동하지 않고 모여서 정착해 살게 되었음을 뜻한다. 신석기 시대 이후 인류는 더 이상 자연에 절대적으로 의존하지 않고도 살아갈 수 있게 되었다. 도구

암사동에서 발견된
빗살무늬 토기.

여러 가지 선사 시대 배

선사 시대의 배에는 목재를 물에 띄운 단순한 부목浮木, 통나무나 대나무 등을 엮어 묶은 뗏목, 나무나 풀을 엮어 만든 벌주筏舟, 통나무의 가운데 부분을 파 내 만든 통나무배, 나뭇가지를 엮어 골조를 만들고 짐승 가죽이나 나무껍질을 붙인 가죽배 등이 있었다. 목재를 튼튼하게 짜맞추어 골조를 만들고 여기에 갑판과 외판을 만들어 붙인 구조선이나 조립선이 출현한 때는 기원전 15세기 경으로 알려져 있다.

신석기 시대가 가리키는 바

신석기 시대를 상징하는 문화 지표는 농경의 시작, 간석기의 제작 및 사용, 식 량을 저장하거나 조리하기 위한 토기의 제작 및 사용 그리고 정착 생활 등이 다. 농경의 발달과 저장 수단의 발달은 정착 생활을 가능케 했고, 잉여 생산물 과 인구의 증가를 가져왔다. 호주 출신의 고고학자 고든 차일드V. Gordon Childe는 인류 문명의 새로운 도약을 가능케 한 세 가지 혁명으로 도시 혁명, 산업 혁명 그리고 신석기 혁명을 들기도 했다.

그러나 모든 신석기 문화가 농경, 토기, 간석기, 정착 생활 등의 문화 지표 를 완벽하게 갖추었던 것은 아니다. 농경이 없는 신석기 문화가 있는가 하면, 토기를 제작하면서도 다른 측면에서는 구석기 단계에 머무르는 문화가 있고, 농경, 토기, 간석기를 모두 갖추었으면서도 정착 생활을 하지 않는 신석기 문 화도 있다. 다양한 문화 지표 혹은 요소들이 한 시기가 아니라 다른 여러 시기 에 걸쳐 등장하는 경우가 많다. 그러므로 인류 문명의 단계를 구분 짓는 신석 기라는 용어는 개별 문화의 특징에 따라 조심해서 사용해야 한다.

와 기술로 자연을 이용하고 개발하며 좀더 발달된 문명을 일구어간 것이다. 나무나 뼈 등으로 만든 도구로 그릇 바깥 면에 빗살무늬를 새겨넣은 한반도의 신석기인들. 그렇게 정성 들여 무늬를 새겼다는 사실은 토기에 대한 신석기인의 경외심을 보여주는 것이 아닐까?

03 난공불락의 요새,
송국리는 말한다

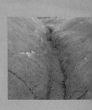

수확물이 많아졌고, 가진 자와 못 가진 자가 생겨났다.
강력한 지배자, 거대한 고인돌이 나타났다.
바야흐로 작은 규모의 국가가 탄생할 참이다.
전쟁의 시대라 해도 지나치지 않을 청동기 시대
송국리 마을은 무엇 때문에 침략에 대비해야 했을까?

삼엄한 경비, 팽팽한 긴장감

여기는 3000년 전의 충청남도 부여군 송국리 청동기 마을이다. 큰 도랑
이 마을을 빙 둘러싸고 있다. 그냥 건너기는 힘들 정도로 제법 넓은 도랑
이다. 마을로 들어서려면 다리를 건너야 한다. 환호環壕라고 하는 이 도
랑은 외부의 침입에 대비하기 위한 방어 시설이다. 환호를 건너면 굵은
나무기둥을 박아 울타리를 친 목책이 있다. 높은 망루도 여러 개 있으니
마을 주변에는 삼엄한 분위기마저 감돈다. 출입문 양쪽에 도랑을 파고
경사면에는 뾰족한 나무를 촘촘히 박아놓은 녹채鹿砦도 있다. 발을 헛디
디기라도 해서 녹채에 빠지면 살아나기 힘들 듯하다. 송국리 사람들은
왜 이렇게 이중 삼중으로 방어 시설을 갖춰놓았을까?

남강댐 수몰지인 경상남도 진주시 대평리에서 1996년 발굴된 청동기
유적으로 가보자. 360만 제곱미터 이상의 청동기 마을 유적인데, 이곳에
서도 마을로 들어서는 입구에서 두 줄로 만든 환호가 발견되었다. 길이
300미터, 폭 2미터, 깊이 1.5미터의 환호다. 위는 넓지만 아래로 내려갈수

환호와 목책, 망루로 삼엄한 경계를 펴고 있다. 진주 대평리 청동기 마을 유적 복원도.

록 좁아지는 구조다. 안에는 간신히 발을 들여놓을 수 있을 만큼 좁다란 홈을 파놓았다. 발이 끼면 빠져나가기 힘들 지경이다.

환호를 따라 1.3~1.8미터 간격으로 커다란 구멍들이 나 있다. 통나무를 세운 흔적이다. 대략 20~40센티미터 굵기의 통나무 기둥을 세워 만든 목책은 환호와 함께 이중 방어막을 형성한다. 외부에서 침입한 적이 일차 방어선인 환호를 무사히 건넌다 해도, 마을을 공격하려면 다시 견고한 목책을 돌파해야 한다. 침입자를 향해 마을 사람들은 활을 쏘고 창을 날리고 돌을 던졌을 테니, 큰 피해를 각오하지 않으면 안 되었을 것이다. 송국리와 마찬가지로, 이곳 사람들은 왜 이런 방어 시설을 만들었을까 질문하게 된다.

대평리에서 발굴된 2500년 전의 인골이 해답의 단서다. 우리나라 토양은 대개 석회질을 부식시키는 산성을 띤다. 그 때문에 오래된 인골이 제대로 남아 있는 일은 아주 드물다. 다행히도 대평리 인골은 신체 각 부

대평리 출토 돌화살촉과 복원도.

위를 명확하게 알 수 있을 만큼 꽤 온전한 상태로 발견되었다. 그런데 인골에는 유독 머리 부분, 즉 두개골만 없었다. 혹시 발굴이 잘못되기라도 한 것일까?

하지만 두개골과 함께 나왔어야 할 치아 역시 없었다. 발굴 과정에서 두개골 부분을 미처 수습하지 못하는 실수는 없었다는 뜻이다. 결론을 말하자면 문제의 인골은 두개골 없이 매장되었다. 매장 당시부터 머리 부분이 없었던 것이다. 왜 머리가 없는 채로 묻혔을까.

머리 없는 인골이 나온 무덤에서 100미터쯤 떨어진 다른 무덤에서 작은 돌멩이 네 개가 나왔다. 조사 결과 네 개의 돌멩이는 화살촉의 앞부분으로 밝혀졌다. 석관石棺 내부에 별도로 부장副葬한 유물은 없었고, 다만 석관 바닥에서 정교하게 다듬은 돌화살촉의 앞부분 네 조각만 발견되었다. 그런데 이 유물들은 당시 사람들이 일부러 함께 묻었다고 보기는 힘들다. 물론 화살촉을 무덤에 같이 넣은 경우는 많지만, 일부러 그 앞부분만 부장한 경우는 보고된 적이 없다. 그렇다면 화살촉 앞부분의 비밀을

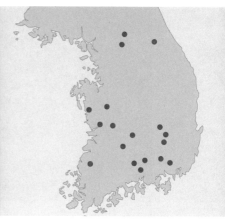

대평리 유적에 남아 있는 환호.
환호와 목책이 설치된 청동기 시대 유적 분포도.

풀어야 한다.

현미경으로 관찰한 결과, 화살촉에 강한 충격이 가해져 앞부분이 부러졌다고 한다. 왜 부러졌을까? 화살촉을 제 용도에 맞게 사용했기 때문이다. 말하자면 화살촉이 목표물과 강하게 부딪혀 목표물을 뚫으면서 그 앞부분이 부러진 것이다. 석관에 묻힌 사람은 그 화살을 맞고 사망했으리라. 그리고 매장하기 전 시신에서 화살을 뽑다가 화살촉의 앞부분이 몸속에 남은 것이다.

청동기 시대 대평리 지역에서 치열한 전투가 벌어졌다고 상상해보자. 대평리 지역의 넓은 평야나 그곳에서 생산된 많은 곡식을 탐낸 집단이 대평리 사람들을 공격했을 것이다. 전투는 사뭇 치열해서 머리에 화살을 맞아 전사한 사람도 있고, 전투 중에 목이 잘리거나 전투가 끝난 뒤 목을 베인 사람도 있을 터이다.

역시 청동기 유적인 강원도 강릉시 방동리 마을의 환호에서는 매우

여수 오림동 고인돌 바위그림. 27톤가량의 거대한 고인돌에 위압적인 돌검과 그를 경배하는 사람, 솟구쳐오르는 비파형 투겁창, 무릎 꿇은 사람 등을 새긴 그림이다. 지배자의 절대 권력을 드러내고 있으며, 사후 세계를 믿는 영생 신앙이 보인다.

흥미로운 유물이 나왔다. 주먹만한 크기로 깨진 돌들이 환호 안에 일정한 간격으로 쌓여 있었던 것이다. 과연 깨진 돌을 어디에 사용했을까? 돌을 깨서 쌓아놨다가 적이 침입했을 때 적에게 던진 것은 아닐까? 청동기 시대 환호와 목책은 한반도 전역에서 나타난다. 그만큼 전쟁이 잦았다는 얘기다. 청동기 시대 방동리 마을 사람들은 적의 침입을 막기 위해 환호를 파고, 투석전에 대비해 미리 깬돌을 준비해둔 것이다.

전라남도 여수시 오림동의 고인돌 바위그림을 보면, 창을 든 사람과 칼을 숭배하는 듯한 두 사람의 모습이 새겨져 있다. 무기나 무武의 권위를 드러내고 이를 숭배하는 태도를 나타내는 그림이다. 한반도 곳곳에서 발견되는 청동기 시대의 전쟁 흔적들은, 당시에는 전쟁이 일상이었음을 짐작케 한다. 집단과 집단 사이의 갈등이 시작된 청동기 시대는 전쟁의 시대이기도 했다.

농경의 발달이 세상을 바꾸다

겉보기에는 신석기 시대의 것과 거의 비슷해 보이는 움집에 살던 청동기 사람들의 평상시 생활은 어땠을까? 움집은 바닥을 깊이 파서 지은 반지하 집이다. 반지하는 여름에 서늘하고 겨울에 따뜻하다. 집 안 구조는 신

다양한 형태의 청동기 시대 토기들. 모두 민무늬(무늬가 없음)가 특징이다.

석기 시대의 움집과 비슷했지만 가재 도구들은 달랐다. 신석기 시대에는 주로 사냥 도구들이 많았지만, 청동기 시대의 움집에는 농기구들이 많았다. 예컨대 곡식을 갈 때 쓰는 갈돌, 돌로 만들긴 했지만 날카로운 날 덕분에 곡식이 잘 베이는 돌낫 등이 있었다. 부엌에는 토기가 많았다. 청동기 시대 토기는 요즘의 솥이나 식기처럼 쓰기도 했지만 곡식을 담아두는 용기 구실도 했다. 통풍과 방습이 잘 되도록 일반 집과 달리 난간을 세우고 건물을 올린 마을 공동 저장고도 있었다. 저장고 안은 조, 팥, 보리, 쌀 등이 들어 있는 토기로 가득했다. 바로 농경 생활이 가져다 준 풍요였다.

강원도 춘천시 천전리에서 발견된 청동기 농경 유적을 보면, 마을 안에 지름 2미터, 깊이 1미터의 커다란 원형 구덩이들이 일정한 간격으로 흩어져 있다. 수백 개에 이르는 이 구덩이는 곡식을 저장하던 곳이다. 대규모 곡식 저장 시설은 청동기 시대 이 마을 사람들이 제법 큰 규모로 농사를 지었음을 보여준다. 마을 저습지低濕地에서는 요철 모양의 유적이 발굴되었는데, 주변의 흙을 끌어모아 두둑을 쌓아올리고 작물을 기르던

이랑과 고랑이 선명히 남아 있는 진주 대평리의 청동기 시대 밭.
춘천 천전리에서 발견된 청동기 시대 곡식 저작용 구덩이.

청동기 시대 경작지다. 오늘날 밭고랑, 이랑을 떠올리면 된다. 두둑과 고랑을 일구는 밭 경작 방식이 청동기 시대에 시작된 것이다.

진주 대평리 유적에서는 수만 평에 이르는 청동기 시대 밭 유적이 발굴되었다. 천전리 밭 유적보다 발달한 형태로, 밭에 남은 이랑의 흔적이 오늘날과 크게 다르지 않아 보인다. 심지어 당시 밭을 일구던 사람의 발자국마저 선명하게 남아 있다.

청동기 시대 사람들은 어떤 작물을 길렀을까? 대평리에서는 탄화炭化된 여러 종류의 곡식 알갱이가 나왔는데, 현재 확인된 것만 해도 보리, 밀, 조, 기장, 수수 등 여남은 가지가 넘는다. 주로 겨울에 재배하는 보리나 밀, 봄에 파종하고 가을에 수확하는 조와 수수, 여름에 주로 거두는 팥이나 녹두까지 재배나 수확 시기가 다른 여러 곡물이 나오는 것으로 볼 때, 밭 한곳에 시기에 따라 다양한 곡물을 심었으리라 짐작된다. 이렇게

70

우리 청동기 문화의 시작

인류가 도구를 만드는 데 처음 쓴 금속 재료는 구리다. 그러나 구리는 무른 성질 때문에 효율적인 도구를 만들기 어렵다. 주석이나 납, 아연 등을 구리에 섞어 만든 청동으로는 구리보다 날카롭고 단단한 도구를 만들 수 있다. 더구나 청동은 빛을 받으면 눈이 부실 정도로 번쩍거리기 때문에, 지배자의 권위를 과시하기에도 좋다.

그런데 우리가 청동기 시대라고 부르는 시대에는 사실 청동으로 만든 생활용품이나 농기구는 그다지 많지 않았다. 청동검, 청동방울, 청동거울 같은 청동제품은 무척 귀해서 지배자들만 사용할 수 있었다. 요컨대 청동기는 지배자의 권위를 상징하는 물건이었다. 청동기가 주거 유적지에서는 거의 발굴되지 않고 고인돌을 비롯한 무덤 유적에서만 나오는 점도 이를 뒷받침한다. 일상생활에서는 청동제 도구보다 여전히 석기가 훨씬 더 쓸모 있었다. 그 때문에 청동기 시대라는 용어 대신 금석 병용기(금속기와 석기를 함께 쓴 시대)라는 용어가 널리 쓰인 적도 있다.

한편 오늘날 중국의 랴오닝성과 지린성 일대, 한반도 각지에서 발견되는 가장 오래된 청동기 문화의 자취는 기원전 10세기 무렵의 것이다. 평안북도 용천군 신암리에서 나온 청동칼과 청동단추가 이 시기의 물건이다. 그보다 오래된 시기의 것으로 추정되는 청동제 유물도 발견되기는 하지만, 우리 민족의 본격적인 청동기 시대의 시작을 기원전 10세기 이전으로 올려잡을 근거로 부족하다는 것이 학계의 일반적인 입장이다.

제사는 곧 정치였던 고대 사회

고대 사회에서는 집단의 큰일을 결정할 때 신의 뜻을 중시했고, 그래서 종교가 공동체 생활의 중심을 이루었다. 신에게 올리는 제사는 매우 중요했기 때문에 제사는 보통 공동체의 우두머리가 주관했다. 이처럼 정치 지배자가 제사 의식까지 주관하는 것을 제정일치라 한다. 이렇게 볼 때 제사 의식은 그 자체로 일종의 정치 의식이기도 했다. 청동검을 차고 청동거울과 청동방울을 지닌 청동기 시대 우두머리의 모습은 바로 제사장의 모습이기도 했다.

농경문청동기. 나무 위에 새가 앉아 있는 모양도 담겨 있다. 밭을 가는 장면이 파종기, 그릇에 담는 장면은 수확기, 나무 위의 새는 곡식이나 농사를 주관하는 신과 소통하는 신령스런 존재를 나타낸다고 보면, 풍년 기원 의식에 쓰인 도구라 추정할 수 있다.

본다면 당시 농업 기술 수준은 오늘날과 별 차이가 없다 해야 할 것이다.

역시 청동기 시대 유물인 농경문청동기農耕文靑銅器. 손바닥만한 청동기에 농사 짓는 그림이 새겨져 있다. 따비와 괭이로 밭을 가는 두 남성과 곡식을 바구니에 담는 여성의 모습을 볼 수 있다. 당시 농경을 발전시킨 것은 발달한 농기구였다. 특히 나무를 가공하는 석기의 등장으로 목제농기구가 다양하게 개발되었다. 개량된 농기구는 농업 생산력을 혁신했다. 석기를 이용한 목제괭이, 목제삽 등 농구들이 발달하면서, 경지 확장이나 수로 개척 같은 논농사 관리를 예전보다 훨씬 효율 높게 하게 되었다. 석기의 종류가 늘어남에 따라 따라 목제기구도 다양해진 것이다.

부여 송국리에서 나온 많은 양의 탄화된 쌀은 청동기 시대에 논농사를 지었음을 말해준다. 그렇다면 당시에 논농사를 어떻게 지었을까? 춘천 천전리에서 청동기 시대 논의 모양과 규모를 알 수 있는 유적을 찾아냈다. 이 논은 주변 저습지보다 낮은 곳에 자리하고 있다. 주변의 저습지에서 물이 흘러들게 수로를 놓은 초기 형태의 논이다. 취락이 가까운 구릉에서도 논 유적이 나타난다. 천안논산고속도로 공사 중 발견된 충청남도 논산시 연무읍 마전리 논 유적은 크기도 크고 상당히 반듯하게 구역이 나뉘어 있다. 논에는 인공 수로를 파서 물을 댄 흔적도 있고, 논에 물

수로 시설을 완벽히 갖춘 천전리 논 유적.
환호와 목책 등에 둘러싸인 영국의 도싯 마을 유적.
청동기 시대 돌낫과 돌삽.

을 대는 관개 시설도 따로 갖춰놓았다. 수로와 관개
시설을 활용하는 논농사 기술은 농업 생산량을 엄
청난 수준으로 늘렸다.

　논농사의 시작으로 사회·경제 체제에는 커다
란 변화가 생겨났다. 식량 확보가 안정되면서 정착
생활이 가능해졌고, 이에 따라 큰 마을이 생겨났다.
이러한 대규모 취락에서는 지배 계층과 하층민으로 계
층 분화가 일어났다. 결국 논농사의 출현은 고대국가로 발전하
는 밑거름이 되었다.

　청동기 시대는 청동으로 도구를 만들어 쓰던 시대를 말하
지만, 그때까지도 일상 생활에서 많이 쓰는 도구는 여전히 석
기였다. 그러나 청동기 시대의 석기는 신석기 시대 석기와는
비교도 되지 않을 정도로 정교해지고 새로워졌다. 오늘날에도 사
용하는 낫이나 괭이의 원형도 청동기 시대에 만들어졌다.

농경 기술의 발달로 생산물은 늘어났지만, 늘어난 생산물을 놓고 분쟁도 잦아졌다. 청동기 시대 세계 각지의 마을에는 방어 시설도 늘어났다. 오늘날 유럽인의 조상들 가운데 하나인 게르만족은 청동기 시대 이래 스칸디나비아 반도 남부에서 유틀란트Jutland 반도, 북부 독일 지역에 걸쳐 살았던 것으로 추정되는데, 이들이 살았던 독일 헤센Hessen 마을의 유적을 봐도 환호와 목책으로 방어 시설을 만들어 마을을 보호했음을 알 수 있다. 영국의 유명한 선사 유적지인 남서부 해안의 도싯Dorset 마을도 약간 높은 언덕 위에 자리한 마을 주위로 환호가 세 겹이나 둘려 있다. 당시 화살촉에 맞은 사람뼈도 발굴되어, 전쟁이 치열했음을 알게 해준다.

중국에서는 다른 지역에 비해 농경·정착 생활이 일찍 시작되었다. 5000년 전 황허黃河 중류 산시성山西省 장자이姜寨 유적에서도 역시 환호가 발견되는데, 아주 깊고 넓게 파서 물까지 채웠다. 일본의 청동기 시대 마을인 규슈 후쿠오카현 이타즈케板付 마을 유적도 환호와 목책으로 방어 시설을 갖춰놓았다. 수렵·채집 생활을 할 때는 설혹 먹을 것을 빼앗겨도 다시 구하면 되지만, 농경 사회에서는 한 해 지은 농사의 수확물을 빼앗기면 꼼짝없이 굶어야 한다. 사형 선고나 마찬가지인 셈이다. 이 때문에 당시 사람들은 적의 침입에 맞서 마을을 지키는 방어 시설을 만들었다. 이렇듯 농경은 청동기 시대를 이전과 다른 세상으로 바꾸어놓았다.

고인돌은 말한다

경상남도 마산시 진동리에서는 지금까지 볼 수 없었던 청동기 시대의 대규모 무덤군이 발굴되고 있다. 2005년까지 발굴된 무덤은 돌널무덤〔石棺墓〕 30여 기, 고인돌〔支石墓〕이 40여 기에 이른다. 무덤의 크기도 다양해서, 여러 계층으로 분화된 청동기 사회의 모습을 엿볼 수 있다. 우선 눈에 띄는 것은 넓게 묘역을 조성한 고인돌이다. 묘역은 길이 25미터, 폭 11.5 미터에 이른다. 묘역 중앙의 덮개돌〔上石〕은 깨진 채였다. 훼손된 부분을 감안하면, 지금 남아 있는 크기보다 서너 배는 더 컸을 것으로 보인다. 네 모반듯하게 잘 다듬은 돌로 묘역을 두르고, 3단에서 8단까지 단을 쌓아 올린 점으로 미루어 보아, 지배 계층의 무덤으로 추측된다. 또다른 곳에 는 돌널무덤이 무리 지어 있다. 크기도 작고 초라한 것으로 보아 계급이 낮은 사람들의 무덤인 듯싶다.

지배층의 무덤은 원형으로 돌을 둘러 보호하고 있는데, 지배층의 무 덤에도 위계 차이가 나타난다. 가장 큰 무덤은 지름 20미터로, 당시 최 고 권력을 가졌던 지배자의 무덤으로 보인다. 지금까지 발굴된 청동기 무덤 가운데 가장 큰 것이기도 하다. 무덤 주위를 4미터 폭의 도랑이 둘 러싸고 있다. 무덤을 보호하고 신성시하기 위해 만든 시설일 것이다. 이 런 규모의 무덤을 축조할 수 있는 사람이라면 많은 노동력을 동원할 수 있는 경제력과 권력을 갖춘 최고 권력자였을 터이다. 이러한 무덤군의 특징을 볼 때 청동기 시대는 계급이 발생하고 불평등이 심화되어, 최상 위층부터 하위층까지 복잡하게 위계가 나뉜 사회였다고 보인다.

청동기 사회가 계급사회라는 점은 집터에서도 확인된다. 1만 1000여 제곱미터라는 좁은 면적에 170여 곳의 집터가 밀집해 있는 강원도 화천 군 용암리 유적. 그 가운데 눈에 띄는 것은 여덟 곳의 대형 집터다. 대형 집터 한 곳의 넓이가 115제곱미터로, 16제곱미터 안팎인 일반 집터의 예 닐곱 배다. 또 대형 집터에서는 소형 집터보다 많은 저장 시설과 유물들 이 나왔다.

특히 청동기 유적으로는 처음 확인된 공방工房 세 곳도 각별히 주목 할 대상이다. 석기 제작을 위한 작업대와 함께 원석을 쪼갠 미완성 석기, 간석기 완제품 등 다양한 석재가 출토되었고, 석기를 제작하는 공정에서

마산 진동리의 돌널무덤. 네모반듯한 돌로 묘역을 두른 청동기 시대 지배자 무덤이다.
화천 용암리의 대형 집터. 넓이 115㎡로 일반 집터의 예닐곱 배 규모다.

발생한 것으로 보이는 돌가루도 나왔다. 공방 세 곳은 집터 남쪽에 자리
하고 있고, 맷돌과 저장 시설은 북쪽에 있다. 마을 안쪽에 생산 구역과
저장 및 소비 구역이 기능에 따라 나뉘어 있던 것이다. 이렇듯 청동기 시
대는 가진 자와 못 가진 자로 계층이 나뉘고 빈부 격차도 심해진 시대였
다. 계급사회가 제대로 성립되고, 미약하나마 담당 기능에 따른 사회 분
화도 진행되었다.

　1975년부터 20여 년에 걸쳐 발굴된 송국리 유적은 집터를 비롯해 토
기와 농기구 등 중요한 유적과 유물이 발굴되어 한반도 청동기 시대의
전형을 이루는 유적으로 손꼽힌다. 특히 돌널무덤에서 비파형 청동검과
정교하게 갈아 만든 고급 석기류, 빛깔 고운 옥제품 등이 나와 학계에 큰
반향을 불러일으켰다. 이 가운데 비파형 동검은 이 무덤이 지배자의 것
이며 송국리에 최고 권력자가 있었음을 알려주는 유물이다. 비파형 동검
이란 날 양쪽에 돌기가 있는 자루와 손잡이를 조립한 조립식 검으로, 모
양이 고대 악기 비파琵琶를 닮아 이런 이름을 얻었다.

　송국리에서는 또 하나 의미 깊은 유물을 찾아냈다. 바로 청동도끼 거

푸집이다. 부채꼴 도끼 모양을 하고 있는 거푸집은 청동검이나 도끼를 비롯해 여러 가지 청동기가 송국리에서 제작되었다는 증거다.

부족장을 중심으로 움직이는 제정일치祭政一致 사회였던 구석기 시대에 청동기는 지배자의 권위와 위엄을 과시하는 상징물이었다. 지배자는 제사 의식에서 의례용 청동기를 몸에 차거나 이것으로 종교 행위를 치렀다. 부족장이 허리에 찬 청동방울은 움직일 때마다 소리를 냈다. 신령스러운 방울 소리가 귀신을 부른다고 믿었던 당시 사람들은 그러한 소리를 내는 부족장을 신성한 존재로 받들었다. 더구나 가슴에 단 청동거울은 햇살을 반사하여 움직임에 따라 눈부신 광채를 내면서 부족장이 태양과 같은 존재임을 상징했다. 허리에 차고 있던 청동검 역시 무기일 뿐 아니라 지배자의 힘을 과시하는 상징물이었다. 청동기 시대 사람들은 청동기를 소유하면 강력한 힘을 가질 수 있다고 믿었다. 청동기는 강력한 지배자의 등장을 가져왔고, 그 지배자는 사회를 움직이는 힘의 원천이었다.

전라북도 고창군 매산마을에는 수많은 고인돌이 산 경사면을 따라 1.5킬로미터 구간까지 늘어서 있다. 그런데 이곳의 고인돌을 보면 어느 하나 같은 모양새가 없다. 위에 올린 덮개돌과 받침돌〔支石〕의 모양과 크기가 각양각색이다. 왜 이곳에 이렇게 많은 고인돌이, 이렇게 다양하게 만들어졌을까? 고인돌 사회는 집약 농경, 즉 농업을 기반으로 하는 사회이기 때문에, 사람이 살기 좋은 환경, 농사가 잘되는 환경을 택해서 살게된다. 고창과 화순을 포함한 전라남도 및 전라북도 지역에 고인돌이 많은 것은 그만큼 유달리 인구 밀도가 높았고, 자연환경이 그러한 인구 밀도를 감당할 수 있었다는 뜻이다.

고인돌은 많은 노동력을 동원할 수 있는 지배자의 무덤이다. 그렇다면 어느 정도의 노동력이 필요했을까? 6.8톤 정도의 고인돌 덮개돌을 만들고 실제로 사람들이 끌어보니, 약 70명이 필요했다. 1톤을 끄는 데 대

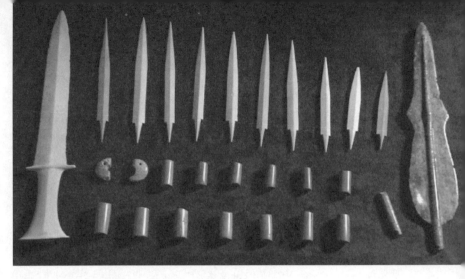

송국리에서 출토된 비파형 동검과 정교한 석기들(위쪽).
청동방울과 청동거울 등을 착용해 위엄을 과시하는 지배자의 복원 영상(아래쪽).

략 열 명이 필요한 셈이다. 40~50톤 무게의 덮개돌
이 있는 고인돌이라면 400~500명가량이 동원되었을
것이다.

네모 집터 사람들의 비극

강화도 지역의 고인돌 분포 상황을 보면 강화도의
청동기 시대 사회 규모를 분석할 수 있다. 고인돌 소
小밀집 지역을 한 단위로 할 때 강화도에는 열 개 정
도의 고인돌군이 있다. 그런데 고인돌의 무게와 개수
사이에는 특정한 상관관계가 성립된다. 고인돌 무게
가 커질수록 고인돌의 개수는 줄어드는 것이다. 이것
은 무엇을 말하는가? 작은 마을 단위로 독립된 정치

고창 매창마을 고인돌군. 고창읍 죽림리와 상갑리 매산마을 부근에는 447기가량의 고인돌 군락이 자리한다. 북방식·남방식·무지석식 등 국내에서 볼 수 있는 모든 형식의 고인돌이 있으며, 크기는 1m 미만에서 5.8m까지 다양하다.

공동체가 생겨났다가 시간이 지나면서 하나의 커다란 정치 단위로 통합되어갔음을 보여주는 게 아닐까? 즉 마을마다 그 마을 우두머리(씨족장)를 위한 고인돌을 만들다가, 여러 마을을 통합한 더 큰 정치 단위가 출현하면서 그 우두머리(부족장)를 위해 훨씬 더 큰 규모의 고인돌을 만든 것이다.

강화도 부근리 고인돌은 강화도 고인돌 중 규모가 가장 크고 축조 상태도 매우 훌륭하다. 이 고인돌은 강화도에서 가장 늦게 축조된 것으로 보이는데, 당시 사회 규모는 어떠했을까? 덮개돌 무게는 109톤, 그렇다면 이 무덤을 만

팔두령. 여덟 개의 머리를 가진 청동방울이다.

드는 데 동원된 인원은 약 1090명이다. 가구당 인구를 다섯 명으로 계산하고 그 중 한 명만 동원되었다고 가정하면, 인구는 대략 5450명에 달한다. 인구 5000~6000명의 사회 규모라면 대족장 사회는 완성 단계에 들어섰다.

전라북도 고창군 운곡리에 우리나라에서 지금까지 발견된 고인돌 가운데 가장 큰 고인돌이 있다. 운곡리 고인돌을 토대로 사회 규모를 짐작해보자. 덮개돌의 무게는 무려 297톤. 따라서 고인돌 축조에 동원된 인력은 2970명으로 추정되고, 앞에서와 같이 계산하면 인구는 1만 4850명이 된다. 인구 규모로 보면 거의 국가 단계, 정확히 말하면 소국小國 단계다. 뒷날에는 이러한 고인돌 사회가 해체되면서 한반도 각지에서 마한, 진한, 변한, 옥저, 예맥 같은 고대 사회가 등장한다. 청동기 고인돌 사회는 정복과 통합의 과정을 반복하면서 고대국가 탄생의 기반이 된 것이다.

한반도에는 다양한 형태의 고인돌이 모두 4만여 기나 분포해 있다. 이는 전 세계 고인돌의 50퍼센트에 해당한다. 적어도 고인돌만 놓고 보면 한반도는 청동기 문화의 세계적인 보고라 할 수 있으니, 유네스코 세계유산위원회가 2000년에 고창, 화순, 강화의 고인돌 유적을 세계유산World Heritage으로 등록한 것은 당연한 일이다. 고인돌이 하나 존재한다는 것은 그 일대에 제법 큰 규모의 공동체 또는 정치 단위가 있었다는 뜻이

강화 부근리 고인돌.

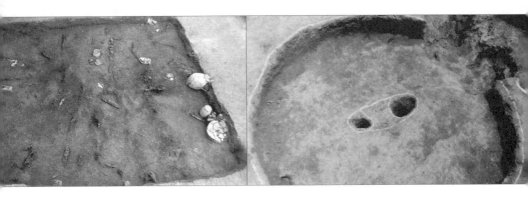

부여 송국리 유적의 네모 집터와 원형 집터.

며, 이는 청동기 시대 한반도에 수많은 부족 공동체가 있었다는 이야기가 된다. 청동기 시대의 수많은 부족 공동체는 부족장의 통솔 아래 주변의 약한 부족을 정복하거나 더 강력한 부족에 정복되었다.

부여 송국리 마을 역시 전쟁을 피할 수 없었다. 전쟁의 소용돌이 속에서 송국리의 운명은 어떻게 바뀌었을까? 이 유적은 주변보다 높은 구릉에 자리 잡고 있다. 주위의 평야와 강을 한눈에 내려다보는 위치다. 그런데 송국리 유적의 많은 네모 집터에서 화재 흔적이 나타났다. 대부분 불에 타서 지붕이 고스란히 내려앉은 집들이다. 집터를 둘러싼 목책 시설도 전소하다시피 화재를 입은 흔적이 있다. 하지만 목책 안에서 발굴된 네모 집터가 70퍼센트 이상이 화재를 당한 것과 달리 목책 바깥 원형 집터는 화재 피해를 입지 않았다. 도대체 무슨 일이 일어났을까? 이것은 당시 집단 간에 전쟁이 벌어졌음을 짐작하게 해준다.

각각 목책 안과 밖에 자리한 네모 집터 집단과 원형 집터 집단 간의 갈등이 심해져 치열한 선투가 벌어졌으리라. 아마도 원형 집터에 살던 사람들이 네모 집터에 살던 사람들을 공격하지 않았을까? 네모 집터 마을을 방어하던 목책이 불타버린 점도 그 증거가 될 수 있다. 또한 불타고 난 목책 자리를 파괴하고 원형 집터가 들어섰다는 점도, 두 집단 사이에 승자와 패자가 나뉘었음을 알려준다. 전쟁은 송국리의 주인을 바꿔놓았다. 전쟁에서 패한 네모 집터는 사라지고, 원형 집터가 송국리 언덕을 지배하게 된 것이다.

원형 집터 사람들이 네모 집터 사람들에게 승리를 거두었다면, 네모 집터 사람들은 어떻게 되었을까? 전쟁에서 승리한 쪽은 패한 쪽이 갖고 있던 수확물, 물건, 집터, 농토 등을 모두 차지했을 것이다. 모든 것을 빼앗긴 네모 집터 사람들은 전쟁 포로가 되어 노예가 되었을 가능성도 없지 않다. 원형 집터 사람들이 지배 집단이 되고, 네모 집터 사람들은 피지배 집단이 되어 지배 집단을 위한 생산 노동에 종사하는 것이다. 청동기 시대 전쟁의 결과는 이토록 가혹했다. 청동기 시대 사람들이 방어 시설에 큰 신경을 쓴 까닭을 여기에서도 잘 알 수 있다.

청동기 시대 농경 기술의 혁신은 풍요를 선사했지만, 가진 자와 못 가진 자 사이의 격차와 차별은 심해지고, 더 많이 가지기 위해 또는 가진 것을 지키기 위해 청동기 시대 사람들은 잦은 전쟁을 치러야 했다. 더 큰 힘을 지닌 부족은 우수한 무기로 힘없는 부족을 정복하고 통합했다. 전쟁이 거듭되면서 우세한 마을은 더 크고 강성한 마을로 성장했다. 전쟁은 물론 비극을 낳았지만, 청동기 시대의 잦은 전쟁은 고대국가를 탄생시키는 힘이기도 했다. 3000년의 시간을 뛰어넘어 송국리 유적은 희극과 비극이 교차한 청동기 시대의 실상을 보여준다.

04 첫 나라 고조선,
수도는 어디였나

첫 나라 고조선은 정말 신화 속의 나라일까?
비파형 동검으로 요동 벌판을 지배했던 나라,
화려한 청동장식 마차를 타고
평양 거리를 달렸을 고조선 사람들……
신화의 더께에 묻혀 있는 역사 속 그들과 만나보자.

신화와 역사 사이

한강변에 자리한 서울 용산구 동빙고동 62번지. 옛날 동빙고 나루터 근처인 이곳에는 고려 시대부터 있었다고 전하는 마을 사당이 있다. 지금도 주민들은 마을의 평안을 바라며 매년 제사를 지내는데, 그 기원祈願의 대상은 다름 아닌 첫 나라 고조선을 건국한 단군왕검이다. 전설 속의 임금 요堯가 중국을 다스리던 기원전 2333년, 단군왕검은 조선이라는 이름으로 나라를 세웠다고 한다. 단군에게 올리는 제사는 본래 정월 초하룻날에 지냈으나, 단군 부인의 기일인 음력 3월 15일로 옮겼다는 것이 마을 어른들의 말이다.

옛날과 달리 농사도 짓지 않고 마을의 공동 작업도 사라졌지만, 사람들은 국조國祖 단군에게 절을 올리며 마을과 집안의 화평을 빌고 있다. 21세기 서울 한복판에서 매년 단군 제사를 지내다니. 첫 임금 단군에 대한 기억이 이곳 동네 사람들 마음속에 여전히 살아 있을까?

고조선과 단군은 여전히 역사와 전설, 종교 요소가 혼합된 채 우리에

1930년대의 단군릉(오른쪽)과 1990년대에 북한이 발견하여 대
규모로 복원한 모습(위).

게 전해진다. 신화성이 짙은 단군의 탄생 과
정, 1500년이나 되는 오랜 세월에 걸쳐 나라
를 다스렸다는 점 그리고 아사달阿斯達처럼
확인되지 않은 지명들 탓에 단군 조선, 즉 고조선은 여전히 역사歷史에
편입되지 못한 채 신화와 전설의 영역에 남아 있다. 역사학계에서도 고
조선의 실체에 관한 의견이 분분하다. 고조선에 우리 민족의 시원始原이
자 첫 나라라는 의미를 강하게 부여하려는 재야 사학계와 지나친 민족주
의를 유보하거나 삼가면서 지금까지 알려져 있는 사료와 유물·유적들을
실증적으로 분석하려는 제도권 사학의 입장이 충돌하고 있다.

그런데 고조선 영토와 관련해 오늘까지 확실하게 전해지는 지명 하
나가 있다. 바로 단군왕검이 도읍으로 정했다는 '평양'이다. 그렇다면 지
금의 평양이 과연 고조선의 수도였을까?

평양의 대박산(북한 평양특별시 강동군 문흥리) 기슭에는 북한 학계가

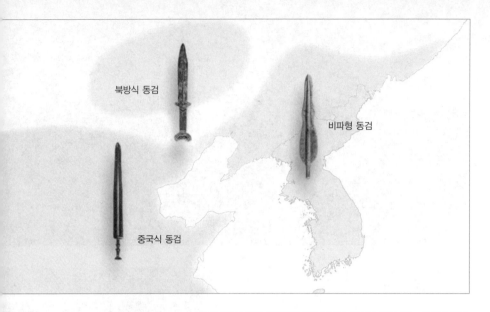

북방식 동검

비파형 동검

중국식 동검

기원전 8세기 무렵 동아시아에서 민족과 문화를 구분 짓는 중요한 기준
이었던 비파형 동검의 분포도.
중국 차오양의 십이대영자 유적에서 출토된 비파형 동검.

발굴해 고구려 양식으로 복원, 조성한 거대한 고분이
있다. 우리나라 학계는 단군릉으로 알려져 있는 이
무덤에서 나온 유물이 고구려 시대의 것이기 때문에
이 무덤이 단군과 관계가 없다고 여긴다. 그러나 북
한 학계는 무덤의 주인공이 바로 단군이라고 주장한
다. 무덤에서 발굴된 인골이 단군의 실제 유해라는
것이다. 1980년대부터 고고학과 지질·지리학 분야
에서 많이 쓰여온 전자상자성공명법Electron Spin
Resonance이라는 최신 기법이 있다. 자연 방사선에 의
해 늘어나는 물질의 결함 정도를 전자의 회전을 이용해 검출한 다음 유
물의 절대 연대를 측정하는 기법이다. 측정 상한이 1억 년에 달하며 조

개·뼈·질그릇 등 모든 유물에 적용할 수 있다. 이 검사 결과 인골의 사망 연대는 대략 5000년 전으로 추정되었다. 하지만 한국과 외국의 역사학계에서는 검사의 정확도에 문제를 제기하면서 단군과 고조선 그리고 평양에 관한 의문은 다시 미궁에 빠져 들었다.

잠시 평양을 떠나 중국 동북부 요동遼東 지역으로 가보자. 대체로 만리장성의 동쪽 끝 산하이관山海關 일대에서 랴오허(遼河, 요하)에 이르는 지역이 요서遼西이며, 랴오허 동쪽으로 요동반도를 포함하여 압록강에 이르는 지역이 요동이다. 오늘날 중국의 행정 구역인 랴오닝성遼寧省이 요서와 요동 지역을 포함하고 있는데, 1954년 이전까지는 랴오시성遼西省과 랴오둥성遼東省으로 나뉘어 있었다. 요동 지방 교통의 요지 차오양朝陽 일대는 한족漢族과 북방 민족 사이에 전쟁이 끊이지 않았던 지역이다. 그런 차오양 일대에서 무려 60여 곳에 달하는 비파형 동검이 발굴되었다. 그 가운데 기원전 8세기경 청동기 유적으로 확인된 십이대영자十二臺營子 유적에서 다양한 청동장식 유물들과 함께 고조선의 대표적 유물인 비파형 동검이 발굴되어 각별한 관심을 모았다.

비파형 동검은 요동 전역에 확산되면서 한반도까지 전해졌고 이후 세형 동검細刑銅劍으로 변해갔다. 시기에 따라 크기와 형태가 조금씩 다르지만, 비파형의 검 몸체와 검 손잡이 그리고 검자루 맞추개돌 이렇게 세 부분으로 나뉜 조립식이라는 점이 비파형 동검의 공통된 특징이다. 제작 기법을 일관되게 유지한 사실로 보아 그것을 만든 사람들이 같은 문화 정체성을 지니고 있었음을 짐작할 수 있다. 기원전 8세기 무렵 동아시아에서 청동검은 종족과 문화를 구별 짓는 기준이었다. 그렇다면 초기부터 후기에 이르는 다양한 종류의 비파형 동검이 출토된 차오양 지역은 고조선과 어떤 관계가 있었을까?

그동안 차오양 일대는 고조선이 아닌 북방 유목민족 산융山戎과 동호

東胡의 본거지로 알려져 있었다. 학계에서는 이 지역의 비파형 동검도 동호의 것으로 여겼지만, 연구가 진행되면서 고조선 유물이라는 주장이 제기되었다. 여기서는 다링허大凌河 상류 지역을 유목민족 문화권으로, 차오양 일대는 정착형 농업 문화권으로 본다. 비파형 동검은 만주 일대 곳곳에서 확인되는데, 1965년 중국 랴오닝성의 성도 선양瀋陽의 정가와자鄭家窪子 유적에서는 대표적인 고조선 관련 유물인 비파형 동검, 청동거울 등 700여 점이 넘는 유물이 출토되었다. 무덤 규모나 출토 유물로 미루어 고조선의 최고 지배자나 예맥계 지배자의 무덤으로 추측된다. 이를 통해 고조선은 요서 지역인 차오양에서 요동 지역인 선양 일대까지 세력을 형성했음을 알 수 있다.

고인돌에서 고조선을 찾다

세계유산으로 지정되기도 한 인천광역시 강화도 지역의 고인돌은 대부분 네 방향으로 판석板石을 세워 막아 직사각형 널방[墓室]을 만들고 그 위에 평평한 덮개돌을 얹은 이른바 북방식, 즉 탁자형 고인돌이다. 덮개돌이 거의 땅 위에 붙어 있는 남방식 고인돌과는 다른 양식이다. 대부분 청동기 시대에 만들어진 이 고인돌에서는 고조선의 표지 유물인 비파형 동검과 한반도 서북 지방에서 출토되는 청동기 시대 민무늬 토기의 한 갈래인 미송리형 토기(평안북도 의주군 미송리 동굴에서 발굴된 토기가 그 본보기다)가 발견되어, 고조선 시대의 무덤임을 알 수 있었다.

북한 학계의 광범위한 조사에 따르면 대동강 유역에만 1만 기가 넘는 고인돌이 있다. 이들 고인돌에서도 다양한 종류의 청동기 부장품이 발굴되어 고조선을 이해하는 데 중요한 자료가 되고 있다. 북한 학계는 평양에서 발견된 집터와 고인돌에서 동검, 놋단검, 청동방울 등의 유물이 나

비파형 동검과 세형 동검 그리고 고조선

랴오닝 지역과 한반도의 청동검은 비파라는 악기와 비슷한 칼날 모양 때문에 비파형 동검이라 일컫는 데 비해 중국의 동검은 직선으로 뻗어 있다. 북한 학계는 비파형 동검을 고조선의 표지 유물이라고 주장한다. 다시 말해, 비파형 동검이 나오는 지역은 무조건 고조선 영토로 보는 것이다. 이에 비해 중국 학자들은 대체로 비파형 동검을 동호의 것으로 본다. 사실 '비파형 동검이면 무조건 고조선 영토'라는 생각에는 무리가 있다. 비파형 동검 문화권은 요서 지방, 쑹화 강松花江 유역, 한반도 등 예맥족濊貊族 문화권과 거의 일치한다. 다만 요서 지방의 청동기 문화는 북방계 요소가 강하기 때문에, 동호 문화권으로 보는 것이 옳다.

같은 비파형 동검이라도 요서 지역의 유목민 문화를 기반으로 한 동호의 비파형 동검에는 짐승 장식이 많이 나타난다. 랴오허 동쪽과 한반도 지역의 비파형 동검은 장식이 없고, 청동거울이나 청동단추 등이 함께 출토되는 것이 특징이다.

랴오허 유역이 비파형 동검의 발상지라는 데 많은 학자들이 동의하지만, 요서와 요동 가운데 어느 지역에서 먼저 사용했는지는 분명하지 않다. 비파형 동검은 기원전 4세기경부터 길고 가느다란 모양으로 바뀌는데, 이를 세형 동검 혹은 좁은 놋단검이라 부른다. 비파형 동검과 세형 동검 모두 검 몸치의 한가운데가 솟아 있고 홈이 패 있다. 비파형 동검을 바탕으로 제작된 세형 동검은 한반도 지역이 발상지라는 점에서 한국형 동검이라 일컫기도 한다.

한반도에서만 발견되는 놋단검이 비파형 동검과 비슷하고 또 한반도 거의 전역에서 수많은 비파형 동검이 나오고 있다는 점에서, 한반도가 랴오허 유역과는 또다른 비파형 동검 문화권의 중심지라는 주장도 제기된다. 유물에 대한 해석은 워낙 다양할 수 있는 데다가, 새로운 지역에서 또다른 유물이 나올 가능성도 얼마든지 있기 때문에 세심한 주의가 필요하다.

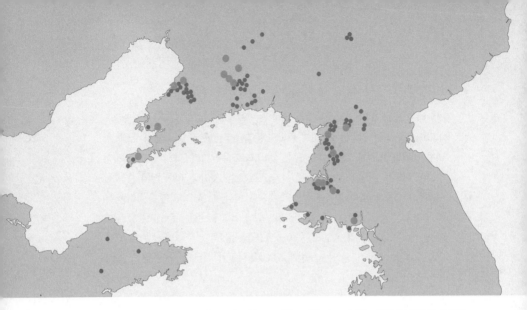

탁자형 고인돌이 많이 자리한 지역을 작은 원으로, 대형 고인돌이 모여 있는 곳을 큰 원으로 표시해 보았다. 요동반도와 북한의 평양에 집중적으로 나타난다.

왔고, 이는 이 집터가 고인돌을 만든 주민들의 소유라는 증거이며 고인 돌은 고조선 시대 무덤이라는 주장을 펼친다.

그렇다면 고인돌과 고조선의 수도는 어떤 관계일까? 학자들은 만드 는 데 엄청나게 많은 노동력이 필요한 대형 고인돌에 주목한다. 북한 학 계에 따르면 평양 일대에는 왕릉뿐 아니라 고인돌이 집중해 있는데, 그 뚜껑돌[蓋石]이 80~120톤에 이르는 대형 무덤들이라고 한다. 사적 137호 로 지정된 강화 고인돌의 경우에도 덮개돌의 길이는 6미터가 넘는다. 들 판 한가운데 서 있는 이 대형 고인돌에 묻힌 사람은 누구인가?

결국 이런 큰 무덤은 권력자들의 무덤일 수밖에 없다. 70톤 규모의 고 인돌은 대략 2000명이 있어야 만들 수 있다. 이는 그 정도로 많은 노동력 을 동원할 수 있는 정치공동체가 존재했음을 뜻한다. 이로 미루어 황해 남도 은율군 관산리 유적은 고조선 왕의 무덤일 가능성도 있다. 한반도

(시계 방향으로) 강화도 고인돌, 북한 은율군 관산리 고인돌, 중국 가이저우 스펑 산 고인돌, 중국 하이청 고인돌.

에서 그 크기가 가장 큰 관산리 고인돌이 자리한 곳은 대동강 유역으로, 이에 북한 학계는 평양이 고조선의 수도일 뿐 아니라 청동기를 발전시킨 인류 문명의 발상지들 가운데 하나라고 주장하기까지 한다.

그러나 고인돌 축조 시기나 규모를 살펴볼 때 대동강보다 요동반도 남단이 더 중요하다는 주장도 있다. 요동반도의 가이저우盖州 스펑 산石 棚山 고인돌(중국어로 스펑, 즉 석붕石棚은 고인돌을 가리킨다)은 낮은 구릉의 정상부에 자리하고 있는데, 남한 지역 고인돌과 달리 자연석을 그대로 쓴 것이 아니라 사람이 도구를 이용해 잘 다듬은 흔적이 보인다. 덮개돌의 길이는 8.6미터, 폭은 5.6미터에 달하고, 요동반도와 한반도 전체를 통틀어 가장 정교하고 거대한 고인돌이다. 덮개돌을 받치고 있는 기둥 또한 내부에 제단이 들어갈 정도로 크고 잘 다듬은 돌을 사용하고 있어, 마치 하나의 석조건축물처럼 보인다.

주변 마을이 한눈에 내려다보이는 야트막한 구릉에 홀로 자리하고 있는 이 고인돌은 제사를 지내는 일종의 신전神殿으로 지었을 가능성이 있다. 마을 주민들은 지금도 이 고인돌을 찾아와 향을 피우고 소원을 빈다. 마을의 사당 구실을 하는 것이다.

고인돌 내부에는 어떤 시설을 한 흔적이 보이고, 벽면에는 잦은 탁본으로 새까맣게 변한 상형문자가 있다. 중국의 갑골문자와 비슷해 보이기도 하지만 같은 글자가 없어서 정확한 뜻을 확인하기는 힘들다. 다만 제사 의식과 모종의 관련이 있는 것이 아닐까 추정할 뿐이다. 후대에 누군가 그려넣은 게 아니라면 고조선 최초의 문자일 가능성도 있다. 고대 상형문자까지 새겨진 이 대형 고인돌은 고조선의 정치권력을 보여주는 중요한 유물이다.

가이저우에서 자동차로 50분 거리에 있는 하이청海城에도 대형 고인돌이 있다. 주변 마을과 평야 지대가 내려다보이는 위치에 자리한 고인돌은 웅장하고 축조 기술도 뛰어나 랴오닝 지역에서 손꼽히는 유적이다. 이 고인돌 역시 자연석을 그대로 쓰지 않고 화강암의 표면을 매끈하게 다듬었다. 가이저우와 하이청 일대에는 그 밖에도 적지 않은 숫자의 대형 고인돌이 분포해 있다. 이는 초기 고조선의 정치공동체가 요동, 특히 요동반도 남단 지역에 자리했을 가능성을 보여주며, 대동강 유역은 그다음이라는 추정을 가능케 한다.

권력자의 무덤이 있는 곳이 곧 그 나라의 중심지라고 볼 때, 대형 고인돌이 다수 분포해 있는 요동반도와 평양을 주목할 필요가 있다. 하지만 요동 지역의 고인돌이 더 사람의 손을 많이 댄 점을 생각해보면 평양보다는 요동에서 중심지를 찾는 게 타당하지 않겠는가. 고조선의 중심지가 정확히 어디였는가 하는 문제는 탁자형 고인돌이 좀더 많은 지역을 중심으로 풀어가는 것이 좋을 듯하다. 정치 집단의 흔적으로 보이는 대형 고인돌이 주로 랴오양遼陽 아래의 요동반도에 집중해 있음은 이 지역을 고인돌 시기 고조선의 중심지로 추측하게 한다.

첫 도읍지, 험독은 어디인가?

문헌 기록을 실마리 삼아보자면, 기원전 7세기 상황이 나와 있는 중국 문헌 《관자管子》에 처음 고조선이 등장하지만, 그보다 더 신뢰할 수 있는 문헌은 한나라 때 사마천이 쓴 《사기》다. 고조선 멸망 직후에 쓰인 책으로 고조선 당대에 가까운 기록이기 때문이다. 《사기》에 따르면 요동에 험독현險瀆縣이라는 곳이 있었고, 그곳이 바로 조선 왕의 옛 도읍지, 즉 고조선의 옛 수도다. 이런 내용은 1세기 말 후한의 반표班彪·반고班固 부자가 쓴 《한서漢書》 '지리지地理志'에서도 확인된다. 평양 시기 이전 고조선의 또다른 수도가 있었던 지역이 험독인 것이다. 험독은 과연 어디에 있었을까?

랴오허 일대 옛 요동군遼東郡 지역으로 향해보자. 랴오허를 건너 서쪽에 자리한 타이안현臺安縣 지역. 중국 학자들은 이곳을 험독이라고 추정한다. 타이안현 신카이허향新開河鄉 너른 벌판에 토성의 흔적이 있는데, 바로 손성자성孫城子城이다. 주민들에 따르면, 손성자성은 예부터 고구려성이라 불렸으며 조선인이 살았고 본래 아주 높았다. 중국 학계는 손성자성을 험독현의 옛 성 가운데 하나로 보고 있다.

지금도 성 터에서 기와 조각과 전돌 등이 발견되지만, 대부분 한나라와 고구려 기와로 고조선과 관련된 흔적은 찾을 수 없다. 손성자성 일대는 랴오허 건너 높은 구릉이 있는 입지 조건 덕분에 예부터 군사 거점 구실을 했을 가능성이 크다. 후대에 전략의 요충지였다면 더 이른 시기에도 마찬가지였을 것이다. 그러나 이곳을 고조선의 수도였다고 확정하기는 힘들다.

중국 학자들이 지목한 손성자성 일대가 아니라면 험독을 어디에서 찾아야 할까? 랴오허를 건너 동쪽으로 펼쳐진 지역, 대형 고인돌이 있던 가이저우, 하이청 일대를 다시 주목해보자. 북한 학계에 따르면 고조선의 부副수도, 즉 제2의 도시가 가이저우 일대에 있었다. 신채호는 1929년에 간행한 《조선사연구초朝鮮史研究草》에서 하이청 부근이 고古평양, 즉 고조선의 옛 수도라고 지목했다. 요동 평원의 동쪽 끝에서 너른 요동 평원을 바라보며 자리한 하이청과 바로 밑의 가이저우는 모두 랴오허를 서쪽의 자연 방어선으로 삼고 있으며, 뒤로는 톈산 산맥天山山脈이 둘러싸고 있다. 앞의 랴오허를 자연 해자垓字로 삼고 뒤로는 높은 산에 의지함으로써, 최상의 지리 조건을 갖춘 것이다.

그러나 오늘날 하이청과 가이저우는 워낙 현대 도시로 변모한 탓에, 그곳 일대가 옛 요동군 험독이었다는 증거는 찾기 힘들다. 광활한 요동 벌판을 앞에 두고 뒤로는 톈산 산맥의 험준한 지세에 의지한 이곳이 정말 고조선의 수도가 있던 곳일까? 청나라 초기 고조우顧祖禹가 편찬한 역사지리서 《독사방여기요讀史方輿紀要》에 따르면 "험독의 경계는 랴오허의 삼차하三叉河"에 있었다. '삼차하'는 세 강이 교차한다고 해서 나온 이름이다.

그렇다면 삼차하는 어디일까? 오늘날의 중국 지도를 보면 삼차하는 훈허渾河 강, 타이쯔허太子河 강 그리고 랴오허와 만나는 지점이다. 요동 벌판 한가운데를 흐르는 랴오허의 물길과 훈허 강, 타이쯔허 강이 합류하는 지점은 랴오허 하류 일대다. 만주 일대의 지리를 서술한 《성경통지盛京通志》를 참고하면, 삼차하는 세 강이 만나는 지점에서 바다에 이르는 일대 전체를 가리킨다. 따라서 삼차하를 경계로 삼은 험독은 랴오허 유역, 놀랍게도 하이청과 가이저우 지역이었다. 첫 나라 고조선의 영역은

고조선은 언제 세워졌을까

《삼국유사》에 따른다면 단군은 고조선을 중국의 전설상 임금 요堯가 즉위한 지 50년 되는 해, 즉 기원전 2333년에 세웠다. 그러나 요 임금은 전설 속 인물에 가까운 데다가, 기원전 2000년경 만주와 한반도 지역은 신석기 시대였기에, 기원전 2333년이라는 고조선의 건국 연대는 수긍하기 힘들다. 고대국가는 청동기 문화를 바탕으로 지배층과 피지배층이 분화된 후에야 성립되었다. 이렇게 본다면 고조선의 건국 연대는 기원전 10세기 무렵으로 추정된다.

《삼국유사》에 나오는 고조선이라는 이름은 고조선과 위만衛滿의 위만 조선을 구분하기 위한 것이다. '조선朝鮮'이라는 이름은 중국 문헌 《관자》에 처음 등장한다. 《관자》는 기원전 7세기 관중管仲이 쓴 책으로 알려져 있으나, 학자들은 그보다 후대의 사람이 쓴 문헌으로 추정한다. 그러나 후대에 집필되었더라도 기원전 7세기의 사정을 어느 정도 반영하고 있다고 볼 수 있다.

강렬하게 스러진 고조선의 최후

고조선의 멸망과 관련하여 《사기》에는 흥미로운 기록이 있다. "육군과 수군이 모두 욕을 당했고, 나중에 공신이 된 자도 없었다." 한나라가 고조선을 멸망시키기는 했지만, 고조선 군대의 거센 저항으로 한나라 군의 피해도 컸음을 알려주는 기록이다.

기원전 109년 가을 수륙 양면으로 6만에 가까운 한나라 군이 고조선의 왕검성을 향해 진격했다. 왕검성을 포위했지만 고조선군의 거센 저항에 부딪쳐 전황이 지지부진해지자 한나라는 고조선 지배층을 분열시키는 공작을 폈다. 고조선은 우거왕을 중심으로 한 항전파와 화친파로 갈렸다. 결국 우거왕을 살해하고 한나라 군대에 항복하는 이가 생겼으며, 왕자까지 항복하고 말았다.

성기成己라는 인물이 끝까지 왕검성을 지키며 항전했지만, 그마저 살해당하고 결국 기원전 108년 여름 1년여의 치열한 항전 끝에 왕검성이 함락되며 고조선은 멸망하고 말았다. 한나라는 고조선 땅에 낙랑군, 임둔군, 진번군, 현도군 이렇게 네 개의 식민지를 두었지만 이 가운데 세 개는 얼마 가지 못했고, 낙랑군은 313년 고구려의 공격으로 축출되었다.

"랴오허의 삼차하三叉河에 옛 험독현의 경계가 있다"라는 기록이 있는데 《성경통지》는 이 지역이 세 강이 만나는 곳이라 설명한다. 험독은 오늘날 중국 하이청 일대로 추정된다.

단지 한반도만이 아니었다. 요동의 가이저우, 하이청 일대에 수도를 두고 요동 벌판과 요서 지역까지 그 영역으로 삼았던 것이다.

그렇다면 고조선은 왜 요동 남부에서 평양으로 중심지를 옮겼을까? 여러 나라가 패권을 차지하기 위해 치열하게 경쟁했던 당시 중국으로 눈길을 돌려보자. 우리는 고대에는 지금보다 국제 관계가 덜 활발했을 것이라고 지레짐작하기 쉽다. 물론 비행기로 왕래하고 이메일로 소식을 주고받으며 미사일로 전쟁을 하는 오늘날과 국제 관계의 속도를 비교할 수는 없다. 그러나 속도를 접어두고 본다면, 고대사에서도 국제 관계는 본질적인 부분에 속한다. 우리 역사의 어떠한 장면이나 계기도, 중국과 일본을 포함한 동아시아 역사 전체의 맥락에서 파악하지 않으면 제대로 이해하기 어려울 때가 많다.

중원의 풍운과 새로운 도약

전국戰國 시대인 기원전 4세기 말, 중원에는 전운이 감돌았다. 연나라가 전국 7웅七雄, 즉 패권을 놓고 대립하던 7대 강국 제齊, 초楚, 진秦, 연燕, 위魏, 한韓, 조趙 가운데 하나인 제나라를 침공해 70여 성을 빼앗으며 새로운 강자로 급부상한 것이다. 기원전 4세기에 고조선은 강국이었다. 주周의 제후국인 연의 소왕昭王이 자신을 스스로 왕이라 칭하자 고조선 역시 독자적인 왕국임을 천명했다. 그뿐이 아니다. 고조선은 연을 침공하려는 계획까지 세웠다. 연은 30만 정도의 군사력을 동원할 수 있었는데, 그렇다면 고조선도 그런 연과 대적하기에 충분한 군사력과 국력을 갖추고 있었을 것이다.

고조선이 선제공격하려 했던 연은 기원전 11세기경부터 지금의 베이징 지역에 수도를 두고 있었다. 당시 연 수도의 이름은 계성薊城이었는데, 지금도 당시의 성문, 즉 계문 자리가 베이징에 남아 있다. 3000년 전에 이미 큰 성문을 둔 도성을 갖춘 연의 국력은 계성 아래 연하도燕下都를 새로 건설하면서 뚜렷이 발전하기 시작했다. 그때가 바로 기원전 4세기 말이다.

연하도는 거대한 외곽 성으로 둘러싸여 있었는데, 흙으로 만든 토성이지만 돌 위에 흙을 떡시루처럼 차곡차곡 다져 쌓는 판축板築 기법을 사용해 벽돌로 쌓은 것처럼 견고했다. 이 지역에서 발굴된 유물 가운데 당시 계성의 성문이 얼마나 거대했는지 짐작케 하는 거대한 청동문고리가 발견되어 눈길을 끌었다. 또한 연나라만의 독특한 문양을 새겨넣은 기와도 다량 출토되어 도성 안에 기와집이 많이 있었음을 말해주었다.

철제농기구를 바탕으로 생산력이 크게 발전했던 기원전 4세기 왕위에 오른 연의 소왕은, 기원전 300년 무렵 제나라를 제압하고 장수 진개秦開를 앞세워 고조선을 침략했다. 진개는 먼저 북방의 동호 세력을 1000리

전국 시대 연의 영토였던 연하도 유적에서 출토된 거대한 청동문고리.

바깥으로 몰아내고, 승리를 거둔 지역에 대규모 장성을 쌓았다. 동호의 재침략을 막아 다음 전쟁에서 총력전을 펼치기 위한 준비 작업이었다. 동호에 승리하여 북쪽 1000리를 장악한 연은 고조선을 침공했고, 이 전쟁에서 고조선은 엄청난 손실을 입고 패했다. 연은 중원의 패권을 본격적으로 노리기 전에 북방 세력과 고조선 세력부터 먼저 눌러 후방을 안정시켜야 한다고 판단했을까?

고조선의 서쪽 2000리를 빼앗은 연은 만번한滿藩汗 지역을 고조선과 연의 경계 지대로 삼았다. 중국 학계는 만번한 지역을 오늘날의 평안남도와 평안북도 경계 지대를 흐르는 청천강 지역으로 간주하여, 이 시기에 고조선이 요동 지역에서 완전히 물러났다고 주장한다. 《한서》 '지리지' 요동군 속현조屬縣條에는 문현文縣과 번한현番汗縣라는 지명이 실려 있는데, 만번한은 여기에 기록된 문현과 번한현을 합쳐 부르는 이름이다 (문현의 음音이 만현으로 변했다는 게 많은 학자들의 의견이다).

학자들은 문현이 바로 가이저우 지역이라는 데 대부분 합의한다. 그렇다면 번한현도 가이저우와 가까운 곳이라는 추정이 가능하다. 그렇다면 연과 고조선의 경계는 청천강 유역이 아니라 요동 지역에서 찾는 것이 타당해 보인다. 결국 기원전 300년에 새로 형성된 경계 지대인 만번한은 랴오허 동쪽 가이저우, 하이청 일대였다. 수도가 있던 지역이 이제는

계성에 있던 연하도 외곽 토성의 일부. 판축 기법을 사용했음을 볼 수 있다.
연이 동호를 막기 위해 쌓은 장성 유적. 동호의 재침략을 막아 고조선과 총력전을 벌이기 위한 목적
이었다.

고조선과 연의 경계 지대가 된 것이다.

　요동반도에 수도를 두고 광활한 요동 평원과 요서 지역을 다스리던
고조선은, 연에게 패해 국경이 수도 근처로 좁혀들자 한반도의 평양으로
천도했다. 서쪽 땅 2000리를 잃고 중심지를 대동강 일대로 옮기면서 고
조선의 평양 시대가 시작된 것이다. 그러나 패전에 따른 전략적인 중심
지 이동을 곧바로 고조선의 국력 약화와 동일시하기는 힘들다. 비록 그
영토가 줄기는 했지만 고조선은 진시황이 죽고 중원이 혼란에 빠진 틈을
타 요동을 다시 탈환하기도 했다.

　위만衛滿이 집권한 이후 멸망할 때까지의 고조선(기원전 3세기 말~기
원전 108년), 이른바 위만 조선 때는 "그 영토가 사방 수천 리에 미쳤을"
(《사기》) 정도로 강성했으며, 마지막 왕인 우거왕右渠王 때에 이르러서는
더욱 강성해져 남쪽의 여러 나라와 한나라가 직접 교통하는 것을 막고
중계무역의 이익을 독점하기도 했다. 고조선의 세력 확장을 껄끄럽게 여
기고 그 무렵 몽골 고원과 만리장성 지대를 중심으로 활약하던 유목민족

조선중앙력사박물관이 소장한 바퀴 몸통 일부를 토대로 복원한 마차 바퀴. 직경 1.6m, 바큇살 24개로 매우 크다.
평양 정백동 석암리 9호분에서 발견된 청동 일산살 꼭지.

인 흉노匈奴와 고조선이 연결되는 것을 걱정한 한 무제는 기원전 108년 고조선을 침략했다. 결국 멸망하기는 했지만 고조선은 한나라의 대군에 맞서 1년 가까이 버텼을 만큼 발달한 철기 문화를 바탕으로 강력한 군사력을 보유하고 있었다.

좀더 후대에 수·당 등 중국의 통일왕조 국가들이 고구려가 북방 민족들과 연대해 힘을 키우는 것을 염려해 고구려를 상대로 큰 전쟁을 벌인 것을 떠올려봄직하다(《HD역사스페셜 2》 10, 11장 참조). 고조선과 한나라의 관계는 훗날의 고구려와 수·당의 관계를 연상시킨다. 이 점에서도 고조선은 '첫 나라', 즉 '우리의 첫 나라'다.

평양 시대를 열다

고조선의 새로운 중심지 평양으로 가보자. 오늘날 평양의 통일거리가 재개발된 것은 1990년대다. 통일거리 지역에 도로를 내고 아파트를 세우기 위해 공사를 벌이던 중, 고조선과 낙랑 시기의 무덤이 대량으로 발견되었다. 특히 정백동貞栢洞 지역에는 고조선 시기의 무덤이 집중 분포해 있었다. 공사를 중단하고 발굴에 착수하자 땅속에서 수많은 덧널무덤〔木槨墓〕이 나타났다. 이 무덤은 고인돌이 쇠퇴한 기원전 3세기 이후 새롭게 등장한 고조선의 무덤 양식이다. 무덤에서 청동거울과 날이 곧은 세형

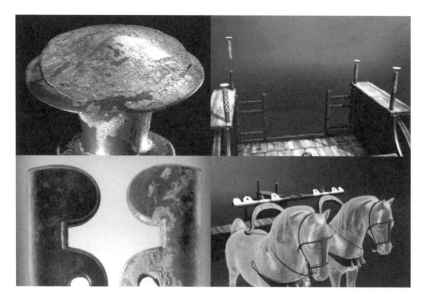

(위) 왼쪽의 삿갓형 동기는 수레 기둥에 끼워 오른쪽같이 마차를 꾸미는 데 사용했다.
(아래) 왼쪽의 권총형 동기는 오른쪽처럼 말의 움직임을 조정하는 역할을 담당했다.

동검 등 많은 부장품이 나왔는데, 마차에서 사용했던 큰 일산日傘도 있었
다. 북한 학계에 따르면, 800여 기에 달하는 이 지역의 초기 덧널무덤 가
운데 남자 무덤에서는 모두 마차 부속구가 나왔다.

출토된 마차 부속구는 마치 오늘날의 기계부품처럼 그 형태가 매우
정교하다. 어떤 청동부품에는 금도금까지 되어 있다. 고조선 시대에 마차
가 널리 쓰였다는 증거다. 직경이 1.6미터에 달하고 바큇살이 24개나 되
는 수레바퀴가 달린 수레라면, 아주 큰 수레였을 것이다. 그런데 마차 부
속구 가운데는 형태가 특이해 그 쓰임새를 짐작하기 어려운 것들도 있다.
도대체 어디에 쓰는 도구였을까?

그 중 하나가 삿갓형 동기銅器다. 삿갓형 동기는 수레에 사람이 탔을

때 기둥에 끼우는 것으로, 고조선에서만 출토되는 유물이다. 정교하게 청동을 다듬어 지금도 반짝이는 삿갓형 동기는 마차를 화려하게 꾸미기 위한 것이었다. 그 밖에도 가운데 구멍이 뚫려 있는 권총형 동기가 발견되어 마차의 어느 부위에 사용된 것인지 궁금증을 자아낸다.

동아시아 고고학과 고대 마차 연구의 권위자인 일본 와세다 대학의 오카우치 미츠자네岡內三眞 교수는 1960년대부터 고조선 마차에 각별히 주목해왔다. 그에 따르면 권총형 동기나 우산형 동기는 중국에서는 전혀 발견되지 않는다. 마차라는 아이디어는 중국에서 들어왔지만 장식은 오롯이 평양에서 만들어낸 것이다. 오카우치 교수가 처음 고조선 마차에 관한 논문을 쓴 지 40년이 지났지만 중국에서는 고조선과 같은 양식의 마차 부품이 나온 예가 없다. 그의 설명에 따르면, 권총형 동기는 말 고삐줄을 통과시켜 말의 움직임을 잘 조정하기 위해 고안한 독특한 부속품이다.

또 고조선의 수레는 사방 모서리를 청동장식을 이용해 꾸몄고, 일산의 살 꼭지마다 청동제 부품을 사용했으며, 마차마다 말 두 마리를 맸다.

고조선의 왕검성 거리를 힘차게 달렸을 청동장식 마차(복원도).

끊임없이 팽창하는 제국 질서

페니키아인들의 카르타고와 지중해의 패권을 놓고 벌인 포에니 전쟁(기원전 264~146년)에서 승리한 로마는 기원전 146년 마케도니아, 기원전 64년 시리아, 기원전 30년 이집트 등을 차례로 정복하여 지중해 세계를 지배하는 명실상부한 제국이 되었다. 로마는 정복한 땅을 속주屬州, 즉 식민지로 두었다. 로마가 카르타고와 마케도니아를 정복한 지 몇 년 뒤 전한前漢에서는 유철劉徹이 7대 황제로 즉위하여 무제(武帝, 기원전 156년~87년)가 되었다.

중국의 역대 황제들 가운데 몇 손안에 드는 강력한 군주로 평가받는 무제는 대외팽창 정책을 펼친 것으로도 유명하다. 장건을 파견하여 실크로드를 개척한 것은 물론, 흉노를 공격하여 오르도스Ordos 지방을 차지하고 흉노를 외몽골 지역으로 내몰았다. 서역 여러 나라에도 영향력을 행사했고 파미르 고원 북부의 페르가나Fergana도 공격했다. 그뿐 아니라 오늘날 중국의 푸젠성, 광둥성, 윈난성, 쓰촨성 변경 지역의 여러 나라 및 종족을 한나라의 지배 아래 두었다.

넓은 맥락에서 보면, 기원전 108년 고조선의 멸망은 동서양에서 공히 벌어진 제국 질서의 확장 과정에서 일어난 사건이라고 할 수도 있다. 범위를 좁혀 동아시아 질서의 측면에서 보자면, 중국에 통일제국이 성립되어 그 세력이 강해지면 주변 세력들을 제국 질서 안에 편입하려 하게 된다.

이를테면 고조선은 흉노와 제휴하려 했는데, 한 무제의 입장에서 보면 이는 한 제국의 질서를 뒤흔드는 일이 된다. 나중에 살펴보게 되겠지만, 당 제국이 강해지면서 압박을 받던 고구려가 돌궐을 비롯한 북방 및 중앙아시아 유목민 세력과 제휴하려 한 것에 견줄 수 있다. 고구려는 결국 당 제국에게 멸망당하고 말았다.

보통 사대주의를 '주체성 없이 세력이 큰 나라나 세력권에 붙어 그 존립을 유지하려는 주의'로 정의하지만, 위와 같은 맥락에서 보자면 강력한 제국 질서를 꾀하는 제국이 바로 곁에 있는 경우 '제국 질서와 무리하게 맞서지 않고 그 질서를 인정함으로써 국가의 안전을 도모하는 실리주의적 사고'라고 바꿔 말할 수도 있다.

하나의 끌대에 말 두 마리를 맨 화려한 쌍두마차. 이것이 바로 고조선 마차의 모습이었다. 정확히 어떤 신분의 사람까지 탈 수 있었는지는 알기 힘들지만, 유력한 지배층 신분에 속한 사람이 탄 것만은 분명하다.

요동 지역의 초기 수도를 잃고 천도한 고조선의 후기 수도 평양. 평양의 왕검성王儉城 거리에는 고조선 귀족들의 화려한 청동장식 마차가 끊임없이 오가지 않았을까? 정복한 땅에서 바쳐오는 각종 특산물에 교역을 독점하여 차지한 부까지 더해졌다면, 왕검성 중심가와 지배층의 생활상은 사뭇 화려했을 것이다. 요동과 요서 지역을 잃고 평양으로 수도를 옮겼지만, 고조선은 평양에서 오히려 더 군사적·경제적 그리고 문화적으로 번성했다.

05 고대 아이언 로드,
삼한으로 통하다

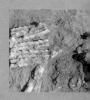

철기는 곧 혁명이었다.
발달된 기술은 고대국가를 형성하는 주춧돌이었다.
동북아시아로 이어진 고대 철의 길 아이언 로드.
그 길을 따라가면 안개에 가려진 철기 문명의 주인공,
한반도에 철의 힘으로 역사를 썼던 삼한이 깨어난다.

철기 시대, 눈을 뜨다

2000년 전 한반도 남부에 본격적인 철기 시대를 연 주인공은 삼한三韓 사람들이었다. 삼한이란 한반도 남부에 있었던 세 정치 세력 마한馬韓, 진한辰韓, 변한弁韓을 말한다. 시기로는 청동기 시대가 지나고 삼국 시대가 시작되기 전 단계를 이른다. 2000년 전 삼한은 어떤 사회였을까? 경상남도 창원시 다호리에는 100여 기의 철기 시대 무덤들이 무리 지어 있는 공동묘지가 있다. 무덤 수로 볼 때 이 지역에 꽤 많은 사람이 살았을 것이다. 그러나 오랫동안 이들을 아는 사람은 아무도 없었다. 세월이 흐르면서 다호리 지역은 현대의 농촌으로 모습을 바꾸었고, 더 이상 무덤 같은 것은 보이지 않게 되었다.

그런데 1988년에 도로 공사를 하다가 특이한 무덤 한 기가 발견되었다. 이것을 신호탄으로 잊혀진 다호리 무덤들이 하나둘 모습을 드러냈다. 통나무를 잘라놓은 것처럼 보이는 다호리 1호분. 목관木棺 하면 흔히 판자로 짠 네모난 관을 떠올리지만, 여기에는 속을 파낸 통나무관이 사용

경주 사라리 130호분. 철기 시대 주요 교역품인 판상철부 70여 매가 출토되었다.

되었다. 부장품도 무척 많다. 관 아래쪽에도 구덩이를 파서 따로 부장품을 넣어두었는데, 청동검과 토기 그리고 칼이나 도끼 같은 철기들도 많이 나왔다. 역사학자들은 다호리 일대의 무덤을 기원전 1세기~기원후 2세기 사이 삼한 사람들의 무덤으로 보고 있다. 비슷한 시기의 무덤들 가운데 이렇게 많은 철기가 발굴된 것은 다호리 무덤이 처음이다.

물과 흙이 뒤섞인 습지의 지층은 완전 밀폐 상태에 가깝기 때문에 공기나 세균, 곤충 등이 침투하기 힘들다. 그 덕분에 습지에 묻힌 유물은 좀처럼 훼손되지 않는다. 철새 도래지로 유명한 주남저수지 근처 논바닥에서 발견된 다호리 무덤도 습지의 점토에 조성되었고 그 덕분에 다호리 고분은 도굴 피해도 거의 없었다. 그렇다면 왜 하필 습지일까? 습지는 대부분 바닷가나 강가에 있다. 바닷가와 강은 선사 시대에 어로와 농경이 이루어지던 장소다. 그래서 습지 주변에서는 선사 시대 유적과 유물이 곧잘 나타난다. 낙동강에서 가까운 창녕 비봉리 유적지도 저습지에 있고, 광주광역시 광산구 신창동 초기 철기 유적 역시 저습지 유적이다.

그런데 다호리 사람들이 부장한 철기는 직접 만들어 사용하던 것일까? 발굴할 때부터 그 특이한 형태 때문에 주목을 끈 다호리 1호분 목관. 발굴 직후 보존 처리에 들어가 최근에야 작업이 마무리되었다. 통나무를 반으로 자르고, 시신을 넣을 수 있도록 내부를 구유처럼 파낸 모양이다. 관의 양 끝쪽에는 쐐기 구멍을 냈는데, 아래위 관을 결합해 움직이지 않도록 쐐기로 고정한 것이다. 관 모서리에 있는 구멍 네 개의 용도는 무엇일까? 함께 출토된 밧줄에 그 답이 있다. 목관을 옮기거나 하관을 하기 위해서 가운데를 끈으로 묶을 수도 있지만, 목관의 네 모서리에 ㄴ자 모양으로 구멍을 판 뒤, 거기에 끈을 걸어 관을 옮긴 듯싶다.

통나무관은 과연 언제 만들어졌을까? 통나무관의 견본을 전자현미경으로 관찰해보았다. 관찰 결과 기원전 1세기의 상수리나무로 밝혀졌다. 상수리나무는 매우 단단한 목재다. 나무 가운데를 파고 가공하기 위해서는 매우 단단한 철제도구가 필요했을 것이다. 그러므로 발달한 철기 문화가 아니고서는 이런 관을 만들기 어렵다. 실제 통나무관 표면에는 나무를 찍고 다듬은 흔적이 뚜렷하다. 무척 강하고 날카로운 도구를 썼다는 증거다. 어떤 도구를 썼는지는 무덤 속 부장품들이 말해준다. 다호리 1호분에서는 도끼와 자귀 같은 철기가 출토되었다. 다호리 사람들은 철기로 통나무를 자르고 그 속을 파낸 뒤, 시신을 관에 넣고 쐐기를 박았다. 이렇듯 철기가 있었기에 쉽게 통나무관을 제작하고 운반할 수 있었다.

다호리 사람들은 철제무기도 사용했다. 이때 이미 청동무기가 철제무기로 교체되고 있었던 것이다. 물론 철제농기구도 나왔다. 목제나 석제농기구 대신 오늘날 농촌에서 쓰는 것과 같은 철제농기구도 쓰였던 것이다. 다호리 출토 철기 가운데 일부 철검 같은 것은 북한 지역에서도 비슷한 유물이 나오고 있지만, 삼각형 철촉이나 따비처럼 다른 지역에서 전혀 보이지 않는 형태의 철기들이 발견된 것은 각별히 주목할 만하다. 다호

세상을 바꾼 철기 문화의 보급

오늘날 터키의 아나톨리아 지방 청동기 유적에서 기원전 3000~2000년경의 철기가 발견되기는 했지만, 이때 철기는 철분을 많이 함유하고 있는 운석, 즉 운철隕鐵로 만들어 강도가 약하고 제작 방식도 단순했으며 대량으로 생산하지 못했다. 고온에서 목탄과 함께 가열해서 망치로 두드려 강한 철을 만드는 기술은 아르메니아 지역과 소아시아 서부 지역에서 개발되었고, 기원전 1500년 무렵 아나톨리아 지방에 등장한 히타이트Hittite는 상대적으로 발달된 철기 생산력을 바탕으로 세력을 확장했다.

유라시아 초원 지대에서는 기원전 800년경부터 흑해 북부 연안에 야금술 冶金術이 전파되어 남부 러시아 지역 기마민족 스키타이Scythian의 철기 문화를 흥성케 했다. 철기 제조 기술에 바탕을 둔 스키타이 문화는 중앙아시아의 광범위한 지역에 영향을 미치면서 동쪽으로 전파되어, 기원전 4세기 무렵 중국까지 영향을 미쳤다. 전국 시대인 이 시기 중국에서는 철제무기를 본격적으로 만들기 시작했다.

한반도 철기 시대, 언제 시작되었나

청천강 이북 지역과 두만강 중·하류 지역에서는, 기원전 4세기 말~3세기 초 사이의 것으로 추정되는 철기 시대 유적이 발견되었다. 비슷한 시기 청천강 이남 지역 한반도에서는, 적어도 지금까지 발견된 유물과 유적만으로 보면, 철기가 생산되지 않고 있었다. 함경북도 무산군 범의구석 유적에서 기원전 6세기의 것으로 추정되는 철기를 찾아냈지만, 이곳 외에는 기원전 6세기 이전 한반도에서 철기 문화가 시작했음을 알려주는 유물은 없다.

기원전 2세기에 이르러 비로소 한반도 각지에서 철기 생산이 본격 시작되었고, 기원전 1세기에 철기가 상당히 널리 보급되었다고 할 수 있다. 기원전 108년 이후 한나라의 식민지인 낙랑군이 설치된 것과 철기 생산·보급이 본격화된 시기를 연결지어 생각해볼 수도 있다. 오늘날의 우리가 어떻게 생각하든 간에 낙랑군이 한반도의 초기 철기 문화가 시작하는 데 영향을 미쳤을 가능성이 큰 것이다.

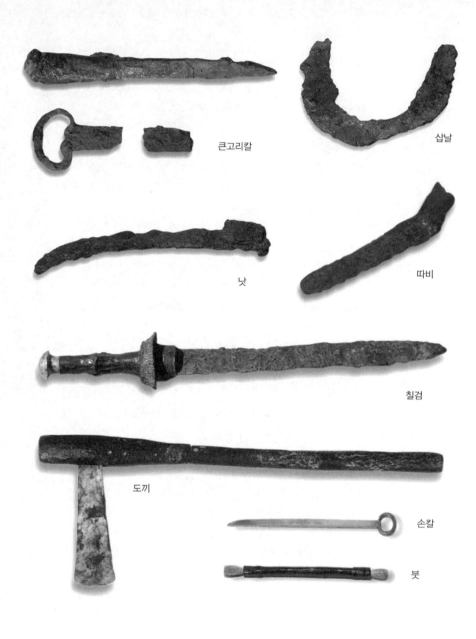

큰고리칼

삽날

낫

따비

칠검

도끼

손칼

붓

다호리 고분 출토 철기들. 이 가운데 붓은 한반도에서 가장 오래된 것이다.

리 지역 철기들은 스스로 어떤 새로운 형태를 고안하여 제작할 수 있는 기술을 가진 사람들이 만든 것이다.

무덤에서 나온 철광석과 망치도 다호리 사람들이 직접 철기를 제작했음을 말해준다. 철기 제작 기술의 수준이 매우 높았음을 알려주는 유물도 있는데, 바로 붉은 옻칠이 되어 있는 칠검漆劍의 손잡이다. 왜 금속에 옻칠을 했을까? 옻은 녹스는 것을 방지한다. 옻칠을 함으로써 반짝반짝 윤기가 흘러 보기에도 좋고, 녹을 방지하는 효과도 거둔 것이다. 그 밖에도 일부러 짝을 맞춘 듯 한 쌍으로 묶어놓은 도끼도 있고, 시신의 허리쯤에 있는 유물 바구니에서는 붓과 작은 손칼도 나왔다. 종이가 없던 시대에는 대나무 위에 붓으로 글씨를 썼고, 손칼은 지우개 구실을 했다.

그런데 유물 바구니에서는 중국에서 수입품으로 들어온 허리띠쇠나 조그만 방울 등도 나왔다. 도끼 한 쌍도 교역품이었을 것이다. 그렇다면 붓과 칼은 영수증 작성을 비롯해 교역 내용을 기록하는 데 쓰지 않았을까. 마을의 권력자가 세상을 떠나자 사람들은 그가 생전에 쓰던 다양한 철기들을 무덤에 묻었을 것이다. 철기를 만들고 사용하고 교역한 사람들. 기원전 1세기 창원 다호리 지역에는 본격적인 철기 시대가 열리고 있었다.

화폐처럼 쓰인 덩이쇠

다호리 무덤을 발굴하기 전에는 한반도 남부에서 그렇게 이른 시기부터 철기를 직접 제작하고 사용했는지 알 수 없었다. 그 때문에 다호리 무덤 발굴은 삼한의 역사를 다시 쓰게 한 획기적인 사건이었다.

그런데 다호리 무덤 출토물 가운데 특이한 유물이 있다. 납작한 쇠도끼 모양이라고 해서 판상철부板狀鐵斧라 일컫는 것인데, 모양으로 봐서는

삼한 시대 무덤인 다호리 1호분에서 발견된 목관. 통나무를 반으로 잘라 내부를 파낸 형태가 특이하다.

도끼와 쓰임새가 같았을 듯하지만, 요즘 도끼에 비하면 두께가 매우 얇은 편이다. 날도 뭉툭하고 사용한 흔적도 없다. 다호리 무덤에서 여러 점 출토된 판상철부, 과연 어디에 쓰이던 물건일까? 완제품 철제도구들이 함께 발견되면서 판상철부는 자루에 끼워 도끼로 사용하거나 끈으로 묶어 자귀로 쓰였음이 밝혀졌다. 그러나 판상철부의 용도는 이것이 전부가 아니다.

다호리 1호분과 같은 시기의 무덤인 경상북도 경주시 사라리 130호분에는 무덤 바닥에 판상철부가 70여 매나 깔려 있었다. 마치 판상철부가 무덤 주인의 부와 권력을 상징하는 듯. 물론 실제로도 사용했을 테지만, 무덤 바닥에 깔아놓은 것을 보면 단순한 도끼가 아니라 교환 가치를 지닌 재화였을 가능성이 매우 크다. 경상남도 김해시 양동리 유적에서는 이 점이 더 분명해진다. 이곳에서 나온 판상철부 수십 점의 모양은 이전의 납작 도끼와 달리 길쭉하다. 이를 볼 때 판상철부는 곧바로 녹여서 다양한 철기를 제작할 수 있는 쇳덩이, 즉 그 자체로 화폐나 교환 대상이

판상철부	판상철부	덩이쇠
다호리 1호분	양동리 162호분	복천동 22호분

시간이 흐르면서 판상철부의 크기와 모양, 성분이 변해 덩이쇠가 등장했다.

될 수 있는 쇳덩이라고 봐야 한다.

판상철부의 정확한 용도를 밝히기 위해 그 성분을 분석했다. 창원 삼동동 출토 판상철부를 전자현미경으로 들여다보니, 조직의 입자가 상당히 미세했다. 많이 두드렸다는 증거다. 그런데 이상한 점은 탄소가 거의 보이지 않는다는 사실이다. 강철이 되려면 탄소가 많이 들어 있어야 하는데 말이다. 판상철부는 다른 제품에 비해 탄소 함량이 낮다. 그렇다면 판상철부는 최종 제품이라기보다는 무기나 생활 도구를 만들기 전 단계의 중간재였다고 봐야 한다.

시간이 흐르면서 판상철부의 크기와 모양도 바뀌어갔다. 4세기 말의 무덤인 부산광역시 복천동 22호분에는 바닥에 커다란 덩이쇠[鐵鋌]들이 깔려 있다. 이 덩이쇠들은 판상철부 두 개를 맞붙여놓은 모양으로 양쪽에 날이 있다. 도끼 모양의 판상철부가 덩이쇠로 바뀐 것이다. 5세기에는 초기에 대형 덩이쇠가 나오다 중반부터 점차 작아지면서 어떤 규격을 갖추는 경향을 보인다. 덩이쇠가 그 자체로 가치 기준이 되면서 규격이 생겨나고, 그 가치 기준의 상황이 변하면서 크기가 줄은 것이다.

형태만 변한 것이 아니다. 덩이쇠는 판상철부에 비해 한 단계 더 나아
간 중간 소재였다. 덩이쇠의 각 부위 탄소 함량을 조사해보니, 날 부분에
탄소가 첨가되어 강철이 되어 있었다. 이렇게 되면, 그것을 구입한 사람
은 불의 온도를 높여 약간 연하게 만든 뒤 담금질만 하면 필요한 도구를
쉽게 만들 수 있다. 구입한 사람은 자신의 기술로 약간의 노력만 더하면
필요한 도구를 만들 수 있고, 파는 사람은 기술을 이용해서 좀더 높은 가
격의 고부가가치 제품을 생산했던 것이다.

덩이쇠는 거의 최종 단계의 중간 소재여서 쉽게 완제품을 만들 수 있
다. 반으로 나누면 도끼가 되고, 여러 개로 자른 뒤 끝 부분만 오므리면
꺾쇠가 되며, 여러 개로 자른 덩이쇠를 다시 반으로 잘라 끝부분을 두드
리면 화살촉이 된다. 철기 시장 전체의 다양한 수요를 고루 만족시킬 수
있는 최종 단계의 중간재를 만들어 판 것이다. 덩이쇠를 제작, 유통시킨
사람들의 아이디어가 정말 놀랍지 않은가.

그렇다면 판상철부나 덩이쇠의 유통 단위는 몇 개였을까? 김해 양동
162호분의 판상철부는 10매씩 묶여 있다. 덩이쇠도 마찬가지다. 복천동
22호분의 대형 덩이쇠나 소형 덩이쇠는 20매 단위로, 복천동 17호분에서
는 70매 단위 이렇게 10매 단위로 묶여 있었다. 이렇게 운반과 유통, 교역
에 편리하도록 여러 단위로 나눈 다음 끈으로 묶어서 옮겼다. 《일본서기
日本書紀》의 관련 기록도 판상철부나 철정이 10매 단위로 유통되었음을
뒷받침해준다. 이렇듯 10매 단위로 묶은 것은 단순한 단위 개념이 아니라
이것이 하나의 가치 기준이자 화폐로 사용되었음을 뜻한다. 또한 3세기
진나라의 진수가 편찬한 《삼국지三國志》 위지 '동이전'의 기록을 봐도 판
상철부는 단순히 내수용에 그치지 않았음을 알 수 있다. 변한, 진한이 낙
랑, 대방, 왜 등에 공급한 철은 바로 중간 소재인 판상철부였던 것이다.

2000년 전 국제 무역의 중심

변한과 진한이 외국에 판상철부 형태로 철을 수출했다면, 당시의 수출 시장과 교역로는 어디였을까? 3세기 초 변한과 진한은 마한, 낙랑, 대방, 동예, 왜 등 고구려를 제외한 거의 모든 지역에 철기를 공급했다. 여기에서 경상남도 사천 앞바다에 자리한 작은 섬 늑도勒島로 가보자. 1985년 늑도에서 기원전 1세기의 유적이 발굴되었다. 지금도 섬 곳곳에서 2000년 전 늑도 사람들의 숨결과 만날 수 있는데, 표면에 빗질한 흔적이 있는 토기 조각이 꽤 쉽게 발견되는 것이 그 예다.

그런데 흥미로운 사실은, 늑도에서 발굴된 토기의 70퍼센트는 기원전 1세기 한반도에서 나타나는 무른 와질 토기瓦質土器지만, 낙랑계 토기 파편도 섞여 있고 붉은 칠을 해 섭씨 1000도의 고온에서 구워낸 일본 야요이彌生 토기도 많다는 점이다. 더구나 후쿠오카福岡 지방의 야요이 토기도 있고, 야마구치山口 지방의 야요이 토기, 그보다 더 동쪽인 오카야마岡山 일대의 야요이 토기도 있다. 특이한 점은 인골에서도 나타난다. 늑도에서 나온 인골에는 고대 일본에서 성인식의 의례로 일부러 치아를 뽑던 발치拔齒의 흔적이 남아 있다. 늑도에서는 네모난 구멍이 있는 고대 중국의 청동제 화폐 반량전半兩錢도 나왔다. 어떻게 이렇듯 다양한 국가의 유물이 나왔을까? 그렇다. 늑도는 고대의 국제 무역항이었다.

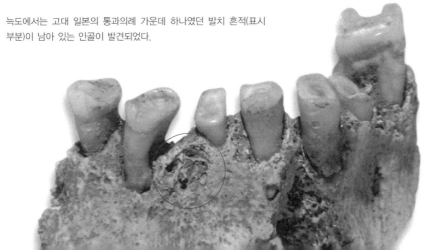

늑도에서는 고대 일본의 통과의례 가운데 하나였던 발치 흔적(표시 부분)이 남아 있는 인골이 발견되었다.

늑도에서 발견된 낙랑 토기 조각(왼쪽 위)과 영상 복원한 모습. 항아리 입구의 모양이 일본의 야요이 토기(아래)와는 확실히 다르다.

이러한 늑도의 조개더미에서는 판상철부 두 점이 발견되었다. 무역품이었을 이 판상철부는 변한, 진한 지역에서 만든 것이다. 이 무역품은 늑도에서 어디로 향했을까? 이 시기 동아시아 고대 무역로는 낙랑에서 해안선을 따라 오늘날의 김해 지역에 있던 변한의 소국小國 구야국仇耶國을 지나 쓰시마 섬으로 이어진다. 변한, 진한의 판상철부도 이 길을 따라갔을 것이다. 늑도와 일본을 잇는 고대의 '철鐵의 길', 즉 아이언 로드iron road를 찾아보자.

쓰시마 섬과 규슈를 잇는 이키壹岐 섬에는 20년째 발굴이 진행 중인 고대 유적이 있다. 기원전 3세기~기원후 3세기에 걸친 일본의 야요이 시대를 밝혀주는 하루노츠지原の辻 유적이다. 이 유적에서 발굴된 유물들은 고대 한반도와 일본 사이에 어떤 교류가 이루어졌는지 보여준다. 하루노

낙랑

한韓

구야국

늑도 · 쓰시마 섬

《삼국지 위지》 '동이전'에 나타난 고대 무역로. 낙랑을 출발해 해안선을 따라 구야국을 거쳐 쓰시마 섬으로 이어진다.

츠지 유적에서는 한반도계의 와질 토기가 나왔는데, 늑도의 토기들과 형태가 같다. 철기도 있었는데, 특히 사슴뿔 자루칼에 주목할 필요가 있다. 늑도에서 발견된 칼과 거의 같은 모양이기 때문이다. 낫, 쟁기, 괭이, 칼 등 다양한 철기가 나왔고, 대부분 한반도 남부에서 들어왔으리라는 것이 일본 전문가들의 의견이다. 이키 섬 유물 가운데 판상철부도 한반도 제품일까? 역시 그렇다고 일본의 전문가는 말한다. 이키 섬의 쇠망치도 창원 다호리 쇠망치와 형태가 같다.

판상철부의 수출로는 후쿠오카로 이어진다. 기원 전후의 야요이 시대 중기부터 일본에서 판상철부가 많이 발견되는 지역은 북부 규슈 일대다. 북부 규슈의 관문 후쿠오카에서 발굴된 판상철부는 창원 다호리나 늑도의 판상철부와 형태가 같다. 당시 일본에는 철광석에서 철을 만들어낼

일본 이키 섬 하루노츠지 유적(왼쪽)과 늑도에서 출토된 사슴뿔 자루칼과 쇠망치(오른쪽). 형태가 거의 비슷하다. 한반도에서 일본으로 철기가 전해졌다는 증거다.

기술이 없었다. 철은 아주 중요한 재료였기에 수입을 해서라도 구해야 했다. 그 중요한 수입 창구가 바로 후쿠오카였던 것이다.

4~5세기가 되면서 일본에도 덩이쇠가 등장하는데, 규슈 동북부 오이타현大分縣 우스키시臼杵市의 시모야마下山 고분에서 20매의 덩이쇠가 출토되었다. 시모야마 고분은 5세기 중반부터 후반에 걸쳐 만들어진 고분인데, 당시 이 지역을 지배하던 호족의 무덤으로 추정된다. 무덤에서 나온 덩이쇠는 복천동 덩이쇠와 그 모양은 물론 끈을 묶은 흔적까지 똑같다. 한반도의 덩이쇠가 이곳까지 들어온 것이다.

일본 최초의 통일정부 야마토大和 정권이 들어서면서 일본 철기의 중심지는 오늘날 오사카 지역인 긴키近畿 지방으로 이동했다. 이 지역에서 출토된 철기들은 그 시기 일본의 철기 수요가 얼마나 많았는지 잘 보여준다. 니시하카야마 고분에 부장된 덩이쇠만 해도 800여 매에 달하는데, 일본에서 만들어진 것이 아니라 모두 한반도에서 들어왔다. 한반도에서 철을 수입해 이 지역에서 가공한 것이다. 일본이 직접 철을 생산하게 된 시기는 6세기 중반이며, 그 전에는 한반도의 변한, 진한 지역에서 철을 수입했다. 변한과 진한의 철은 해안선을 따라 낙랑과 대방으로, 다른 한편으로는 쓰시마 섬, 이키 섬을 지나 일본 본토로 수출되었다. 마한과 동예까지 이어지는 고대의 아이언 로드, 그 중심에 바로 삼한이 있었다.

로마가 강성했을 때 모든 길은 로마로 통했듯이, 고대 아이언 로드는 변한과 진한으로 통했다고 해도 지나친 말이 아니다. 그러나 변한과 진한이 처음부터 철기 강국이었던 것은 아니다. 오히려 인근 다른 나라들에 비해 철기 문화를 뒤늦게 받아들인 후발주자였다.

삼한의 북쪽에 자리했던 고구려의 고분벽화에 등장하는 병사의 모습을 보면, 사람은 물론 말까지 철갑으로 무장하고 있다. 한반도 북부 지역에는 이미 기원전 3세기에 철기 문화가 들어와서 기원후 3세기에 이르면 철갑을 만들어 입을 정도로 철기 문화가 발달했다.

한편 중국은 삼한이나 고구려보다 한발 더 앞서 철기를 제작했다. 1974년 발견된 진시황의 병마용 유적에서 흙으로 빚은 병사들이 입고 있는 갑옷이 철갑옷으로 밝혀진 것은 아니지만 진나라 시대, 즉 기원전부터 철갑옷을 입기 시작했다는 것은 정설이다. 진나라가 무너진 다음 중국을 통일한 한 무제는 철의 중요성을 누구보다도 잘 알았다. 그는 철을 국가에서 독점·전매하는 정책을 펼쳤고, 철을 판 돈을 바탕으로 정복 전쟁을 벌였다. 기원전 108년 한나라가 위만 조선을 멸망시키고 한사군을 설치한 배경에도 철이 있었다. 변한과 진한에 철기가 들어온 시기도 바로 한사군이 설치된 기원전 108년 즈음이다. 변한과 진한은 중국의 철기 문화를 받아들였지만, 수백 년 뒤에는 중국으로 철을 수출하면서 아이언 로드의 중심으로 떠올랐다. 그 비결은 무엇일까?

낙동강은 동북아의 제철 공장

1990년 경상북도 경주시 황성동 일대에서는 그곳이 제철 유적지임을 알려주는 유물들이 쏟아져 나왔다. 철을 다루는 데 사용한 각종 도구와 무

전라남도 영암군에서 출토. 거푸집.

수히 많은 거푸집이 발굴된 것이다. 거푸집은 두 개가 한 짝을 이루는데, 거푸집을 맞붙여서 끈으로 묶은 뒤, 바닥에 꽂은 다음 그 안에 쇳물을 부으면, 쇠가 굳으면서 원하는 철기가 만들어진다. 거푸집은 짧은 시간에 철기를 대량 생산할 수 있는 중요한 도구다.

황성동 유적의 3세기경 철기 생산 유적은 철광석에서 철을 추출하는 용광로 blast furnace 1기, 철을 녹이는 용해로melting furnace 9기, 철을 단련하는 단야로forge 2기 등을 갖추고 있다. 그런 시설들이 넓은 지역에 걸쳐 이렇게 많이 모여 있다는 사실은 가내 수공업 수준이 아니라 국가 차원에서 관리하는 철기 제작 집단이 한 지역에 거주하면서 철을 집중 생산했음을 알려준다. 3세기 변한·진한 지역에서 철기의 대량 생산이 가능했던 까닭은 무엇일까? 첫 번째 비결은 철광석이다.

황성동 사람들이 어디에서 철을 가져왔는지 알아보기 위해 광석을 제련한 뒤에 남은 찌꺼기인 슬래그slag 성분을 분석했다. 철광석 산지를 추측하는 데 가장 중요한 지표는 철광석에 들어 있는 미량 원소들(구리 Cu, 비소As, 아연Zn 등)이다. 아연은 고온에서 제련할 때 모두 날아가고 구리나 비소가 주요 지표가 된다. 황성동에서는 비소가 다른 곳의 철광석보다 많이 검출되었다.

한반도 남부에서 비소가 많이 섞인 철광석 산지로는 울산에 자리한 달천광산(울산광역시 북구 상안동)이 있다. 최근까지도 채광을 했던 달천광산은 신라의 주요 철산지이기도 했다. 광산에 아무렇게나 흩어져 있는 암석에 자석을 가져가보면 쉽게 붙는다. 황성동 사람들도 이곳에서 철광석을 가져갔을 것이다. 출토 유물의 철 성분과 달천광산을 연관 지어보면, 달천광산은 이미 삼한 시대에 개발되었다는 것이 정설이다.

철광석과 함께 제철에 필요한 두 번째 필수 자원은 나무다. 철을 제련하기 위해서는 대량의 숯이 필요하기 때문이다. 달천광산에서 12킬로미터 떨어진 녹동 저수지 주변에는 울창한 숲이 펼쳐져 있다. 이곳에는 조선 시대 용광로가 남아 있는데(경주시 월성군 녹동), 돌을 마치 성벽처럼 2.4미터 높이로 차곡차곡 쌓은 용광로다. 가까운 데서 철광석과 숯이 충분히 조달되었기에 그렇게 큰 용광로를 쓸 수 있었다. 우리나라에서 이렇게 원

한반도에 분포한 적철광(◉)과 자철광(●) 산지. 특히 경상남도 일대에 많이 모여 있음을 알 수 있다.

형이 잘 보존된 용광로는 이곳뿐이다. 그런데 이런 용광로가 달천광산을 중심으로 동서남북 산악 지대를 따라 120군데나 발견되었다.

우리나라 전 국토에는 수십 군데가 넘는 철 산지가 있는데, 특히 낙동강 인근에 철 광산이 집중해 있다. 다른 지역보다 철광석을 쉽게 얻을 수 있는 데다가 넓은 산악 지대에 숲이 우거져 제철에 필요한 많은 양의 숯을 생산할 수 있고, 낙동강이 있기 때문에 여러 지류 유역에서 생산한 철을 외부로 수출할 때 운송하기도 좋다. 다시 말해 변한·진한 지역은 여

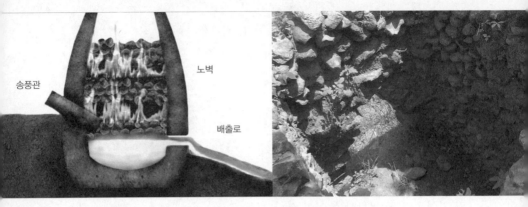

고대 용광로의 구조(왼쪽)과 경주 녹동에 남아 있는 조선 시대 용광로의 내부(오른쪽).

러 조건들이 철 생산 및 수출의 중심지가 되기에 더없이 적합했다.

그러면 고대인들은 철광석에서 어떻게 철을 뽑아냈을까? 고대의 철 제련 과정 복원의 열쇠는 노爐를 설계하는 데 있다. 그런데 아직까지 변한, 진한 지역에서는 제련로가 발견되지 않았다. 그래서 4세기 이후 백제의 철 생산 유적인 진천 석장리(충청북도 진천군 덕산면 석장리) 유적을 참고했다. 고대의 대규모 제철 단지였던 이곳에서는 40여 기에 달하는 제련로와 단야로鍛冶爐가 발굴되었다. 1994년~1997년 사이에 이루어진 네 차례의 발굴 조사를 통해, 어떤 형태의 노爐에서 어떤 과정을 거쳐 철을 생산했는지 알아냈다. 그 덕분에 국립청주박물관에서는 석장리 유적에서 발굴된 고대의 소규모 원형로와 그보다 조금 큰 직사각형의 노를 복원할 수 있었다.

그런데 석장리 유적의 노에서 채취한 슬래그에서 석회석의 흔적이 발견되었다. 고대인들은 왜 철을 생산하는 데 동물뼈 같은 석회석을 썼을까? 그 해답을 철강회사인 포스코에서 얻을 수 있다. 현대적 철강기업의 제철소에서도 철광석을 녹일 때 용광로에 대량의 석회석을 투입한다.

용광로에 들어간 석회석은 쇳물에 녹아 있는 유황 등 불순물을 제거해주며, 쇳물의 찌꺼기가 굳은 슬래그와 쇳물을 분리해준다.

고대의 제철 과정을 재현하기 위해 인근 지역에서 확보한 참숯과 고령군 미숭산에서 채취한 철광석을 가지고, 석장리 유적에 근거해 원형로 2기를 제작했다. 열두 시간을 가열하니 노의 온도가 섭씨 1100도까지 올라갔다. 철을 생산하는 과정을 살펴보자. 숯과 철광석을 차례로 쌓은 뒤 섭씨 1300도 이상의 온도를 유지하면, 철광석에서 불순물이 녹아 분리·배출되고, 철 성분만 바닥에 남는다. 중요한 것은 슬래그가 녹아내릴 때까지 철 성분이 굳지 않도록 높은 온도를 일정하게 유지하는 일이다.

철광석을 넣고 가열하기 시작한 지 여덟 시간 만에 배출구에서 슬래그가 빠져나왔다. 이는 철광석에서 불순물이 분리된 철이 만들어졌다는 뜻이다. 고대의 방식대로 생산한 철을 망치로 두드려보았다. 매우 단단하다. 깨지지 않는 것은 물론, 펴지고 늘어나는 연성과 점성도 가졌다. 이것을 가공하면 얼마든지 철기를 생산할 수 있다. 철은 가열해 두드리면 이물질이 빠져나가 더욱 단단해진다. 변한과 진한의 판상철부도 이런 과정을 거쳐 만들어졌을 것이다. 무려 1700년 전에 그 원리상 지금과 다를 바 없는 기술과 제작 과정으로 철을 생산한 변한과 진한은 자원, 기술, 노동력, 여기에 입지 조건까지 적합한 조건들을 고루 갖추고 있었기에 철 생산과 유통의 중심지로 빠르게 떠오를 수 있었다.

커다란 변화의 쇳바람 불다

기원전 2세기~기원후 3세기 사이 한반도 중부 및 남부에는 충청남도 천안 지역의 목지국目支國을 중심으로 한 마한, 경상남고 김해의 구야국을 중심으로 한 변한, 경상북도 경주의 사로국斯盧國을 중심으로 한 진한 등이 자리를 잡았다. 《삼국지》 위지 '동이전'에 따르면 마한은 54개국, 진한은 12개국, 변한은 12개국으로 이루어져 있었는데, 나라라고는 해도 그 규모는 오늘날 우리가 떠올리는 나라 개념에 비하자면 무척 작았다. 큰 나라도 1만 호 정도, 작은 나라는 불과 600호가 넘는 정도로 추정하고 있다. 삼한을 통틀어 78개의 소국小國이 있었다면 마한, 진한, 변한은 그런 나라들이 모여 이룬 연맹체였다고 봐야 한다.

그동안 유물이나 유적이 거의 발굴되지 않은 탓에 마한에 관해서는 알려진 바가 별로 없었다. 3세기경 마한에 관해 알려주는 흥미로운 기록이 《삼국지》 위지 '동이전' 마한조에 있다.

신지격한臣智激韓이 대방군帶方郡 기리영崎離營을 공격하자 대방 태수 궁준宮遵과 낙랑 태수 유무劉茂가 군사를 일으켜 이 나라를 공격했는데, 그 와중에 궁준이 전사했다.

마한에 속한 소국이 낙랑, 대방과 전쟁을 벌였고, 그 전쟁에서 대방의 최고 책임자인 태수가 죽었다는 이 기록에서 당시 마한의 힘이 강성했음을 알 수 있다.

낙랑, 대방과 전쟁을 한 주체는 누구일까? 명나라 이후 간행된 《삼국지》의 판본에는 전쟁의 주체가 신지격한이라고 씌어 있다. 그런데 《삼국지》 중에서 가장 오래된 남송南宋 대에 간행된 판본에는 신책첨한臣幘沾韓이라고 실려 있다. 이렇게 문헌마다 다르게 기록된 까닭은 무엇일까? 오늘날까지 남아 있는 《삼국지》 판본들은 책이 처음 저술될 당시의 기록이 아니다. 오랜 세월에 걸쳐 필사, 간행, 유포되는 동안 오자와 탈자가 많이 생긴 것이다. 12세기 중국 학자 정초鄭樵가 편찬한 기전체紀傳體 역사서 《통지通志》에 시기적으로 가장 이른 《삼국지》 필사본의 기록이 남

대방군의 요새인 기리영과 마한의 소국 신분고국의 방어 기지인 육계토성은 임진강을 사이에 두고 마주보고 있었다.
파주에 있는 육계토성의 토벽 흔적.

아 있는데, 그에 따르면 기리영전투의 주체는 신분고한臣濆沽韓이다. 그런데 이는 《삼국지》위지 '동이전' 마한조에 실린 마한 54개국 가운데 여섯 번째 나라인 신분고국臣濆沽國과 명칭이 같다.

그렇다면 기리영전투의 주체였던 신분고국은 어디에 있었을까? 마한조에는 마한 54개국의 이름이 나열되어 있는데, 군영에서 가까운 지역부터 먼 지역의 순서로 기록했다고 한다. 그렇다면 신분고국은 여섯 번째고 오늘날 한강에서 서울의 강동구 방향인 백제는 일곱 번째다. 이 순서에 따르면 신분고국은 백제국 약간 북쪽에 자리한 것이다. 현재 학계에서는 대방군의 군사 기지인 기리영이 황해북도 평산 지역에 있었다고 추정한다. 한성 백제가 한강 유역에 자리 잡고 있었으므로, 신분고국은 기리영과 한강 사이에 자리했을 것이다.

신분고국이 낙랑과 대방을 상대로 벌인 전쟁의 흔적을 찾을 수 있을까? 1997년 임진강 유역에서 학계의 관심을 끄는 대규모 토성 유적이 발견되었다. 1997년 홍수로 드러난 육계토성(六溪土城, 경기도 파주시 적성면 주월리), 임진강을 따라 길게 이어진 모양이 강을 자연 해자로 삼고 성을 쌓은 것이 분명하다. 두 차례의 기초 발굴 후 학자들은 이 토성의 축

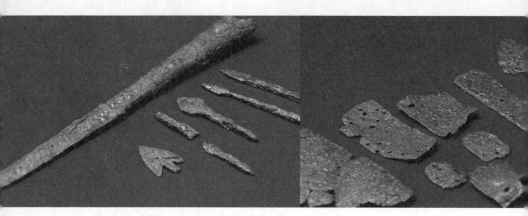

육계토성 출토 철제무기(왼쪽)와 철갑옷 조각(오른쪽).

성 연대를 대략 3세기 이후로 보고 있다. 육계토성의 성벽 높이는 2~3미터, 전체 길이는 1.2킬로미터이며, 성 내부에는 집터가 있고 성벽 북쪽은 임진강 건너 기리영과 마주한다.

성의 위치는 물론 성 안의 집터에서 발굴된 유물도 흥미롭다. 각종 철기와 함께 대형 토기들이 상당수 나왔는데, 토기마다 곡식이 저장되어 있었다. 팥이나 조 같은 곡물들이 탄화된 채 담겨 있는 대형 토기가 많이 나온 곳은 머물러 살기보다 곡물을 저장하는 장소였다고 볼 수 있다. 이를테면 단순한 군사 기지가 아닌 군사 방어 관련 인력들이 농사도 지으면서 장기간 주둔하던 곳으로 추정할 수 있다. 더 특이한 점은 열 개의 집터 가운데 여덟 곳에서 나타난 화재의 흔적이다. 또한 철갑옷 조각을 비롯해 각종 철제무기도 나왔다. 그렇다면 이곳에서 대규모 전투라도 벌어진 것일가?

이런 가설을 세울 수 있다. 마한의 강력한 소국이었던 신분고국이 대방군을 공격하자 대방 태수와 낙랑 태수가 군사를 일으켜 신분고국의 방어 기지인 육계토성을 공격했고, 이 전투에서 대방 태수 궁준이 전사했

3세기 마한 지역의 철기 유적 분포도. 철기 문화의 발전은 고대국가가 탄생하는 데 중요한 역할을 했다.

다. 대방군이 삼한 지역을 압박, 견제하기 위해 세운 전초 기지가 기리영이라고 가정한다면 당시 신분고국의 군사적 영향력이 얼마나 대단한 것이었는지 짐작할 수 있다.

2003년 경기도 화성시 태안읍 기안리에서는 대규모 제련 유적이 발굴되었다. 거의 100만 제곱미터의 유적지에서 직접 철을 만든 흔적이 발견된 것이다. 그동안 마한 지역은 변한과 진한보다 철기 문화가 뒤떨어졌다고 알려져 있었지만, 기안리 유적은 마한의 철기 문화가 변한과 진한 못지않았음을 웅변한다. 고대 사회에서 철의 생산은 대규모 노동력을 통제할 수 있는 권력의 존재를 뜻한다. 그러므로 마한 사회도 대략 3세기 전후 철을 대량 생산할 수 있는 인적 · 물적 조건을 갖추고 있었다고 볼 수 있다.

최근 금강 유역을 중심으로 3세기 마한 유적이 대거 발굴되고 있다. 이 유적들에서 공통으로 나오는 것이 바로 전에 비해 훨씬 강력해진 철제무기다. 변한과 진한 지역에서도 3세기 말을 즈음하여 투구와 갑옷 같은 철제무기가 많이 나타나기 시작한다. 철기 발전으로 삼한의 세력은 빠르게 커지고 있었다. 변한·진한은 물론 금강 유역권에서도, 강력한 철제무기로 무장한 세력들이 주변 소국들을 통합하면서 고대국가로 성장해간 중요한 시기가 바로 3세기다. 이는 낙랑과 대방의 간섭을 배제하고 우리만의 역사를 전개하는 단계에 들어선 것이기에 중요한 의미를 지닌다.

대규모 철기 생산이 이루어진 3세기 이후 한반도는 격동의 시대로 들어섰다. 변한의 소국들은 가야로 발전했고, 진한의 소국들은 신라에 통합되었으며, 마한은 백제에 합쳐졌다. 삼한의 철기 문화를 바탕으로 고대국가가 탄생했던 것이다. 기원 전후 한반도 정세를 보면, 고조선 멸망 후 그 터에 고구려가 고대국가의 기틀을 세워나가고 있었고, 동쪽에는 동예와 옥저가, 남쪽에는 삼한이 있었다. 삼한은 크고 작은 여러 정치 세력이 난립한 상황이었지만, 철을 자원 삼아 빠르게 성장했다. 중국과 일본에 철을 수출해서 부를 쌓고, 더욱 강력한 무기를 만들면서 큰 정치 세력들이 작은 세력들을 통합해갔다.

4세기 초 한반도 정세를 보면, 고구려가 낙랑을 멸망시키고 삼한이 있던 자리에 신라와 가야, 백제가 들어섰다. 한반도 남부의 고대국가들은 삼한에서 잉태된 셈이다.

그러나 삼한에 관해서는 아직까지도 밝히지 못한 것이 너무나 많다. 삼한이 존재했던 구체적인 시기는 물론이거니와 정치 체제, 하다 못해 이 시기를 어떻게 불러야 할지도 여전히 논쟁 중이다. 앞으로 삼한에 주목해야 할 까닭이 여기에 있다. 왜냐하면 삼한의 실체 규명은 한반도 남부 지역의 고대국가가 어떻게 형성되었는지를 밝히는 중요한 작업이기 때문이다.

06 신라 건국의 수수께끼,
나정은 알고 있다

이제 신라 건국신화는 더 이상 신화가 아니다.
지금까지 인정하지 않았던 《삼국사기》의 기록을 따라
수백 년을 복원해 고대사를 다시 써야 한다.
박혁거세는 어디에서 왔으며 어떻게 신라를 건국했을까?
그 해답을 경주 나정羅井은 알고 있다.

역사는 우물에서 시작된다

경주, 불국사, 첨성대, 천마총, 금관…… . 신라 하면 떠오르는 것들이다. 그 가운데에서도 신라 금관의 아름다움과 정교함은 저절로 사람의 탄성을 자아낸다. 순금으로 만든 고대 금관은 전 세계를 통틀어서 열 점밖에 없는데, 여섯 점이 신라 금관이라는 사실은 우리를 다시 한 번 놀라게 한다.

　세계가 감탄한 신라 금관은 모두 왕족의 무덤에 부장되어 있었다. 금관이 출토된 왕족의 무덤군인 경주 대릉원(大陵苑, 경상북도 경주시 황남동)의 고분들은 크기가 어마어마해 마치 작은 산을 보는 듯하다. 황금의 나라 신라라고 부를 만큼 대릉원 무덤에서는 금관을 비롯하여 엄청나게 많은 황금 유물이 쏟아져 나왔다. 이 찬란한 문화를 일군 신라의 시조는 박혁거세朴赫居世다.

　시조의 성은 박이고 이름은 혁거세다. 전한 효선제 오봉 원년 갑자 4월 병진에 왕위에 올랐고 왕호는 거서간이다. 그때 나이 13세였다. 나

2002년 발굴이 시작된 나정. '숲으로 둘러싸인 우물' 이라는 뜻의 이 장소가 신라를 세운 박혁거세가 알에서 태어난 곳이라고 신라의 건국신화는 전한다.

라 이름은 서나벌徐那伐이라 했다. 이보다 앞서 고조선 유민들이 산골짜기에 나누어 살며 여섯 마을을 이루었는데 (……) 고허촌장 소벌공이 양산 기슭 나정蘿井 옆 숲 사이에서 말이 무릎을 꿇고 우는 것을 바라보고 곧 가니, 말은 사라지고 없고 큰 알이 놓여 있었다. 그 알을 깨니 갓난아이가 나와 데려다 길렀는데, 10여 세가 되자 기골이 준수하고 숙성했다. 그 출생이 신비롭고 기이하기에 6부 사람들은 그를 높이 받들고 존경했는데, 이때에 이르러 임금으로 삼았다.

박혁거세의 신라 건국신화는《삼국사기》'신라본기'에 위와 같이 기록되어 있다. 나정이라는 우물 옆 숲에서 말이 울어서 가보니 큰 알이 있었는데, 그 알에서 깨어난 아이가 바로 박혁거세고, 그가 커서 왕이 되었다는 것이다. 박혁거세에 관한 신라 건국신화에는 이처럼 선뜻 믿기 힘든 요소가 많다. 그래서 신라 건국신화는 후대에 지어낸 허구이며 박혁거세도 실존 인물이 아니라는 의견이 많았다. 신화는 어디까지나 신화일 뿐이라는 것이다. 그런데 박혁거세의 탄생신화에 등장하는 나정을 발굴되면서 이 논란에 새로운 국면이 펼쳐졌다.

'숲에 둘러싸인 우물'이라는 뜻의 나정은 그 이름대로 경상북도 경주시 외곽의 소나무 숲에 자리하고 있다. 나정 발굴은 2002년 5월에 시작되었다. 발굴을 진행하면서 예상치 못한 흔적들이 드러났는데, 화강암으로 네모반듯하게 잘 다듬은 기단이 그 중 하나다. 기단 위에는 기둥을 세운 주춧돌 흔적이 있는데, 기둥 주춧돌의 숫자가 40여 개에 달했다. 기단 바깥쪽에는 담장을 두른 흔적도 있다. 박혁거세 탄생지인 나정에 큰 건물이 들어서 있었음을 증명하는 흔적들이다. 아나나 다를까, 돌담을 두른 거대한 팔각건물 터가 모습을 드러냈다. 한 변 8미터, 폭은 20미터에 달하는 팔각건물의 기단, 전체 면적이 297제곱미터에 이르는 큰 건물 터다.

조선 시대에는 박혁거세가 태어난 우물로 전해오던 나정을 중요 사적으로 여겨 우물 터 위에 사각형 화강암을 덮어 우물 표지석을 조성해 놓았다. 그런데 화강암을 들어내고 발굴을 시작하자 타원형 구덩이만 확인될 뿐 우물의 흔적은 찾을 수 없었다. 상징적인 우물을 조성한 것일 뿐, 실제 우물은 아니었다. 우물이 있었다고 전해지던 우물 터는 사실 우물이 아닌 것으로 밝혀진 셈이었다.

발굴이 진행되면서 우물 표지석에서 4~5미터 떨어진 곳에서 새로운 우물 터가 확인되었다. 우물 터로 여겨오던 곳보다 훨씬 크고 깊으며 우물에 가까운 모습을 하고 있다. 바닥에는 물이 솟았을 때 제일 먼저 물을 정화했을 강돌도 깔려 있다. 상징적으로 조성해놓은 우물 터 바로 옆에 진짜 우물이 있었던 것이다.

이뿐이 아니다. 새로 발견한 우물 터 바깥으로 기둥 구멍이 나타났다.

우물 표지석이 있던 장소에서 4~5m 떨어진 곳에서는 새로운 우물 터가 발견되었다(왼쪽 위). 우물을 보호하기 위해 도랑을 두른 흔적도 있었다(왼쪽 아래).
새로 확인된 우물 터의 전체적인 구조(오른쪽 위)를 토대로 나정의 모습을 영상 복원했다(오른쪽 아래). 목책과 도랑으로 우물을 보호하고 불순물이 들어가지 못하도록 구조물을 세웠다.

우물 터를 중심으로 주변 곳곳에 나 있는 기둥 구멍은 우물을 보호하기 위해 그 위에 어떤 구조물을 조성했음을 알려준다. 우물 바깥쪽으로 5미터 정도 떨어진 곳에는 깊이 1.5미터, 폭 2미터에 달하는 도랑의 흔적도 있다.

　도랑 벽면은 끈끈한 성질을 지닌 점토로 되어 있는데, 이로 미루어 우물을 보호하기 위해 도랑에 물을 가두었던 것으로 추정할 수 있다. 말하자면 우물을 보호하는 일종의 해자였던 셈이다. 도랑 바깥쪽에도 구멍 자리가 있는데, 이는 우물을 보호하기 위해 나무기둥으로 울타리를 세운 목책의 흔적이다. 울타리 구멍은 우물에서 14미터 떨어져 있으며, 일정한

제사 시설로 추정되는 경기도 이천 설봉산성 팔각건물 터(왼쪽)와 경주 나정의 팔각건물 복원도(오른쪽). 박혁거세의 사당으로 쓰였을 이 건물은 가로 세로 20m, 3층 높이의 규모로 매우 크다.

간격을 두고 둥근 형태를 이룬다.

　우물 위쪽에 구조물을 조성하고, 우물을 한가운데 두고 도랑과 울타리, 즉 해자와 목책을 차례로 둥그렇게 두른 것이 새로 발견된 우물 터의 전체 모습이다. 우물까지 가려면 목책 사이에 난 출입구를 통해 안쪽으로 들어간 뒤, 다시 폭 2미터, 깊이 1.5미터의 도랑 사이에 난 작은 길을 지나야 했다. 또 우물에는 불순물이 들어가지 못하도록 구조물을 세웠다. 우물을 지키는 사람이 상주하면서 관리했을 수도 있다. 우물을 보호하고 출입을 통제하려는 이런 노력들로 볼 때, 이 우물을 무척 신성하게 여겼을 것이다.

팔각건물에서 시조에게 제를 올리다

그렇다면 우물을 메우고 그 위에 세운 대형 팔각건물의 정체는 무엇일까? 나정 출토 유물은 모두 1200여 점에 이른다. 기와와 토기가 대다수를 차지하고 철기와 자기도 있다. 그 가운데 팔각건물 터에서 대량으로

경주 나정에서 발견된 '생生' 자 기와(왼쪽)와 '의봉 4년' 이라는 연호가 새겨진 기와(오른쪽).

출토된 토기에 주목할 필요가 있다. 대부분 깨진 채 발견되었는데, 의례용으로 쓰고 버린 제기들이다. 등잔, 잔, 잔받침 등 모두 제사와 관련 있는 유물인 것이다. 팔각건물 터는 제사와 관련된 유적일까?

삼국 시대 산성인 경기도 이천의 설봉산성(雪峯山城, 사적 423호)에서도 팔각건물 터가 발견되었는데, 여기에서도 의례용 제기의 파편들이 출토되었다. 설봉산성 팔각건물 터 역시 제사 의식을 치르던 건물 터라고 해야 할 것이다.

나정의 대형 팔각건물은 언제 세워졌을까? 이곳에서 발견된 기와에 그 해답이 있다. 연꽃무늬와 사자무늬 기와는 신라 왕실과 관련 있는 건물에 주로 사용하던 것이다. '의봉儀鳳 4년' 이라고 새긴 기와는 팔각건물 터가 왕실 건물이라는 사실과 축조 연대를 알려주는 확실한 증거다. 의봉은 당나라 고종의 연호로, 의봉 4년은 679년, 통일신라 문무왕 19년에 해당한다.

나정 발굴 전까지 의봉 4년 연호를 새긴 기와는 신라의 왕성이었던 반월성半月城이나 안압지雁鴨池 동궁 터에서만 출토되었으니 신라 왕실과 직접 관련이 있는 것으로 볼 수 있다. 나정에서 이 기와가 출토된 사실은 나정 유적 역시 신라 왕실과 관계가 깊은 곳이라고 추정하게 한다. 《삼국사기》 문무왕 19년 기록에는 왕실 시설을 크게 고쳤다는 내용이 있다. 그렇다면 팔각건물 터에 있던 건물을 개축한 것이었을까? 팔각건물 터에서 '생生'자를 새긴 기와가 100여 점 출토되었는데, 이 '생'자 기와가 해답의 실마리가 된다.

나정 외의 유적에서는 '생'자 기와가 출토된 적이 없다. 그렇다면 '생'자 기와의 주요 수요처는 나정이었다고 볼 수 있다. '생'자의 의미를 단정하기는 어렵지만, 시조 탄생신화와 관련지어 생각해볼 수 있다. 이를테면 건국 시조의 위대한 탄생, 거룩한 탄생을 상징하는 기와 명문이 아니었을까. 더 근본적으로는 생명의 근원인 물, 즉 우물을 신성시하는 관념도 아주 없지는 않았을 법하다. '생'자 기와는 담장에서 많이 나왔는데, 담장에서 나온 다른 수막새들의 제작 연대가 8세기 중엽임을 감안할 때, 담장 역시 8세기 중엽에 크게 확장된 것이 아닌가 추정할 수 있다. 그렇다면 개축하기 전, 처음 팔각건물을 지은 때는 언제일까?

새로 확인된 진짜 우물 터에 그 단서가 있다. 팔각건물은 우물을 흙으로 단단하게 메우고 그 위에 세운 것이다. 그런데 우물을 메울 때 흙뿐 아니라 다른 재료, 즉 숯을 섞어넣었다. 황토와 숯을 섞어 다진 흙으로 메웠는데, 이는 살균 작용을 할 뿐더러 벌레, 두더지 등이 파고 들어가지 못하게 한다. 신성히 여기는 장소를 보호하려는 조치다.

우물을 메운 뒤에 세운 건물이라면, 그때를 알아내면 건물을 세운 시기를 확인할 수 있을 것이다. 우물을 메울 때 섞어넣은 숯의 연대를 측정해보니 대략 450년~550년 사이로 나타났다. 《삼국사기》에는 소지왕 9년에 "시조의 사당에 제사하고 (시조가 태어난) 날에 신궁神宮을 지었다"는 기록이 나온다. 소지왕 9년은 487년. 그렇다면 숯의 연대 분석 결과와 거의 일치한다.

세계 유일의 고대 유물, 신라 금관

금관은 4~6세기 신라 고분에서만 발견되는 것으로, 천마총·서봉총·금령총·황남대총·금관총·교동에서 출토되었다. 가야 고분에서도 금관이 나오지만, 신라 금관에 비해 기법이나 장식, 모양이 매우 단순하다. 이들 신라 금관은 순금을 최고의 세공 기술로 가공한 것으로, 황금빛 금판과 비췻빛 곱은옥(曲玉)의 조화, 양파형으로 만든 세움대 끝부분의 직선과 곡선의 대조, 금판에 송곳 따위로 찍어 만든 타출문打出紋의 변화 등이 그 특징이다.

신라의 금관 디자인은 세계적으로 전무후무한 걸작품으로, 1500~1600년 전에 이러한 금관을 만들어 쓴 나라는 신라가 유일하다. 이들 금관에는 새가 상징적으로 표현되어 있는데, 박혁거세나 김알지 탄생신화에 모두 새가 등장하는 것으로 보아 지도자의 탄생과 밀접한 관련이 있을 듯싶다. 고대 신라인들은 금관의 주인공이 하늘로 돌아갈 때 탄생할 때처럼 새의 인도를 받아 부귀와 영광이 함께하기를 빌며 금관을 무덤에 넣은 것이다.

나라의 제사, 종묘와 사직

종묘사직이라고 하면 조선 시대에 국한된 이야기라고 생각할 사람이 있을지 모르겠다. 그러나 종묘宗廟와 사직社稷은 중국의 주나라에 연원을 두고 있다. 사직을 문자 그대로 풀이하면 땅의 신 사社와 곡물의 신 직稷이 결합된 형태로, 농경의 성공을 비는 제사였다. 한편 종묘는 조상들의 위패를 모셔놓고 제사 지내는 것, 즉 특정 왕조의 조상신들을 모시는 의례였다. 고대 왕조들은 대부분 자신들을 천손天孫, 즉 하늘의 후예로 자처했기 때문에, 종묘는 어떤 의미에서 천신天神을 모시는 의례이기도 했다.

또 사직과 종묘라는 제사 체제는 그 자체가 국가운영 체제이기도 했다. 그 때문에 종묘사직이라는 말이 국가 또는 왕조 자체를 가리키는 뜻으로 사용되기도 했다. 나정과 신궁은 말하자면 신라의 종묘였다고 할 수 있지 않을까? 현재까지 남아 있지 않기 때문에 그 모습을 확인할 길은 없지만, 신라의 신궁도 오늘날 우리가 보는 조선 종묘 못지않은 장엄한 분위기의 장소였을 듯하다.

두형 토기. '콩 두豆' 자와
전체 모양이 비슷하다.

그렇다면 팔각건물을 세우기 전부터 있던 우물 시설은 언제 왜 만들었을까? 우물을 보호하기 위해 지은 건물 기둥 자리에서 중요한 단서가 되는 유물이 나왔다. 바로 두형豆形 토기다. 두형 토기는 기원전 3세기부터 기원 전후 시기까지 널리 쓰이던 제사용 그릇으로 굽이 긴 다리에 얕은 사발을 얹은 모양이다. 두형 토기의 출토는 우물 시설이 기원 전후부터 존재해온 제사 시설이라는 것을 말해준다.

《삼국사기》에는 남해왕 3년에 시조의 제사를 지내기 위해 사당을 세웠다는 기록이 있다. 남해왕 3년은 기원후 6년으로 두형 토기의 연대와 일치하는 시기다. 결국 우물 시설은 신라의 시조 박혁거세를 모신 사당이었던 것이다. 신라의 왕은 시조에 대한 제사를 직접 주관했다. 시조를 각별히 받듦으로써 자신의 정통성을 보장받고 왕권도 강화할 수 있기 때문이었다. 《삼국사기》 기록과 놀랍도록 일치하는 나정의 발굴은 신라 건국신화를 역사에 좀더 가깝게 해준다. 물론 신화 그 자체가 곧 역사라고 할 수는 없다. 그러나 역사적 사실을 어느 정도 반영하고 있을 가능성은 얼마든지 있다.

나정에 살던 사람들은

《삼국사기》에 따르면 기원전 57년에 박혁거세가 신라를 건국했다. 그 옛날에 박혁거세는 정말 '국가'를 세울 수 있었을까? 우물 건물 터 외곽 가장 아래층에서 새롭게 모습을 드러낸 유적을 보자. 직사각형의 집터 유적으로, 바닥의 가장자리에는 집 기둥을 세운 흔적도 있다. 배수를 위한 외부 돌출부도 있다. 박혁거세의 탄생지 나정에서 전형적인 청동기 시대 집터가 발견된 것이다. 우물 건물 터 일대에서 모두 다섯 곳이 확인된 청동기 집터는 박혁거세 전에도 이곳에서 사람들이 마을을 이루고 살았다는 증거다.

반달돌칼, 방추차, 민무늬 토기 같은 청동기 시대 유물은 박혁거세가 등장하기 전에 이미 나정 일대에 발달된 농기구와 농사 기술을 지닌 농경민이 정착하여 마을을 이루고 살았음을 말해준다. 이것은 박혁거세 집단이 기원전 2세기, 아무리 늦어도 기원전 1세기 전반에 등장해서 사로국 또는 서라벌을 세울 수 있는 기반이 벌써 마련되어 있었다는 뜻이다.

(위부터) 나정 근처 청동기 시대 집터에서 발견한 반달돌칼, 방추차, 민무늬 토기. 방추차는 실을 잣는 데 쓰던 도구로 가락바퀴라고 일컫기도 한다.

경주 전역에서 지배 세력의 등장을 말해주는 거대한 고인돌이 발견되었다는 사실도 신라 건국 전에 이미 나라를 세울 만한 정치 토대가 갖춰져 있었음을 보여준다. 박혁거세는 경주 전역에 퍼져 있던 크고 작은 청동기 세력들을 하나로 통합해 신라를 세웠을 것이다. 박혁거세 전에 고조선 유민이 산골짜기에 촌락을 이루고 살았다는 《삼국사기》의 기록도 이런 상황을 뒷받침한다.

1977년 경주 조양동에서 널무덤 흔적이 발견되었다. 1980년부터 발굴하기 시작한 이 유적에서는 청동거울, 철제농기구 그리고 많은 양의 와질 토기 등이 나왔다. 《삼국사기》를 따른다면 신라는 기원전 57년 세워졌지만, 고고학적으로는 그때까지 신라가 건국된 증거가 나오지 않았다. 그러나 경주 조양동 고분이 발굴되자 상황은 바뀌었다. 철제농기구를 비롯한 철기류와 함께 신라 건국 시기와 일치하는 기원전 1세기경의 유물들이 쏟아져 나왔다. 청동기 시대의 민무늬 토기에 뒤이은 새로운 형태의 와질 토기를 보자. 조양동에서 나온 것들은 양쪽에 쇠뿔 모양의 손잡이가 달려 있다. 이는 민무늬 토기와 결합한 과도기 성격의 와질 토기로, 기원 전후에 만들어진 것이다.

조양동 유적은 경주 일대의 청동기 시대와 4세기 돌무지 덧널무덤(積石木槨墳) 시대 사이에 해당하는 공백기를 메워준 중요한 유적이다. 기록에만 나타나 있는 신라 초기의 모습을 고고학 자료로 재구성하게 한 계기인 것이다. 조양동 고분에 이어 경주 각지에서 발굴한 기원전 1세기~기원후 3세기 사이의 고분은 당시 경주가 국가 시대로 접어들고 있었음을 말해준다. 특히 조양동 고분에서 나온 중국 전한前漢 시대 청동거울은 기원전 1세기에 신라가 중국과 교역할 정도로 성장해 있었다는 뚜렷한 증거다. 청동거울은 당시 중국에서도 귀하게 여기는 물건이었기 때문에 교역을 할 수 있는 수준의 어떤 정치 체제, 집단 체제가 없었다면 경주 지역에서 나오기 힘든 유물이다.

신라를 세운 박혁거세 집단은 선진 문물인 철기 문화를 가진 집단이었을 것이다. 철기

경주 조양동 출토 와질 토기와 철제농기구.

이주민 세력과 사로국 건국 시기

기원전 4세기 말~기원후 3세기 초 사이에 연燕의 침략으로 서쪽 땅을 상실한 고조선의 유민이 한반도 남쪽까지 이주했을 가능성이 적지 않다. 기원전 190년대에 위만 세력에게 밀려난 고조선의 준왕準王 세력, 위만 조선의 우거왕과 갈등하여 2000여 호를 이끌고 동쪽의 진국辰國으로 향했다는 역계경 세력, 기원전 108년 고조선이 멸망하면서 남으로 이주한 고조선 유민 세력, 그밖에도 부여와 고구려계 이주민 집단, 진나라와 한나라 교체기에 중국 동북부에서 이주한 세력 등 무척 다양한 세력이 한반도 남쪽으로 이주했을 것이다.

《삼국사기》의 신라 건국신화 부분에 나오는 6촌 세력도 '조선 유민'이라 기록되어 있다. 그렇다면 사로국 형성 즈음에는, 고조선 세력이 들어오기 전부터 6촌을 장악하고 있던 세력이 고조선 유민 세력에게 촌장의 지위를 넘겨준 상태였을 수도 있다. 그런데 위와 같은 여러 세력들의 남하 시기를 감안하면, 《삼국사기》와 《삼국유사》가 전하는 사로국 형성 시기를 기원전 57년에서 좀 더 거슬러 올라가 기원전 2세기 말 정도로 추정할 수도 있지 않을까?

물론 새로운 이주민 세력이 선주민들보다 발달된 정치 체제를 갖춘 곳에서 이주해왔다 하더라도, 선주민 사회가 그런 발달된 정치 체제를 수용할 수 있는 정치·사회적 여건을 갖추고 있었는지는 다른 문제다. 다시 말해 이주민 세력이 제대로 자리를 잡고 정치·문화적 영향력을 확대하는 데는 어느 정도 시간이 필요했을 것이다. 그런 시간이 지난 뒤에 이주민 세력이 비로소 선주민보다 상위의 정치 구조를 만든 시기가 바로 기원전 57년경이라고 볼 수도 있다.

경주 조양동 출토 전한 시대 청동거울. 중국과 신라의 교류 관계를 짐작할 수 있는 중요한 유물이다.

의 강력한 힘을 바탕으로 박혁거세는 청동기 문화를 가진 세력들을 통합하고 신라를 세웠다. 박혁거세 집단이 경주에 등장했을 때, 이 일대에 고인돌을 축조하는 세력이나 권력 구조가 없었다면 나라를 세울 수 없었을 터이다. 기존 권력 구조 위에 박혁거세 이주민 세력은 한 단계 더 높은 권력 구조를 만들고, 그것을 장악해 국가를 탄생시킨 것이다.

박혁거세는 말을 타고 왔다

고대국가라면 대부분 건국신화가 있다. 건국의 주인공은 모두 영웅적인 인물로 묘사된다. 황당하거나 과장되어 보이는 내용도 많지만, 그런 얘기를 따라가다 보면 역사적인 사실을 포착할 수도 있다. 로마 건국신화의 주인공은, 강물에 버려졌다가 암늑대가 발견해 젖을 먹여 키운 쌍둥이 형제 로물루스와 레무스다. 그렇게 늑대의 젖을 먹고 자란 쌍둥이가 커서 새로운 나라를 세우기 위해 싸우다가 형 로물루스가 이겨서 로마를 건국했다는 이야기다.

로마 건국신화에 따른다면 로마는 기원전 753년 4월 21일에 세워졌다. 정확하게 날짜까지 나오는데 과연 믿을 수 있을까. 최근 로마 건국 초기의 왕궁 유적이 발견되었는데, 조사 결과 기원전 8세기에 지은 것으로 밝혀졌다. 신화가 말하는 기원전 753년과 일치한다. 이렇듯 과장된 얘기를 빼고 보면 신화는 뜻밖에도 사실을 담고 있는 경우가 드물지 않다.

다시 신라 건국 이야기로 돌아가 보자. 박혁거세가 왕이 되기 전에 여

박혁거세를 왕으로 추대한 여섯 촌장에게 제사를 지내는 양산재 전경.

섯 촌장이 있었는데, 어느 날 나정 옆 숲 사이에서 말이 울기에 가봤더니
큰 알이 있었고, 그 알을 깨고 나온 갓난아이가 바로 박혁거세였다. 박혁
거세가 열세 살이 되자 여섯 촌장은 그를 왕으로 모셨다는 이야기는 전
부 허구일까? 허구가 아니라면 실제로 일어난 사실을 어느 정도나 담고
있을까?

　박혁거세 탄생지 나정에서 100여 미터 떨어진 곳에 양산재楊山齋라는
사당이 있다. 박혁거세를 왕으로 추대한 여섯 촌장의 위패를 모셔놓고
제사를 지내는 곳이다. 《삼국사기》에 따르면 신라 3대 유리왕이 여섯 촌
장들의 신라 건국 공로를 기리기 위해 각각 성을 정해주었다. 이씨, 최씨,
손씨, 정씨, 배씨, 설씨의 여섯 성씨가 바로 그것이다. 지금도 여섯 촌장
의 후손들은 각기 시조묘에 제사를 지내고 있다.

　여섯 촌장들은 왜 박혁거세를 왕으로 추대했을까? 《삼국사기》의 신
라 건국신화 부분에서 주목할 대목이 있다. 바로 박혁거세와 말이 함께
등장한다는 점이다. 이에 관해 다음과 같은 주장도 제기된다. 신화에서
말은 지상 세계와 천상 세계를 매개하는 동물로 볼 수 있다. 박혁거세는

경주 인왕동에서 출토된 말그림 토제품. 박혁거세 세력이 기마민족임을 알려준다.

하늘에서 내려온 존재, 즉 천강天降 신화를 배경으로 하는 천손에 해당한다. 이 경우 하늘에서 내려온 종족은, 대개 동북아시아에서는 유목·수렵 문화를 가진 민족이다. 그렇다면 박혁거세 집단 역시 다른 지역에서 유목·수렵 문화를 가지고 들어온 민족이라 추정할 수 있다.

나정 바로 앞에 자리한 선도산仙桃山에도 박혁거세에 관한 전설이 전한다. 선도산 정상에는 선도산신인 성모聖母를 모신 사당이 있는데, 이 사당의 주인인 성모가 바로 박혁거세를 낳은 어머니라는 것이다. 박혁거세가 북방에서 내려온 세력이라는 점은 성모에 관한 전설에서도 추정할 수 있다. 《삼국유사》에 따르면 성모는 본래 중국 황제의 딸인데, 살기 좋은 곳을 찾아 이곳으로 이주했다. 그리고 성스러운 능력으로 아들 하나를 두었는데 그가 바로 박혁거세다. 박혁거세에 관한 신화들은 그가 북방에서 이주해왔음을 알려준다.

박혁거세가 북방에서 내려온 세력이라는 것은 고고학 유물로도 설명할 수 있다. 박혁거세의 건국 시기와 일치하는 경주 구정동, 조양동 등 원삼국 시대의 고분 유적에서는 철제품과 철제무기가 다량 출토되었다. 그중 철제마구에 주목할 필요가 있다. 경주에서 마구가 청동기 유물로 발견된 적은 없었던 것이다. 이는 경주 지역에 기마 세력이 새롭게 등장했음을 뜻한다. 발달된 철기와 철제무기를 갖고 말을 자유자재로 부릴 수 있는 기마 세력이 다른 지역에서 들어왔고, 기존 세력, 즉 여섯 촌장 세력의 추대로 기마 세력의 수장이 왕이 되었다고 볼 수 있는 것이다.

말을 타고 활동하면 활동 반경이 넓어지는 일은 당연하다. 기동성과

박혁거세의 왕비인 알영이 탄생한 곳으로 알려져 있는 알영정 터.

전쟁 수행 능력도 뛰어난 것은 물론이다. 6촌 세력을 통합해서 사로국을 이루었다면 6촌 세력이 분립해 있을 때보다 영토가 여섯 배가량 커진 셈이다. 그 정도 규모의 영토를 다스릴 수 있는 힘을 보유한 집단이 박혁거세 세력이었으며, 그 능력의 중요한 기반은 바로 기마에 있었다고 할 수 있다.

그렇다면 북방 이주민인 박혁거세 집단이 경주에 정착한 뒤 어떻게 왕이 될 수 있었을까? 여섯 촌장의 추대라는 일회적인 사건이 아니라 좀 더 복잡한 과정이 필요하지 않았을까? 나정에서 조금 떨어져 있는 알영정은 박혁거세의 왕비 알영의 탄생지로 알려져 있다. 전설에 따르면 박혁거세의 왕비 알영도 우물에서 태어났다. 이 알영정에도 우물이었다고 전하는 곳에 화강암을 덮어 우물 표지석을 조성해놓았다.

《삼국유사》의 알영 탄생신화에 따르면, 알영정이라는 우물에 용이 나타나 오른쪽 갈비뼈 밑으로 여자아이를 낳았는데, 그 아이가 바로 알영 왕비다. 알영은 우물 이름을 따서 지은 이름이다. 용에서 태어났다는 알영은 이미 정착해 있던 선주민 세력으로 해석할 수 있다. 곧 가까운 거리의 이웃 마을인 나정 마을 세력과 알영정 마을 세력이 혼인으로 동맹 관

박혁거세와 알영 왕비가 자란 곳으로 추측되는 창림사 터의 3층석탑과 명문 기와.

계를 맺었고, 그 힘을 바탕으로 경주 지역 6촌 위에 군림함으로써 새로운 정치 단계인 국가 단계로 성장한 것이다. 그때 세워진 나라가 바로 서라 벌, 사로국이라는 나라다. 철제무기와 기마 문화를 가지고 북방에서 이주 해온 박혁거세는 경주 여섯 촌장 세력을 하나로 통합하고 새로운 국가의 시대를 열었다. 바로 신라의 시작이었다.

6촌 그리고 사로국의 성장

박혁거세가 나라를 세워 왕이 되었다면, 왕궁은 어디에 있었을까? 《삼국 유사》에 따르면 여섯 촌장들이 경주 남산 서쪽 기슭에 궁실을 짓고 박혁 거세와 알영을 길렀는데, 그곳이 창림사昌林寺라고 했다. 창림사는 어디 에 있을까? 나정과 직선 거리로 불과 200여 미터 떨어져 있는 남산 서쪽

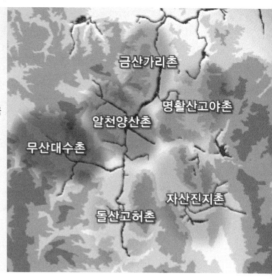

금산가리촌

명활산고야촌

알천양산촌

무산대수촌

자산진지촌

돌산고허촌

영천 골벌국
경산 압독국
청도 이서국

양강 음즙벌국
경주 사로국
울산 우시산국

기원전 1세기 박혁거세가 세운 신라의 모체 사로국의 영역은 현재 경주시 정도다.
박혁거세 시대의 6촌 지명과 위치.

기슭, 바로 창림사가 있었다는 곳에는 숲 속 여기저기 큰 주춧돌이 수없이 많이 흩어져 있다. 규모도 크고 잘 만들어진 주춧돌이 있다는 것은 이곳에 공을 들여 큰 규모로 지은 건물이 있었다는 것을 뜻한다. 주춧돌이 흩어져 있는 곳 근처에는 높이 7미터의 커다란 3층석탑이 서 있다. 이 일대에서 발견된 명문 기와에는 바로 '창림昌林'이라는 글자, 즉 절 이름이 새겨져 있다. 박혁거세가 자란 궁실을 지었다는 바로 그곳이다.

박혁거세가 왕위에 오르면서 머문 장소는 나정 근처였을 것이다. 박혁거세가 축조하거나 그가 자랐다는 궁실 모두 비슷한 위치, 즉 나정에서 가까운 창림사 자리였을 가능성이 크다. 창림사는 통일신라 시대에 지은 절이다. 창림사가 들어서기 전에는 이 장소에 박혁거세와 그 왕비가 거처했던 궁실이 자리했을 것이다. 물론 궁실이라고는 하지만 거대하고 웅장한 건물은 아니었을 것이다. 고구려 건국신화에도 주몽이 처음 부여에서 남쪽으로 내려와 나라를 세우고 초막을 지었다고 나온다. 그러니 박혁거세가 지은 궁실도 규모가 크지 않았을 터이다. 물론 청동기 시대 주거지보다는 규모가 컸을 테지만, 띠를 이어서 만든 초가집 비슷한 건물이었을 가능성이 높다.

박혁거세가 세운 나라의 영역은 어땠을까? 이웃한 소국들과 신라의 경계를 찾아내면 신라의 모체 사로국의 영역을 가늠할 수 있다. 오늘날의 영천 지역에 있던 골벌국, 청도 지역에 있던 이서국 등 여러 소국들의 영역을 감안하면, 박혁거세가 세운 사로국의 영역은 오늘날 경주시 전체 지역을 합친 정도였을 것이다.

《삼국사기》에는 박혁거세가 나라를 세울 당시 경주 지명이 자세하게 기록되어 있다. 알천양산촌(양부), 무산대수촌(모량부), 명활산고야촌(습비부), 금산가리촌(한기부), 자산진지촌(본피부), 돌산고허촌(사량부) 이렇게 박혁거세를 왕으로 추대한 여섯 촌장이 다스린 촌락의 이름도 나와 있다. 오늘날의 경주 일대는 신라가 건국되기 전 진한 땅에 속한 곳으로, 그때 이미 6촌이 형성되어 지역별로 특정 성씨가 맡아서 다스리는 식으로 되어 있었다.

실제로 경주의 지형을 보면 산이나 내 같은 자연 조건에 따라 크게 여섯 지역으로 나뉜다. 위성사진을 보면 그 경계가 비교적 분명하게 나타난다. 그렇다면 여섯 개의 산골짜기에 각각 촌을 이루고 살았던 세력이 바로 6촌 세력이 아니었을까? 남아 있는 지명과 관련 기록을 근거로 산골짜기에 촌락을 이룬 6촌의 위치를 추정해보자.

사로국의 공간 규모는 대체로 1000제곱킬로미터, 직경으로 30~40킬로미터 정도다. 《삼국사기》나 《삼국유사》 기록에는 '방백리方百里'라는 말로 영역이 언급되어 있는데, 이것은 사방 100리 규모다. 그 안에는 대

신화의 상징

고구려 건국신화를 보면, 수신水神 하백의 딸 유화부인은 천제의 아들 해모수와 사통하여 알을 하나 낳았고, 이 알에서 태어난 이가 바로 고구려의 시조인 동명왕 주몽이다. 이 이야기에서 유화부인은 시조를 낳은 성스런 어머니, 즉 성모라고 할 수 있다. 고조선 건국신화의 웅녀熊女, 몽골의 여女시조 알랑고아도 성모라 할 수 있다. 선도산 성모 전설은 북방 유목민족의 신화와 궤를 같이한다.

또 유화부인은 수신의 딸이며, 물은 농경과 관계가 깊다. 유화부인은 주몽을 남쪽으로 피신시키면서 곡식 씨앗을 주었다. 신라 건국신화의 용이나 우물도 물과 관계가 깊고, 이 역시 농경과 긴밀하다. 신화를 바탕 삼아 말하기는 늘 조심스럽지만, 기마 문화 세력과 농경 문화 세력의 결합을 상징하는 것은 아닐까.

작은 나라에서 국가가 되기까지

국가가 아닌 일종의 족장 사회에 가까운, 사로 6촌 사회에서는 세력 우두머리들의 합의로 중요한 일을 결정했을 것이다. 그런 족장 세력을 여럿 통합해 탄생한 소국小國은 글자 그대로 '작은 나라'였다. 우리가 보통 생각하는 규모의 국가와는 크게 달랐다. 이러한 소국은 세계 여러 지역에서도 나타났다. 이를테면 고대 그리스 도시국가도 족장 사회에서 한 단계 발전한 소국이었다.

적어도 신라의 예를 보면, 여러 소국 가운데 우세한 한 소국이 주변 여러 소국들을 병합하거나, 여러 소국의 연맹체에서 어느 한 소국이 맹주 구실을 하면서 세력을 더욱 강화하면 제대로 된 고대국가가 탄생할 가능성이 커진다. 물론 고대국가 형성 과정이나 단계에 대한 학자들의 의견은 다양하다. 고대국가뿐 아니라 '국가'의 의미나 기준을 놓고서도 여러 견해가 존재한다.

고대 사회에서 처음부터 대국大國이었던 나라는 없다. 작고 미미한 세력에서 출발하여 소국을 이루고, 거듭되는 병합 과정을 거쳐 대국으로 성장하며, 여러 대국을 아우른 끝에 제국으로 성장하는 것이다. 예컨대 로마 제국의 첫 모습은 테베레 강 하류의 작은 도시국가였다. 기원전 1000년경 이탈리아 반도에 침입한 라틴인들이 건설한 여러 도시국가들 가운데 하나로, 다른 도시국가들과 패권을 다툰 끝에 거대한 제국으로 성장했다.

체로 1만 명 정도가 거주했으리라 보인다. 이는 《삼국유사》에서 소국의 인구가 1만 명 정도라고 한 기록과 일치한다. 또한 각 촌의 영역은 지름 10킬로미터 내외였다고 추정할 수 있다. 사로 6촌 세력이 통합되어 사로국이 되었고, 사로국이 형성되면서 신라의 왕이 왕국의 군주가 되었으며, 사로국의 군주 세력은 예전의 6촌 세력보다 상위의 신분 집단이 되었을 가능성이 크다. 소국인 사로국은 이제 주변 소국들을 병합하면서 성장하게 된다. 이는 고대국가 신라의 형성 과정이기도 하다.

일본 학자들은 신라 건국신화를 믿을 수 없는 허황한 이야기라고 치부하곤 했다. 박혁거세가 알에서 태어났다느니 하는 이야기를 역사학자가 어떻게 신뢰할 수 있겠느냐는 것이다. 언뜻 보면 매우 과학적인 태도 같지만, 신화를 해석할 수 있는 능력이 없거나 악의적으로 우리 건국신화를 못 믿을 것으로 무시해버린 것일 수도 있다. 나정을 발굴하면서 신라 건국신화의 현장이 우리 눈앞에 펼쳐졌다. 《삼국사기》, 《삼국유사》의 신라 건국 관련 기록이 나정 유적·유물로 다시 살아난 것이다.

그동안 학계에서는 박혁거세의 신라 건국신화를 포함한 《삼국사기》 초기 기록의 상당 부분을 신빙성 없는 이야기로 여겨왔다. 그러나 나정 발굴을 계기로 《삼국사기》의 초기 기록을 면밀히 재검토해야 한다는 목소리가 높아지고 있다. 《삼국사기》 초기 기록을 인정하느냐 그렇지 않느냐에 따라 한국 고대사의 모습은 완전히 달라진다. 나정 유적과 유물은 단지 신라 건국의 미스터리를 푸는 실마리에 그치지 않는다. 실로 우리 고대사 연구의 방향에 큰 영향을 미칠 중요한 계기다.

07 위성으로 본 국내성,
그곳에 고구려가 있다

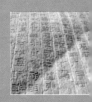

동북아시아 패자의 영광이 서린 광개토대왕비도,
'동방의 피라미드' 장군총도 바로 그곳에 있다.
가장 융성했던 고구려의 문화와 기술이 건재한 국내성,
고구려의 수도였던 오늘의 중국 지안 일대가
말해주는 고구려 건국의 비밀은 무엇일까?

새의 눈으로 내려다보다

고구려 하면 무엇이 먼저 떠오를까? 광개토왕릉비, 장군총, 견고한 돌
성……. 이러한 고구려의 대표 유적들을 한눈에 볼 수 있는 방법이 있다.
중국 지안시集安市 지역을 촬영한 위성사진을 보는 것이다. 돌을 계단식
으로 정교하게 쌓아올려 만든 거대한 돌무덤인 장군총將軍塚, 훼손을 막
기 위해 전각을 세워놓아 오렌지색 지붕만 보이는 광개토왕릉비, 장군총
과 비슷한 모양의 돌무덤들이 즐비하게 무리 지은 모습도 위성사진에 담
겨 있다. 압록강을 사이에 두고 북한과 접해 있는 중국의 지방 도시 지안
에는 이렇듯 우리의 역사가 숨 쉬고 있다. 지안, 이곳이 바로 2000년 전
고구려의 수도 국내성國內城이다.

지안에서 가장 많이 눈에 띄는 것은 돌무덤군이다. 지안 지역에 분포
해 있는 고구려 무덤만 무려 1만 2000기에 달한다. 직접 옆에서 보면 큰
규모에 압도되는데 한 면의 길이가 20미터에 높이가 7미터로 대략 3층
건물 높이의 돌무지무덤(積石塚)도 있다. 묘를 만드는 데 쓰인 돌 하나만

중국 지안시 일대에는 고구려 무덤이 1만 2000기나 분포해 있다.
불과 1km를 사이에 두고 조성되어 있는 장군총과 태왕릉의 위성사진.

봐도 그 규모를 실감할 수 있을 뿐더러, 이 거대한 돌들을 정교하게 쌓아
올려 웅장함을 더해준다. 다듬지 않은 돌을 그냥 쌓아올린 무덤도 있다.
모양은 다르지만 이 역시 분명 돌을 쌓아 만든 고구려의 돌무지무덤, 즉
초기 형태의 돌무지무덤이다. 초기 돌무지무덤의 경우, 땅 위에 돌로 방
을 만들고 그 위에 돌을 쌓아올려 봉긋한 무덤 형태를 이루었다.

지안에서만 돌무지무덤을 볼 수 있는 건 아니어서, 고구려의 첫 수도
였던 졸본卒本, 즉 중국 랴오닝성 환런현에도 도심 곳곳에 돌무지무덤이
무더기로 남아 있다. 지안과 달리 이곳의 무덤들은 대부분 초기 형태의
돌무지무덤이다. 그 가운데는 고분을 만들고 그 위에서 화장火葬을 한듯
뼈나 뼛가루가 붙어 있기도 하다.

초기 돌무지무덤 가운데는 큰 돌을 그냥 쌓지 않고 기단基壇과 줄을
맞추어 돌을 자르고 다듬은 것도 있다. 이렇게 돌무지무덤은 세월이 흐
르면서 점점 정교한 형태로 발달했다. 처음에는 강돌을 쌓아올리는 데
그쳤지만, 세월이 지나면서 무너져내리는 등 단점이 생기자 기단을 만들
어 좀더 튼튼하게 했다. 그 다음에는 계단 형태를 갖추게 되고, 마지막으
로 거대한 돌계단 사이에 널방을 만드는 형태로 완성되었다.

고구려 돌무지무덤의 분포도. 지안뿐 아니라 압록강 중·상류 지역에 고르게 나타난다.

　　고구려의 첫 수도 졸본과 두 번째 수도 국내성, 즉 지안 말고도 돌무지무덤이 있는 지역이 또 있을까? 이곳 외에도 돌무지무덤은 압록강 중·상류 지역에 대체로 고르게 분포해 있다. 《삼국지》 위지 '동이전'의 기록에 따르면 3세기 고구려의 영토는 북쪽의 부여, 동쪽의 동예, 남쪽의 낙랑군 등으로 둘러싸인 압록강 중류 지대였다. 초기 고구려의 영역과 현재 돌무지무덤이 나타난 지역은 일치한다.

　　부여, 옥저, 동예, 마한, 진한, 변한, 한나라 등 당시 고구려 주변국의 땅이던 어느 지역에서도 돌무지무덤을 찾아볼 수 없다. 중국 무덤들은 땅을 파고 지하에 시신을 안치하는 옹무덤 계통이다. 그 밖의 고구려 주변국들은 흙으로 무덤을 쌓아올리고 시신은 지하에 안치하는 널무덤〔土壙墓〕 양식을 이용했다. 돌을 차곡차곡 쌓아올려 지하에 시신을 안치하는 돌무지무덤은 고구려 영역에서만 나타난다. 압록강 중·하류 유역과 훈장渾江 강 유역에 집중적으로 분포해 있는 돌무지무덤은 초기 고구려의 영토이던 지역이라면 어김없이 나타나는 고구려만의 전형적인 무덤 양식이라고 할 수 있다.

고구려의 돌무지무덤은 시간이 지나면서 기단과 계단을 갖추는 등 정교하고 튼튼한 형태로 변해갔다.

건국의 비밀을 간직한 돌무지무덤

여기서 한 가지 의문이 생긴다. 광개토왕릉비에는 "고구려의 시조 주몽은 부여에서 왔다始祖鄒牟王 出自北夫餘"는 글귀가 있다. 고구려를 건국한 주몽은 부여 사람이라는 뜻인데, 그렇다면 왜 부여의 묘제인 널무덤이 아닌 돌무지무덤을 쓴 것일까? 고구려 건국신화에 따르면 부여에서 탈출한 주몽이 물고기와 자라의 도움으로 추적병을 따돌리고 강을 건너 처음으로 도읍을 세웠다는 비류수 가는 오늘날 환런의 훈장 강 유역이다. 서쪽 산에 세웠다는 성은 오녀산성五女山城이라 추정된다.

해발 800미터의 깎아지른 듯한 절벽 위에 고구려의 첫 수도성인 오녀산성이 있다. 대체로 경사가 완만한 산 동쪽에 성벽이 남아 있는데 2000년 세월에도 옛 모습을 고스란히 간직하고 있다. 오녀산성은 깎아지른 절벽을 삼면으로 이용하고 동쪽만 성을 쌓아 자연 지형을 충분히 활용한 고구려 축성의 걸작이다.

절벽 위에는 남북 1킬로미터, 동서 300미터로 축구장 30개 정도 넓이

고구려의 첫 수도성(졸본)인 오녀산성. 2000년의 역사를 간직한 채 잘 보전되어 있다.

의 평평한 땅이 펼쳐져 있다. 지금은 나무가 무성하지만 산성 안에서 발견된 건축지는 이곳에 사람이 거주했음을 말해준다. 최근 중국 측의 대대적인 발굴 작업으로 수십 개의 소형 집터와 대형 건물 터 세 곳이 밝혀졌다. 아래가 평평하고 손잡이가 달린 것이 고구려 초기 토기의 특징인데, 오녀산성에서 나온 토기는 아주 깊은 사발이거나 화분 모양에 가깝고 손잡이가 세로로 달려 있다. 적어도 기원전 1세기~기원후 1세기 즈음에 오녀산성은 성곽으로 기능한 것으로 보인다.

그렇다면 돌무지무덤이 나타나는 시기 역시 고구려 건국 시점인 기원전 1세기경일까? 지안 북쪽 우다오링五道嶺에서 발견된 돌무지무덤에 그 단서가 있다. 우다오링 돌무지무덤에서 발굴된 청동무기 가운데 청동창은 기원전 4~3세기의 우리 청동창과 모양이 매우 비슷하다. 매장 방식이나 유물로 보아 우다오링 돌무지무덤은 고구려 돌무지무덤과 관련 있

음을 알 수 있다. 이 우다오링 돌무지무덤을 근거로 고구려 돌무지무덤의
가장 이른 축조 시기를 한국형 청동검 문화가 시작된 기원전 4세기 정도
로 추측했다. 즉 고구려 건국 전에 이미 압록강 유역에는 돌무지무덤을
쌓은 사람들이 살고 있었다는 뜻이다.

이것은 무엇을 의미하는가? 주몽이 고구려를 세우기 전 이 지역에
이미 토착세력이 있었다는 말이다. 《삼국사기》를 살펴봐도 주몽과 토착
세력의 융합 과정을 알 수 있다. 주몽이 부여에서 졸본 지역으로 남하하
면서 여러 토착세력과 만났고, 또 주몽이 오기 전 이미 부여에서 많은
사람이 이 지역으로 내려와 토착세력과 함께 살고 있었다는 내용이다.
《삼국사기》에 기록된 졸본부여왕의 존재가 바로 그것이다. 부여에서 졸
본 지역으로 내려와 왕이 된 자로, 그 세력은 다시 주몽 세력에 합류하
게 된다.

오늘날 지린시吉林市의 동쪽에는 부여의 도읍지이자 주몽이 부여에
살던 시절 어머니 유화부인과 함께 지내던 동단산성東團山
城이 있다. 그 아래에는 왕성으로 추정되는 넓은 토성
터가 있다. 지금은 밭이지만 옛날 이곳에는 부여의 화려
한 왕성이 있었을 것이다. 동단산 인근 밭 사이에는 흙
을 쌓아 봉긋이 올라 있거나 움푹 팬 널무덤의 흔적이
남아 있다.

한편 지린성 북부에 있는 부여 계통 무덤인 유수
榆樹의 라오허선老河深 무덤군에서는 금귀걸이가 출

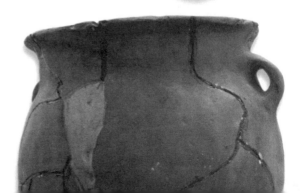

지안의 우다오링 돌무지무덤에서 출토된
청동창.
오녀산성에서 나온 초기 고구려의 토기.

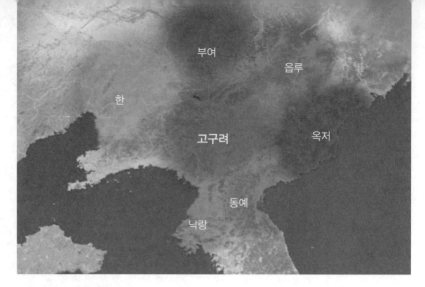
초기 고구려와 주변국의 영역.

토되었는데 고구려의 첫 번째 도성이 있던 환런의 왕장러우望江樓 돌무
지무덤에서도 부여 계통의 금귀걸이 유물이 나왔다. 무덤 형식은 돌무지
무덤인데 부여계 금귀걸이가 출토되었다는 사실은, 돌무지무덤을 사용
한 토착세력과 부여 세력이 융합했음을 반영한다. 주몽이 남하한 것처럼
부여 지역에서 압록강 중류 일대로 많은 사람이 이주했고, 그들이 토착
세력과 융화하면서 세력을 키워나간 상황을 말해주는 것이다. 그런 과정
에서 탄생한 나라가 바로 고구려다. 주몽은 돌무지무덤 같은 토착세력의
문화를 적극적으로 수용하여 700년 고구려 역사의 막을 열었다.

동북공정의 최대 표적, 고구려
지안을 비롯해 현재 중국 땅인 고구려 영역에 무수히 남아 있는 돌무지
무덤은 고구려의 시작을 보여주는 귀중한 유적이다. 고구려의 첫 수도는
이미 말했듯이 오녀산성이 있는 졸본이었다. 졸본은 40년간 고구려의

수도 역할을 했다. 그러다가 기원후 3년 국내성으로 도읍을 옮기고, 장수왕 때인 427년 또다시 평양성으로 천도遷都했으니, 기원후 3년부터 427년까지 무려 424년에 걸쳐 국내성은 고구려의 중심이었다. 그러니 오늘날 지안 일대 곳곳에 고구려의 흔적이 남아 있는 것은 당연한 일이다.

한 나라의 수도, 그 중에서도 왕궁과 관청이 들어서 있는 성이 가장 중심부에 자리를 잡았을 텐데, 그렇다면 국내성은 과연 어디에 있었을까? 오늘날 건물들이 빽빽이 들어서 있는 지안시 중심부에 공터가 하나 있다. 혹시 고구려 왕궁 터가 아닐까 하는 추측 끝에 발굴 작업을 하려고 그곳

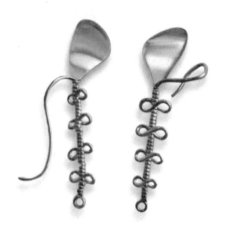

환런의 왕장러우 돌무지무덤과 부여 계통의 랴오허선 무덤군에서 출토된 비슷한 형태의 금귀걸이는 토착세력과 부여 세력이 융합해 고구려가 탄생했음을 보여준다.

에 있던 지안 시청을 허물어버린 자리다. 한편 오늘날 지안 도심 주변을 보면 담처럼 둘러쳐 있는 것이 있는데 바로 고구려 시대에 쌓은 국내성 성벽이다. 지금은 북쪽과 서쪽 일부밖에 남아 있지 않지만, 아파트 등 지안 시민들의 생활 주거지 사이로 성벽이 이어져 있다.

지안 시내의 고구려 성벽은 중국이 지난 2003년 세계유산 등록을 목표로 발굴, 복원한 결과, 세월의 흔적을 느끼기 힘들 정도로 상태가 깨끗해졌다. 10여 년 전만 해도 아무렇게나 방치되어 허물어진 성벽을 주택의 담벼락으로 쓰는 일도 비일비재했지만, 지금은 완전히 달라진 모습이다. 일부 구간은 새로 쌓아 복원하고, 성 주변의 집들도 모두 허물어 깔끔하게 정비했다.

중국은 왜 이렇게 국내성 복원에 공을 들이는가? 국내성은 물론 환런

새로 쌓은 부분

본래 성벽

중국 정부는 고구려 국내성 성벽을 복원·정비했는데, 본래 성벽과 새로 쌓은 부분은 선명한 차이를 보인다.

과 지안의 고구려 유적을 대대적으로 조사·발굴해 펴낸 보고서에 그 의도가 드러나 있다. 중국은 자국의 동북 변경 지역의 역사와 현상에 관한 일련의 연구 프로젝트, 이른바 동북공정東北工程에 고구려사를 비롯한 고조선, 발해 등 한국 고대사와 관련된 연구를 포함시키고 있다.

중국은 동북공정 프로젝트를 통해 고구려가 중국 소수민족이 세운 지방 정권이므로 고구려사는 중국사의 일부라는 견해를 내세워왔다. 중국은 고구려사뿐 아니라 고조선사와 발해사도 한국사의 영역에서 제외시키고 있는데, 이렇게 된다면 한국사는 시간으로는 무려 2000년이나 후퇴하고, 공간도 한반도 이남으로 좁혀지게 된다. 중국 정부 차원에서 대규모로 지원하고 주도하는 연구 사업이라는 점에서, 학술적 동기가 아닌 정치적 동기가 숨어 있다는 혐의를 지우기 힘들다.

중국 학계의 주장대로 고구려가 중국의 지방 정권 가운데 하나였다면, 그 지방 정권을 정복하는 데 수·당이 백만 대군을 동원할 필요가 있었을까? 중국은 고구려와 수·당 사이의 전쟁을 내전內戰으로 간주하려

고구려 고분은 어떻게 변해왔을까

고구려 고분은 돌을 쌓아 만든 돌무지무덤과 흙으로 덮은 봉토 무덤으로 나뉜다. 돌무지무덤이 먼저 나타났고 봉토 무덤은 4세기 이후 등장했다. 돌무지무덤은 기단 유무에 따라 무기단 돌무지무덤과 기단식 돌무지무덤으로 나뉜다. 기단식 돌무지무덤은 다시 그 모양에 따라 단순 기단식과 계단식으로 분류한다. 계단식은 다시 묘 내부의 매장 시설에 따라 돌덧널무덤(石槨墓)과 돌방무덤(石室墓)으로 갈린다. 이 가운데 무기단 돌무지무덤이 기원전 3세기경 가장 먼저 등장했고, 땅을 고른 뒤 판석으로 기단을 조성하는 기단식 돌무지무덤은 1~2세기에 등장했으며, 계단식 돌무지무덤은 3~5세기에 축조되었다.

　　장군총은 계단식 돌무지무덤이라고 할 수 있다. 시신은 본래 땅 위에서 땅속으로 묻는 게 보통이지만, 대형 계단식 돌무지무덤에서는 관을 넣는 널길을 조성하기도 했다. 축조 재료도 초기에는 자연석을 그대로 사용했지만, 계단식 돌무지무덤에 와서는 공들여 다듬은 돌을 썼다.

　　봉토 무덤은 평양으로 천도한 5세기 초 이후 고구려 전역에서 나타난다. 지상이나 반지하에 관이 들어가는 길이 딸린 돌방 위에 흙을 덮은 양식이다. 봉토 무덤에도 여러 양식이 있지만, 고구려 후기에 이르러서는 봉토 돌방무덤으로 거의 통일된다. 시신을 안치하는 곳이 대부분 땅 위에 있고 후기로 갈수록 벽화를 그린 무덤이 매우 많은 것이 고구려 고분의 특징이다.

동북공정의 실체

중국 국경 안에서 전개된 모든 역사를 중국 역사로 만들기 위해 중국이 2002년부터 추진하고 있는 연구 프로젝트. 중국 최고 학술 기관인 사회과학원과 지린성吉林省·랴오닝성·헤이룽장성黑龍江省 등 둥베이東北 3성의 성 위원회가 연합해 진행하며 연구 기간은 5년이다. 실질적인 연구 목적은 고구려·발해 등 한반도와 관련된 역사를 자국 역사로 편입해서, 한반도가 통일되었을 때 일어날 수 있는 영토 분쟁을 방지하는 데 있다. 고조선·고구려·발해 등이 고대 중국의 동북 지방에 속한 지방정권이라는 것이 대표적인 주장이다. 우리나라에서는 2004년 3월 고구려사연구재단을 발족해 대응하고 있다.

한다. 그러나 고구려는 계속해서 군대를 앞세운 팽창 정책과 대륙 정책을 추진했고, 수·당 제국은 동아시아에 자국 중심의 지배 질서를 실현하려 했다. 고구려와 수·당의 전쟁은 서로 다른 정책과 이해 관계가 충돌한 엄연한 국제 전쟁이었다.

중국 학계는 고구려가 중원의 왕조에 복속되었다고 보고 있다. 고구려 왕이 중원 왕조에 조공을 하고 중원 왕조에게 책봉받은 사실을 강조하면서, 심지어 고구려 왕이 일개 관리의 자격으로 중원 정권을 대신해 고구려 지역 백성을 다스렸다고까지 주장한다. 그러나 중국 학계의 이러한 주장은 책봉과 조공 제도가 중원 왕조와 다른 나라 사이의 '국가 간 교섭 및 외교 형식'에 지나지 않았다는 점을 무시한 것이다. 더구나 고구려는 여러 국가와 세력 집단을 아우른 그들만의 세력권을 형성하고 있었으며, 세계 질서에 대한 인식도 독자적이었다. 이를테면 광개토대왕은 고구려 중심의 동북아시아 질서를 실현하려 했다.

동북공정은 기원전 5000~3000년, 오늘날의 내몽골 지역 라오하老哈河강과 다링허 유역을 중심으로 요동, 요서 일대에서 상당히 광범위하게 꽃피웠던 신석기 문화인 홍산紅山 문화까지 이용한다. 중국의 전설 속 인물인 전욱 고양씨高陽氏 집단이 홍산 문화의 주인공이며, 전욱 고양씨의 후예인 고이高夷가 고구려의 선조라는 것이다. 그러면서 고구려의 돌무지무덤이 홍산 문화에서 나타나는 돌무지무덤을 이어받았다고 주장한다. 이는 고구려의 민족적 기원을 중국 화하족華夏族에 두려는 의도라고 할 수 있다.

그러나 홍산 문화의 돌무지무덤과 고구려의 돌무지무덤은 3000년가량 떨어져 있어서, 이를 직접 연결하기는 힘들다. 더구나 고구려 건국 세력의 선조는 신석기 시대 이래 만주와 한반도 북부 지역에서 농경 생활을 영위하던 예맥족의 일원이다. 고구려 세력이 한사군을 무력으로 물리치면서 자주성을 확보해가는 과정이 이를 말해 준다. 중국은 이렇듯 전설과 역사를 무리하게 연결하는 일을 서슴지 않는다.

이 밖에도 중국 학계가 동북공정을 통해 고대사를 자의적으로 꿰어 맞추는 경우는 무척 많다. 중국의 이러한 태도에 대해 단순히 '우리 것을 빼앗아가려 하기 때문에 기분 나쁘다'라는 식의 감정적인 대응으로만 그쳐서는 안 될 것이다. 오히려 더욱 냉정한 자세로 학문적 엄밀성을 유지하고 강화해야 동북공정의 자의성과 본뜻을 무색하게 만들 수 있다. 학자나 전문가가 아

지안 시청 자리에서 발견된 고구려 와당.

니더라도 우리 고대사, 특히 고구려에 관해 정확히 그리고 많이 알려고 하는 자세가 가장 중요하지 않을까.

두 개의 도성

고구려 국내성의 모습을 살펴보자. 앞서 언급한 지안 시청을 허문 자리에서는 기대와 달리 왕궁 터로 추정할 만한 대형 주춧돌은 나오지 않고, 와당瓦當만 대거 발견되었다. 중국 역사서 《구당서》의 기록을 통해 국내성 안에 왕궁과 관청 등 중요 건물들이 있었음을 알 수 있지만, 현재 발굴 자료를 근거로 2000년 전 모습을 복원해볼 수 있는 것은 국내성 성벽뿐이다.

발굴 과정에서 중국 학자들을 가장 당혹케 했던 구간은 성의 서벽 남쪽 부분이다. 한 줄로 계속 이어지던 성벽이 갑자기 끊어지더니 두 줄이 되었다. 중국 학자들은 까닭을 찾지 못했지만, 1910년대 일본인이 직접

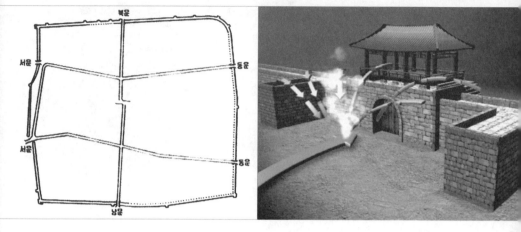

《조선고적도보》에 남아 있는 〈국내성 평면도〉(왼쪽)와 3차원 영상으로 복원한 치稚의 모습(오른쪽).

현장을 조사해 그렸다는 〈국내성 평면도〉는 의문을 풀 수 있는 단서를 제공한다. 조선총독부가 한국의 고적古蹟을 조사하여 그 성과를 사진과 도면으로 모아 펴낸 《조선고적도보朝鮮古蹟圖譜》에 실려 있는 이 평면도에는 서남문의 형태가 뚜렷하게 보이는데, 그것은 두 줄로 포개진 성벽 사이에 난 문, 즉 어긋문이다.

성벽과 성벽 사이에 일정한 간격을 내고 그 사이에 문을 만든 일종의 옹성甕城이다. 이렇게 하면 성을 공격해오는 적군을 정면으로만 막을 때보다 방어하는 데 유리하다. 어긋문으로 공격해 들어오는 적은 거의 S자 형태로 진격해야 하는 반면, 성을 방어하는 측은 높은 곳에 있어 유리하고 또 적을 사방에서 공격할 수 있다.

평면도에서 성벽의 나머지 구간도 살펴보면, 불룩하게 표시된 부분이 눈길을 끈다. 실제 국내성에서도 찾아볼 수 있는 흔적인데, 일직선으로 이어지던 성벽이 사각으로 튀어나와 있다. 허물어지기 전 찍은 사진에서

성벽이 허물어지기 전 국내성을 보면 적을 공격하기 위한 시설인 치를 확인할 수 있다.

그 본래 모습을 좀더 분명히 알 수 있다. 그것은 다름 아니라 치雉, 즉 성에서 적을 공격하기 위한 시설이다.

평면도에는 없던 문이 이번 발굴에서 발견되었는데, 성벽 사이 빈 공간이 바로 문이 있던 자리다. 문 양쪽에 치가 있어 적이 공격해 들어오면 성 위에서 포위해 집중 공격할 수 있었다. 국내성의 서북문도 문을 성벽으로 둥그렇게 에워싼 전형적인 옹성 형태이며, 동문도 마찬가지다. 고구려는 초기부터 다양한 형태의 옹성을 만들어 적의 침입에 대비한 것이다.

당나라 때까지도 중국의 성에는 옹성이 없었다. 북위北魏 시대 낙양 (洛陽, 뤄양)에 유일하게 치를 설치했는데, 북위는 고구려 중기에 세워진 나라이므로 중국이 고구려보다 치를 먼저 사용했다고 보기는 힘들다. 치와 옹성은 고구려가 발명해낸 독창적인 축성술이며, 그 기술은 바로 국내성에 집약되어 있다. 2000년 전의 국내성은 여섯 개의 옹성문과 수많은 치가 설치된 총 둘레 2.7킬로미터의 웅장한 성이었다. 앞으로 성 내부도 좀더 상세히 조사, 발굴되면 고구려 국내성의 면모를 자세히 밝힐 수 있을 것이다.

지안 지역에는 국내성 말고 성이 또 하나 있다. 국내성에서 서북쪽으로 2.5킬로미터 떨어진 곳에 자리한 환도산성丸都山城이다. 산등성이를 따라 성벽을 쌓아 방어하기에 매우 유리한 성으로, 《삼국사기》에도 "산상왕이 환도성으로 옮겼다王移都於丸都"는 기록이 있다. 왕이 거처할 만큼 환도산성이 중요한 성이었다는 증거다. 최근 환도산성에서도 큰 규모로 발굴이 이루어져 새로운 사실이 많이 밝혀졌다. 정말 이곳에 왕이 거처했을까? 실제로 왕이 머물렀다면 왜 국내성과 환도산성, 이렇게 가까운 거리에 자리한 두 개의 성이 필요했을까?

오늘날 환도산성은 무너져내릴 위기에 처한 성벽에 응급조치를 해놓았을 만큼 취약하며 허물어진 구간도 많다. 그런데 발굴 작업에서 새로운 문 터, 즉 환도산성의 서문西門이 발견되었다. 문 기둥을 꽂았던 구멍이 선명하게 남아 있으며, 역시 문 바깥을 둥그렇게 감싼 옹성 형태다. 성 내부에서도 새로운 유적이 대거 발견되었다. 이를테면 적의 동태를 살피고 장수가 지휘도 하기 위해 쌓은 점장대点將臺가 있다. 돌을 차곡차곡 쌓아올려 만든 계단을 오르면 망루가 있었을 것이다. 점장대에서 보면 멀리 지안시와 남문南門 터가 한눈에 들어온다. 점장대 바로 옆에 남아 있는 주춧돌 흔적은 병사들이 머물렀던 병영 터로 추정된다.

그렇다면 환도산성 안에 왕이 머물던 흔적이 남아 있을까? 산성 안에서 가장 평평하고 너른 땅에 대형 건물 터로 보이는 곳이 있다. 병영 터와 달리 주춧돌의 크기가 크고 그 간격도 넓다. 위성사진으로도 건물지가 분명하게 보이는데, 사방 95미터 넓이에 총 열한 채의 건물이 있고, 그 중에는 팔각건물도 두 채 있다. 주거용 건축을 비롯한 일반 건축에서 주춧돌의 간격은 3미터지만, 이 대형 건물 터의 주춧돌 간격은 5미터 이

고구려 품으로 돌아간 부여의 일생

중국 역사서 《후한서後漢書》는 부여 사람을 "체격이 크고 강건하며 용맹스럽다"고 설명한다. 167년과 111년에 부여가 각각 2만여 대군과 8000의 보병및 기병으로 현도군과 낙랑군을 공격했다는 기록도 나온다. 《삼국지》 위지 '동이전'에 따르면 부여 사람들은 "나라 안에서는 흰옷을 즐겨 입어 큰 소매 달린 도포와 바지를 흰 베로 만들어 입고 가죽신을 신었다."

　　오늘날의 북부 만주 일대에 자리를 잡고 한나라 세력과 맞서 싸우기도 한강건하고 용맹스런 사람들. 이들은 언제 국가를 이루었을까? 중국의 역사 기록들로 볼 때 늦어도 기원전 3세기 전임을 알 수 있다. 사마천의 《사기》 가운데 기원전 3세기 중엽과 초에 해당하는 진시황 시대에 관한 기록에 부여가 등장하기 때문이다.

　　《후한서》에 따르면 부여의 땅은 사방 2000리에 이르며, 《삼국지》 위지 '동이전'에 따르면 호수戶數는 8만에 달했다. 《삼국사기》 유리명왕 14년(기원후 6년) 기록에는 부여가 5만의 군사를 동원한 일이 나온다. 그러나 부여는 모용씨 선비족의 침략을 받은 뒤 고구려 문자명왕文咨明王 3년(494년) 고구려에투항해 편입되었다.

고구려의 기원은 언제일까

고구려 발생지인 압록강 중류 일대에는 청동기 · 철기 문화가 보급되면서 나那라고 불리는 단위 정치체들이 다수 성립되었다. 이 집단은 하나의 국가라기보다는 각 지역 정치제들의 느슨한 연맹체였다. 이들은 한이 고조선을 침략하는과정에서 고구려 지역에 현도군을 설치하려 하자 강력하게 반발했고, 이 때문에 현도군은 다른 3군현보다 1년 늦은 기원전 107년에 설치되었다. 하지만그뒤에도 토착세력의 반발이 계속되자 한은 기원전 75년에 현도군을 흥경興京 · 노성老城 방면으로 옮겼다. 현도군 소속 3현 가운데 고구려현이 등장하는데, 이를 통해 기원전 1세기 무렵 이미 '고구려'란 이름이 존재했고, 그 세력이 이 지역의 중심이었음을 알 수 있다.

국내성 서북쪽 2.5km에 자리한 환도산성의 전경.
적의 동태를 살피고 장수가 지휘하기 위해 쌓아놓은 환도산성
의 점장대.

상이다. 여러 채의 건물이 밀집해 있는 것으
로 봐도 왕궁 터임이 분명하다. 더구나 중요
한 건물에서만 나오는 와당이 발견되었고,
그 중에는 글씨를 새긴 와당도 있었다. 바로 고구려의 관직 이름을 새긴
와당인데, 이곳에서 어떤 종류의 정치 행위가 이루어졌음을 시사한다.

　멀지 않은 곳에 수도의 중심성이 있는데 왜 이곳에 왕이 머물렀을까?
국내성뿐 아니라 환도산성도 엄연히 고구려의 수도성이었다. 그렇다면
이곳은 비상시에 임시 수도 구실을 했던 것이 아닐까. 적이 침입해 오면
방어하기에 좀더 유리한 입지 조건을 갖춘 환도산성으로 옮기고, 위기를
어느 정도 극복하면 국내성으로 돌아오는 식으로 활용했을 것이다. 국내
성이 본래의 수도성이라면 환도산성은 전쟁시의 수도성이었을 가능성이
아주 크다.

평지성과 산성, 이렇게 성을 두 개 가진 도성 체제는 초기 수도인 졸본에서도 보인다. 오녀산성 아래에는 하고성자下古城子라는 마을이 있는데, 글자 그대로 풀이하면 '아래 쪽에 있는 옛 성'이라는 뜻이다. 이 이름에서 이곳이 성이었음을 짐작할 수 있다. 하고성자 마을에는 두둑하게 흙이 쌓여 있는 토성 흔적이 있다. 깎아지른 듯한 절벽 위의 오녀산성과 더불어 평지성인 하고성자가 있는 것이 초기 수도 졸본의 모습이었다. 이런 도성 체제는 고구려 초기부터 나타난다.

환도산성에서 발견된 고구려 관직명이 새겨진 와당. 이곳에서 정치 행위가 이루어졌음을 알 수 있다.

　고구려는 왜 이러한 독특한 도성 체제를 갖추게 되었을까? 《삼국사기》를 보면 고구려는 건국 초기부터 한나라 세력과 끊임없이 전쟁한다. 국가의 기틀을 세울 때부터 한나라를 비롯한 주변 세력들을 물리치며 성장한 고구려는 외세의 침입이 있을 때 언제든 대피할 수 있는 산성을 쌓아두고 유사시에 평지성에서 산성으로 옮겨 성을 지키는 방어 전략을 구사했던 것이다.

떠오르는 새로운 강자

지안 일대를 발굴하면서 유난히 많이 나온 유물이 무기류다. 그 가운데 공격용 무기만 해도 454만여 점에 달한다. 당시에 쓰이던 무기들이 종류별로 다 출토되었다고 해도 지나친 말이 아니다. 고구려 고분인 안악 3호분의 〈행렬도〉에 나오는 병사가 든 무기들도 모두 실물로 확인할 수 있다. 고구려가 이른바 활과 화살, 칼과 창 등의 무기를 이미 초기에 완

안악 3호분 〈행렬도〉에 나타난 고구려 병사와 무기. 지안 일대 유물을 조사한 결과 대부분 실물로 확인되었다.

비했음을 알 수 있다. 4세기에는 같은 무기라도 기능에 따라 부위별로 다른 재료를 써서 만들 정도로 무기 제작 기술이 발달했다.

방어에 효율적인 도성 체제를 갖추고 무기 체계를 완비한 고구려는 점차 영토를 넓히면서 국가 체제도 갖춰나간다. 건국 초기 고구려를 가장 많이 괴롭히던 세력인 현도군이 점차 서쪽으로 밀려나는 과정은 고구려의 성장을 잘 보여준다. 고구려가 점차 동북아시아의 새로운 강자로 떠오른 것이다.

중국 세력과 끊임없이 전쟁을 벌이며 성장한 고구려는 광개토대왕 때 영토를 급격히 넓혀 동북아시아 패자의 자리를 굳힌다. 지안에는 광개토대왕의 것으로 추정되는 능이 남아 있다. 태왕릉太王陵이라 불리는 능 위쪽에는 광개토왕릉비가 전각殿閣 안에 서 있다. 높이가 6.34미터에 달하는 광개토왕릉비는 정교하게 다듬거나 여러 개의 돌을 이어 붙인 것이 아니라, 거대한 자연석을 그대로 세워놓아 더욱 웅장하게 다가온다. 한 변의 길이가 66미터, 높이는 14.8미터에 달하는 태왕릉의 규모도 보는 이를 압도하기에 충분하다. 사실상 독자적인 구역을 차지한 예사롭지 않은 규모의 태왕릉은 막강했던 고구려의 힘을 상징하는 듯하다.

지안시에서 가장 넓은 묘역을 차지하고 있는 것이 태왕릉과 광개토왕릉비다. 두 유적 주변은 정비가 잘 되어 있고 비석에는 훼손을 막기 위

성곽의 역사에 관하여

인류는 성城을 언제부터 만들기 시작했을까? 물론 돌이나 나무 등으로 원시적인 방어 시설을 만든 때는 수만 년 전까지 거슬러 올라갈 수 있지만, 오늘날 우리가 일반적으로 떠올리는 성곽에 가까운 것 중에서 가장 오래된 시설은 이스라엘 지역에 있는 도시  예리코Jericho의 성벽으로 기원전 8000년 이전에 만들어졌다. 지중해 동해안 지역에서도 비슷한 시기의 성곽 유적이 발견된다. 기원전 4000년경에 이르면 고대 메소포타미아 지역에 성곽 도시가 번성했고, 이후 고대 이집트, 인도, 중국 등에도 성곽 도시가 세워졌다.

성곽의 발달은 사회계급의 분화와 권력자의 출현, 고대국가의 발전과 밀접한 관계가 있다. 정치공동체의 최고 권력자가 생활하고 공무를 보는 공간을 중심으로 왕성王城이 자리하고, 다른 정치공동체의 침입을 막고 군사 기지 구실까지 하는 방어용 성곽도 생겨난다. 그러나 성곽은 대포를 비롯한 고성능 무기가 발달하면서 군사적 가치를 잃기 시작했고, 오늘날에는 역사 유적으로서 관광지 구실을 하거나 고고학과 역사학 연구의 대상으로서만 가치를 지니는 게 보통이다.

우리나라의 성곽으로는 왕이 있는 도읍지를 방어하기 위한 도성都城, 산의 자연적인 지세를 최대한 활용하여 만든 군사 목적의 산성山城, 지방 행정 관서가 있는 고을에 쌓아 행정 및 군사 기능을 겸하는 읍성邑城 등이 있다. 물론 외적을 막기 위해 국경 변방에 수십 킬로미터 이상의 길이로 쌓은 장성長城도 있다. 북방 이민족의 침략을 막기 위해 고려가 1033년~1044년 사이에 쌓은 천리장성千里長城과 고구려가 당의 침략에 대비하여 631년~647년에 쌓은 천리장성 등이 있었지만, 현재 그 전모를 확인하기는 어렵다.

서대묘와 천추묘에서 발견되는 구름무늬 와당. 와당의 무늬로 미루어보아 4세기 초에 거대한 왕릉이 조성되기 시작한 것으로 보인다.

해 전각을 세워놓았다. 본래 능과 비 주변에 집들이 복잡하게 들어서 있었지만, 모두 허물고 깨끗하게 조성했다. 태왕릉 주변에 살던 사람들이 집단 이주하여 이룬 인근 지역 마을의 이름을 태왕신촌이라 하는데, 이렇게 마을 하나를 새로 만들 정도로 중국은 고구려 유적 발굴과 정비에 적극 나섰다. 광개토왕릉비는 보존을 위해 유리를 씌워놓기까지 했다. 그러나 잔디까지 꾸미며 관광객에게 공개하고도 취재진의 접근은 엄격히 막고 있다. 우리의 역사 유적을 먼발치로밖에 볼 수 없는 안타까움을 새삼 말해 무엇하랴.

6층 건물 높이의 태왕릉은 멀리서 보기만 해도 그 규모를 실감할 수 있다. 무덤 중앙에 낸 문은 널방으로 들어가는 문으로 왕과 왕비를 나란히 안치했던 것으로 보인다. 태왕릉 발굴 작업에서 출토된 귀중한 유물 가운데는 왕이 썼을 듯한 화려한 금제관모와 금허리띠도 있다.

태왕릉 외에도 지안에는 독자적인 구역을 차지한 대형 무덤이 여럿 있다. 서대묘西大墓는 한 변 길이가 55미터, 높이가 9미터에 달한다. 오랜 세월 탓에 돌이 무너져내려 지금은 본래 모습을 잃었지만 아마 반듯한 피라미드 형태였을 것이다. 현재 남아 있는 돌무지무덤 가운데 가장 큰 천추묘千秋墓는 한 변이 무려 80미터에 이른다. 그렇다면 언제부터 독자적인 구역에 거대한 무덤을 조성하기 시작했을까?

서대묘와 천추묘에서는 구름무늬 와당이 나왔고, 와당의 구름무늬 사이에 연대를 가늠할 수 있는 문자가 새겨져 있다. '태령太寧 4년'이라는

웅장한 규모로 보는 이를 압도하는 장군총의 위용. 길이 5m가 넘는 돌을 1000개 이상 쌓아올린 돌무지무덤이다.

연호인데, 태령은 동진의 연호로 태령 4년은 325년이다. 4세기 초에 어떤 일이 있었기에 이렇게 거대한 왕릉을 조성했을까?

4세기에 이르러 고구려는 무서운 기세로 중국 세력을 압박했다. 311년 고구려 미천왕美川王은 압록강 하구의 서안평西安平을 점령했고, 2년 뒤에는 낙랑군을, 이듬해에는 대방군을 내몰았다. 4세기 초 한반도와 요동 지역에서 중국 세력을 완전히 몰아낸 것이다. 이와 함께 정치 체제도 변했다. 왕이 고구려 귀족 세력의 일부로서 고구려를 대표하는 체제에서, 귀족 세력을 초월하는 군주 체제로 바뀌었다. 이는 중앙집권 체제를 정비한 것과 궤를 같이하며, 왕 중 왕이라는 뜻의 '태왕太王' 칭호를 사용한 일도 같은 맥락이다.

믿기 어려운 장군총의 위용

장군총은 고구려 왕의 초월적인 힘을 보여주는 상징적인 유적이다. 그 규모와 견고한 모양새에 압도당하기 십상인 장군총은, 정교하게 다듬은 돌 하나하나의 크기만 해도 입이 벌어진다. 계단식으로 쌓여 있는 돌들을 살펴보면 길이는 5미터가 넘고 그 수는 1000개가 넘는다. 큰 돌을 12.5미터 높이로 쌓아올린 장군총의 내부에는 왕과 왕비의 시신을 모신 관대 두 개가 나란히 놓여 있다.

맨 아래 기단의 한 변 길이는 33미터, 기단 둘레에는 너비 4미터에 걸쳐 돌을 깔았고, 그 바깥 둘레에 너비 30미터에 걸쳐 돌을 깔아 능역을 표시했다. 묘실, 즉 널방은 화강암을 쌓아 지었다. 능묘 둘레에는 열두 개의 자연석, 즉 호석護石이 놓여 있는데, 이를 십이지신상十二支神像의 기원으로 보는 주장도 있지만 분명하지는 않다. 그 밖에 능묘 위에는 일종의 사당 기능을 하는 건축물이 있었을 것으로 추정하기도 한다.

고구려 시대에는 먼저 무덤을 축조해놓은 다음 무덤 주인이 죽으면 관을 무덤으로 모시는 것이 보통이었다. 그런데 장군총에는 5층의 묘실까지 올라갈 수 있는 계단이 없다. 그렇다면 과연 관을 어떻게 묘실까지 운반했을까? 흙더미를 쌓아 길을 만들었으리라고 보는 견해가 가장 유력하다.

장군총의 주인은 누구일까? 한때는 광개토대왕의 무덤으로 추정하기도 했지만, 지금은 광개토왕릉비에서 500미터 떨어져 있는 고구려 최대 규모의 돌무지무덤, 즉 태왕릉이 광개토대왕릉이고 장군총은 장수왕릉이라는 설이 현재로서는 유력하다. 장군총은 광개토왕릉비에서 1킬로미터 정도 떨어져 있다. 그래서 장군총 대신 장수왕릉長壽王陵이라고 일컫기도 한다. 규모나 위치, 축조 시기 등으로 볼 때 태왕릉과 장군총이 고구려의 전성기를 이룬 광개토왕과 장수왕의 무덤이라고 보는 것이다.

장군총에서는 그렝이 공법의 특징이 잘 드러난다. 자연석을 그대로 살리고(가운데), 돌 가장자리에 홈을 판 흔적(오른쪽)이 보인다.

    1500년 세월이 비켜간 듯 옛 모습을 그대로 간직한 장군총의 비밀은 축조 방식에 있다. 땅에 박혀 있는 자연석을 그대로 살려 거기에 맞게 돌을 가공한 그렝이 공법이다. 이 공법을 사용하면 돌과 돌 사이에 틈이 벌어지지 않아 견고해진다. 그리고 돌 가장자리에 홈을 판 뒤 그 홈에 맞춰 윗돌을 놓는다. 이렇게 하면 윗돌이 밀려내려 오는 것도 막을 수 있다.

    그렇다면 큰 돌을 어디에서 어떻게 가져왔을까? 장군총에서 서북쪽으로 16킬로미터쯤 가면 고대의 채석장이 있다. 장군총과 같은 재질의 돌을 쓴 것으로 보아, 아마도 그곳의 돌을 떼어내 지안까지 옮겼을 것이다. 어떻게 옮겼을까? 채석장에서 지안 고분군까지 멀리는 20킬로미터나 떨어져 있는데, 육로로만 옮겼다고 보기는 힘들다. 인근 출토 유물 가운데 밑에 못이 박힌 신발, 즉 요즘 말로 아이젠이 박힌 신발이 있다. 아마도 이 신발을 신고 겨울에 채석한 돌을 얼어붙은 강 위에 올려놓고 끌고 갔으리라. 또 자연 지형을 이용해 돌을 산에서 끌어내린 뒤, 평지에서는 통나무를 밑에 깔아 운반했을 것이다.

    그렇다면 돌을 쌓는 작업은 어땠을까? 먼저 운반하기 쉽게 흙을 쌓아 길을 만든 뒤, 한 계단씩 차곡차곡 쌓아올렸을 것이다. 그 과정에서 많은 수의 사람들이 동원되었으리라. 장군총 같은 대규모 왕릉을 축조하는 데

큰 돌을 운반해 대규모 왕릉을 축조하는 과정. 자연 지형과 통나무로 돌을 운반한 뒤 흙을 쌓아 길을 만들어 쌓아올렸다.

는 뛰어난 기술뿐 아니라, 충분한 경제력과 많은 인원을 동원할 수 있는 강력한 왕권이 필요하다. 장군총을 비롯해 지안 일대에 남아 있는 거대한 돌무지무덤은 당시 동북아시아 강자였던 고구려의 힘과 기상의 상징이다.

'동방의 피라미드' 장군총이 있는 곳, 고구려를 대표하는 유적들을 다 만나볼 수 있는 곳, 동북아시아 패자로서 고구려의 영광이 서린 곳, 국내성에 고구려의 역사가 살아 있다.

08 고구려 고분벽화, 세계를 그리다

고구려인은 무武만을 숭상한 호전적인 사람이 결코 아니었다.
그들은 멀리 서역에 이르기까지 여러 나라와 교류하며
독자적인 음악, 미술, 놀이, 복식 문화를 일구었다.
세계와 문화를 공유하는 열린 고구려의 모습이
지금도 고분벽화에 생생하게 펼쳐진다.

벽화 속에 어제가 있다

한 시대에 관해 문자 기록보다 많은 것을 말해주는 문화유산이 적지 않
다. 이를테면 2004년 유네스코가 세계유산으로 지정한 고구려 고분의 벽
화가 바로 그것이다. 그 가운데 덕흥리 고분(북한 평안남도 남포특급시)
은 무덤보다 미술관에 가깝다고 해도 지나친 말이 아니다.

덕흥리 고분을 비롯한 고구려 고분벽화는 무덤 주인이 실제 살던 집
은 물론, 생전의 생활을 매우 자세하게 묘사하고 있다. 408년 축조된 덕
흥리 고분의 주인은 이름을 진鎭이라 하는, 유주 자사幽州 刺史를 지낸 고
위 관리였다. 유주 자사 진은 선비족의 일파인 모용족 사람, 즉 모용씨일
가능성이 큰데, 그가 어떻게 고구려로 와서 광개토대왕에게 높은 벼슬까
지 받았는지 현재로서는 정확히 알기 힘들다. 덕흥리 고분의 묘지墓誌에

덕흥리 고분벽화 가운데 사랑채를 묘사한 부분. 각 지방의 태수들(위)에게 유주 자사 진(아래)이 업무
보고를 받고 있다.

무용총 고분벽화 〈접객도〉(복원도). 손님에게 고기 음식을 대접하는 장면.

유주 자사 진이 세상을 떠난 해가 '영락 18년(408년) 무신 12월 25일'이라고 나와 있다. 이때는 고운이 북연의 왕으로 있으면서 요서 일대를 장악했던 시기다. 다른 나라 연호가 아니라 고구려 광개토대왕의 연호인 '영락'을 쓰고 있다는 점에서, 이 시기 광개토대왕이 자신만의 연호를 사용하고 스스로 황제라 칭했음을 한 것을 짐작할 수 있다. 벽화 가운데 무덤 주인이 공무를 보는 사랑채를 묘사한 부분을 보면 유주 자사 진이 각지에서 모인 태수들에게 업무 보고를 받는 모습, 임명장을 주는 모습 등이 보인다. 자사는 일종의 지방장관 벼슬이지만, 묘지墓誌에 나와 있는 '내조來朝'나 '조하朝賀' 등의 용어로 볼 때 거의 왕이나 다름없는 지위를 누렸음을 알 수 있다.

그런가 하면 안채, 즉 살림집을 그려낸 부분도 있다. 마당에서는 말을 타고 과녁을 맞히는 놀이를 하고 있다. 여간 넓은 마당이 아니면 할 수

안악 3호분 벽화. 곡식 저장고와 푸줏간, 부엌의 묘사가 아주 생동감 있다.

없는 놀이다. 침실 부분에는 넓은 평상에 여주인이 앉아 있다. 낮에는 휘장을 걷고 생활하며 밤에 잠잘 때는 휘장을 내렸다. 고구려의 수도 국내성이 있던 지린성吉林省 지안시 무용총舞踊塚의 벽면에 묘사된 거실을 보면 고구려 저택의 응접실에는 평상이 여러 개 놓여 있고, 사람들은 그 평상 위에 신을 신고 올라간다. 당시에는 마루 전체에 구들을 깔지 않고 한쪽에만 쪽구들을 놓았기 때문에, 좌식과 입식을 겸한 실내 생활을 했다.

손님이 와서 접대하는 장면도 있는데, 어떤 음식을 대접했을까. 시종이 칼을 쥐고 있는 것으로 볼 때, 고기 요리를 내놓았을 법하다. 추운 지방에 살았던 고구려인은 육식을 즐기는 편이었다. 시종은 손님 옆에서 먹기 좋도록 고기를 잘라주었을 것이다.

황해남도에 있는 안악 3호분 벽화에는 안채 앞으로 부속 건물들이 있고, 다락처럼 보이는 곡식 저장고도 보인다. 창고에서 곡식을 꺼내 디딜

방아를 밟아 곡식을 찧는 두 여인도 있다. 다 찧은 곡식은 우물로 가져가서 씻었다. 시녀로 보이는 여인이 두레박을 내려서 물을 길어올리고 있다. 집안에는 푸줏간도 있는데, 방금 사냥이라도 한 듯 고기가 가득하다. 부엌 아궁이에는 장작불이 활활 타오르고, 시루에서는 김이 모락모락 나고 있다. 시종들은 음식을 장만하느라 바쁘다. 부엌 가득 놓여 있는 단지와 항아리들에는 각종 장이나 술이 담겨 있다.

집 밖에서는 어떤 생활을 했을까. 지안현에서 발굴된 장천 1호분 벽화에는 100여 명의 인물들이 등장한다. 씨름하는 사람, 사냥하는 사람, 악기를 연주하는 사람, 춤추는 무희 등 여유로운 듯하면서도 역동적인 고구려인들이 보인다. 그런데 벽화 속에 특이한 인물들이 있다. 아홉 명에 달하는 서역인西域人, 인종으로 보아 서양인인 그들은 벽화 속 다른 인물들과 달리 코가 무척 높다. 고구려에 외국인이 살고 있었던 걸까?

코 큰 이방인들의 정체

지금까지 모두 2만여 기가 발견된 고구려 고분 가운데 벽화가 남아 있는 고분은 100여 기에 달하며, 대부분 4~6세기에 조성된 것이다. 도굴 피해를 입어 큰 안타까움을 느끼게 한 장천 1호분은 그나마 도굴되기 전 촬영한 화면이 남아 있지만, 〈백희기악도百戱技樂圖〉라 일컫는 벽화는 훼손이 심해 그 내용을 파악하기가 쉽지 않다.

발굴 보고서는 1970년 발굴 당시 벽화를 그대로 옮겨놓은 모사도模寫圖를 포함하고 있다. 모사도에는 지금은 훼손되어 잘 보이지 않는 부분까지 그려져 있다. 발굴 보고서는 벽화에 등장하는 인물도 자세히 묘사하고 있는데, 고비高鼻, 즉 '코가 높고 크다'는 표현이 자주 나온다. 〈백희기악도〉에 나오는 인물은 모두 40명으로, 그 가운데 코가 큰 사람은 아홉

고구려 여인(왼쪽)과 서역 여인(가운데). 옷차림도 생김새도 확실히 다르다.
〈백희기악도〉에 등장하는 서역인의 모습(오른쪽). 고구려가 활발한 대외 교류를 펼쳤다는 증거다.

명이다. 무엇엔가 놀라 넘어진 노인도 코가 크고, 도망가는 남자도 맨발에 수염을 길렀는데 코가 높다. 남자뿐 아니라 수레를 끄는 여자들도 코가 크다. 마부로 보이는 두 남자는 한눈에도 코가 크다는 것을 알 수 있으며, 부부로 보이는 두 사람도 마찬가지다.

벽화에 등장하는 고구려 남자는 눈썹이 가늘고 코가 작은 편이다. 고비인高鼻人들은 고구려인이 아님을 알 수 있다. 물론 고구려 여인 역시 코가 큰 여인과는 생김새가 확연히 다르다. 〈백희기악도〉에 나오는 코가 크고 뾰족한 사람들은 인종으로 볼 때 이른바 서역계 사람들이다. 그들은 상투를 틀어올리지 않고 머리를 밑으로 늘어뜨린 채 일하고 있다. 고구려의 활발한 대외 교류 과정에서 중국 북부 어느 지역에서 고구려로 들어왔거나, 내륙 아시아의 유목 계통 사회에서 흘러든 사람들일 가능성이 크다.

5세기 중엽, 고구려에 흥미로운 사건이 일어났다. 북연北燕이 멸망하자 주민들이 대거 고구려로 이주했는데, 그 행렬이 무려 80리에 달했다. 이 사건이 일어나기 100여 년 전, 서역계 얼굴을 한 갈족이 중국 동북부

각저총 〈씨름도〉. 매부리코에 눈이 부리부리한 서역인이 고구려 사람과 겨루고 있다.

에 후조後趙 왕조를 세웠다. 후조는 전연前燕에 멸망당했고, 갈족은 북연
에 통합되었다. 이 갈족이 훗날 북연이 멸망했을 때 고구려로 향하는 이
주민 대열에 합류했을 가능성이 크다. 당시 북연의 수도 용성龍城에는 중
국의 한족, 고구려인, 북연을 세운 모용씨 말고도 여러 민족이 있었다는
기록이 있다. 이 여러 민족에는 후조를 세운 갈족을 비롯하여 여러 계통
의 종족들이 포함되어 있었다. 북연이 멸망하자 고구려로 흘러든 많은
사람들 가운데 서역 계통의 얼굴을 한 종족이 섞여 있었을 가능성은 얼
마든지 있다.

　이 사건도 있지만, 많은 학자는 서역인이 고구려까지 오게 된 가장 큰
까닭을 문물 교류라고 본다. 이를테면 무용총 벽화의 불교 승려는 얼굴
이 거무스레한 중앙아시아 출신 승려를 묘사한 것이다. 광개토대왕 시대
와 장수왕 초기 고구려가 무척 먼 지역과 교류하고 있었음을 보여주는
삼실총三室塚 벽화의 역사力士도 있다. 지린성 지안현의 각저총角抵塚 〈씨

평양 수산리 고분벽화에 등장하는 여러 가지 곡예의 모습.

름도〉에도 매부리코에 눈이 부리부리한 서역인이 나온다. 맨손으로 힘과
기량을 겨루는 수박희手博戲를 하는 남자도 서역인이다.

저글링과 서커스의 현란한 묘기

서역이라는 말은 중국 한나라 때 처음 등장했다. 중국 서쪽에 있는 타림
塔里木 분지 일대의 도시국가들을 일컬어 서역이라 한 것이다. 그후 점차
범위가 넓어져 멀리 인도까지 서역이라 불렀다. 고구려 고분벽화에 나오
는 서역인은 불교와 관련된 사람도 있지만, 말몰이꾼처럼 허드렛일을 하
는 사람이 대부분이다. 이는 서역인들이 고구려 사회에 상당히 오랫동안
정착해 살고 있었고, 고구려와 서역의 교류가 그만큼 오래 지속되었다는
뜻이기도 하다. 서역인 말고도 고구려 고분벽화에는 고구려와 서역의 교
류를 말해주는 단서가 또 있다.

중국 내몽골자치구 고분벽화. 고구려 고분벽화의 곡예 장면과 유사하다. 곡예가 서역에서 왔음을 짐작할 수 있다.

장천 1호분 〈백희기악도〉에는 고구려인의 다양한 놀이 문화가 묘사되어 있다. 두 사람이 힘과 기술을 겨루는 씨름, 춤과 음악, 하늘 높이 공을 던져 올리거나 바퀴를 이용해 묘기를 보여주는 서커스도 있다. 수산리 고분벽화(북한 평안남도 남포특급시 강서군)에도 고구려인들이 즐겼던 곡예 모습이 자세히 묘사되어 있는데 바퀴 던지기, 높은 장대 위에 서서 걸어다니기, 공과 막대기를 번갈아 던지기 등 매우 다양한 묘기가 등장한다. 그런데 흥미롭게도 내몽골 지역에서 발굴된 고분벽화에도 고구려와 비슷한 곡예가 나온다.

이 벽화에는 2세기 중국 후한後漢 시대에 유행한 곡예가 총망라되어 있는데, 방울받기 곡예, 즉 농환弄丸, 수레바퀴를 하늘 높이 쳐서 올렸다가 받아내는 묘기인 무륜舞輪, 탁자 다섯 개를 세우고 그 위에 올라가 물구나무 서는 안식오안安息五案, 물구나무를 서서 재주를 부리는 도립倒立 등이 보인다. 칼로 묘기를 부리는 위험한 곡예도 있다. 이런 여러 묘기가 고구려 벽화에도 나타난다. 이를테면 팔청리 고분벽화(북한 평안남도 대

186

동군)에는 칼 재주를 부리는 사람이 나온다. 중국 북부 내몽골 지역의 고분벽화 속 칼 재주와 거의 흡사하다.

그렇다면 고구려와 중국에 유행했던 이 곡예는 어디에서 온 것일까? 사마천은 《사기》에서 곡예가 페르시아, 즉 서역에서 왔다고 적고 있다. 과연 고구려인의 곡예는 어떤 수준이었을까. 오늘날 다양한 곡예를 공연하고 있는 사람들에게 수산리 고분벽화를 보여주면, 벽화 속 인물처럼 여덟 개의 공과 막대기를 던지는 묘기는 거의 불가능에 가까울 정도로 어려운 것이라 대답한다.

무게도 틀리고 각기 다른 운동 에너지와 방향으로 움직이는 여덟 개의 공과 막대기를 자유자재로 부리는 일은 고도로 숙련된 곡예 기술을 요한다. 공 던지기는 공의 개수와 방식에 따라 난이도가 결정되는데, 중국의 화상석畫像石에는 공을 원형으로 돌리는 모습이 보이며, 장천 1호분의 곡예꾼은 공 여섯 개를 던지고 있다. 이를 한층 더 발전시킨 것이 수산리 고분의 곡예라고 할 수 있다. 고구려인들은 서역의 놀이 문화를 그대로 받아들이는 데 그치지 않고 발전시켜 더 어렵고 화려한 곡예를 만들어냈다.

춤추는 고구려인들

안악 3호분 〈행렬도行列圖〉. 길이 6미터, 높이 2미터의 벽면에 기사騎士·보졸步卒 등 각양각색의 사람 250여 명의 행렬이 그려져 있다. 안악 3호분의 주인이 누구인지는 논란이 분분하다. 그동안 많은 사람들이 고구려 철갑기병에만 주목해왔지만, 〈행렬도〉 안에는 고구려 문화가 얼마나 국제적이었는지를 알려주는 단서도 있다. 바로 악기들이다. 〈행렬도〉에는 철갑기병과 함께 수십여 명의 악대가 행진하고 있다. 고구려 사람들은

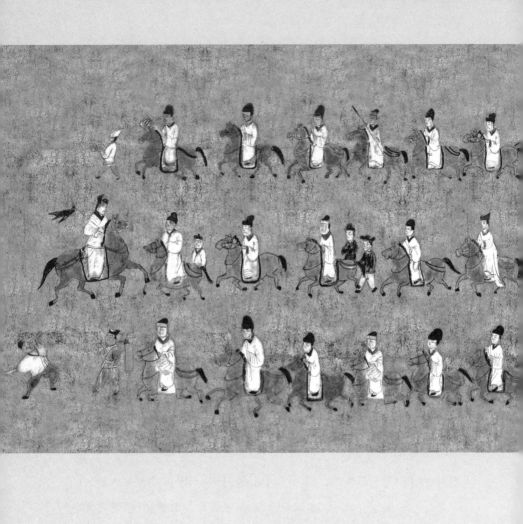

천하의 중심 고구려의 막강한 힘을 과
시하는 안악 3호분의 〈행렬도〉.
높이 2m, 길이 6m로 고분벽화 가운데
규모가 으뜸이다. 앞에는 악대, 뒤에는
군사들이 따르고, 주인공은 수레를 타
고 있다.
대륙을 누비며 영토를 넓힌 고구려의
군대를 디지털 복원했다.

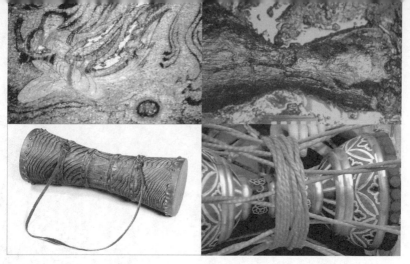

(시계 방향으로) 고분벽화에 나타난 요고의 연주 장면, 하남 이성산성 출토 요고, 일본 고마가쿠의 산노쓰즈미, 지안 5호분 벽화의 요고를 복원한 작품.

어떤 악기들을 사용했을까. 〈행렬도〉에 등장하는 고구려 악기는 타악기와 관악기로 구분된다. 메고 연주하는 타악기인 담고擔鼓와 담종擔鐘, 일종의 팬파이프라고 할 수 있는 소簫, 뿔로 만든 관악기 각角 등이 있다. 이들은 어떤 음악을 연주했을까?

일본에서는 1500년 전부터 궁중에서 전승되어 왔다는 고마가쿠高麗樂가 오늘날까지 연주되고 있다. 일본의 아악雅樂에 속하는 고마가쿠는 고대 한반도 및 만주 지역에서 유입된 음악으로, 춤을 수반한다. 고마가쿠의 전체 곡은 삼국악, 발해악, 서역악 등을 모은 것으로 고구려악高句麗樂만을 가리키는 것은 아니기 때문에, 고마가쿠가 과연 고구려 음악의 원형을 그대로 간직하고 있는지 확인하기는 힘들다. 그런데 고마가쿠의 악기 편성에는 고구려에서 건너온 악기가 포함되어 있다. 여기서 주목할 것은 바로 산노쓰즈미三鼓라는 악기다. 고구려, 백제, 신라의 각축장이던 이성산성의 저수지에서는 요고腰鼓라는 타악기가 출토되었다. 요고는 양쪽이 둥근 북처럼 생겼고 가운데 허리가 잘록하여, 작은 장구를 연상시

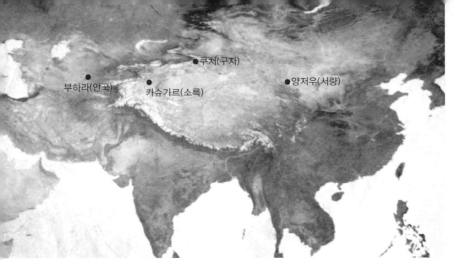

고구려와 악기를 공유했던 지역.

키는 형태로 고구려에서 흔히 사용하던 악기다. 바로 이 요고가 변형된 것이 산노쓰즈미다.

이성산성에서 요고가 발견된 것은 문헌에서나 찾을 수 있던 목제악기가 고고학 유적에서 발견된 사실 자체로도 중요하지만, 고구려 고분벽화에 자주 나오는 요고가 한반도 남쪽까지 퍼져 있었다는 것을 확인해 준다는 점에서 더 의미가 깊다. 당나라에서는 도자기로 요고를 만들어 썼다. 요고는 서역으로 가는 중간 기착지이자 당나라 때 뛰어난 음악가를 많이 배출한 것으로도 유명한 투루판吐魯番의 쿠처庫車에 이르기까지 아시아 전역에서 널리 쓰인 악기다. 12세기 송나라 진양陳暘의 《악서樂書》에 의하면 요고는 남만南蠻의 천축天竺, 즉 인도에서 전래했다. 오늘날에도 인도에서는 작은 것부터 매우 큰 것까지 다양한 크기의 요고가 쓰이고 있다. 인도 음악에서 매우 중요한 타악기인데, 이성산성 출토 요고와 같은 계통이다. 인도의 요고가 고구려까지 전해진 것이다.

이성산성에서 출토된 요고를 만드는 데 쓰인 나무는 밤나무다. 밤나무는 내구성이 좋아서 특히 강도가 필요한 부분에 많이 쓰인다. 밤나무

키질 38굴의 〈천궁기악도〉에 나타난 악사. 이 벽화에 등장하는 악기들은 고구려 고분벽화에도 나온다.

로 형태를 깎고 변형을 막기 위해 칠을 하며 쇠가죽으로 양옆을 덮어씌우는 방식으로 요고를 복원했다.

고구려인은 요고로 어떤 곡을 연주했을까. 7세기 명실상부한 국제 도시 당의 수도 장안長安에서는 십부기+部伎라 불리는 국제적인 궁중 음악이 연주되었다. 십부기는 중국 음악 외에도 사마르칸트Samarkand 음악, 부하라Bukhara 음악, 인도 음악, 오늘날 카스라 불리는 카슈가르Kashgar 음악, 고구려 음악, 투루판 음악 등 다양한 지역의 음악이 포함되어 있었다. 《구당서》에는 당시 십부기에 참여했던 각 나라 악기들이 자세히 실려 있다. 그런데 흥미롭게도 고구려의 악기는 서량西涼, 구자龜玆의 악기와 상당수 일치한다.

서량은 지금의 간쑤성甘肅省 서북부 양저우 지역, 구자는 오늘날 신장웨이우얼新疆維吾爾 자치구에 있는 쿠처다. 고구려는 소륵疏勒, 안국安國과도 여러 악기를 공유했는데 둘 다 먼 서역의 나라다. 수·당대에 장안으로 여러 지역의 음악이 들어왔는데, 서역의 여러 음악과 함께 고구려

음악도 연주되면서 결국 자연스럽게 국가 간에 음악
문화의 교류가 이루어진 것이다. 중국 음악사에서
수·당대는 본격적인 서역 음악의 수용기에 해당한다.

고구려와 서역 음악의 교류를 직접 확인하려면
쿠처를 주목할 필요가 있다. 한대漢代에 서역도호부西
域都護府가 설치된 쿠처는 중국 서역 경영의 핵심지로,
고구려 유민 출신으로 서역 정벌에서 명성을 떨친 고
선지高仙芝 장군이 활약한 곳이기도 하다. 쿠처 시내
에서 자동차로 30분가량 떨어진 오아시스 앞에는 거
대한 키질Kizil 석굴이 서 있다. 이 석굴은 인도에서 불
교를 받아들이던 3~4세기부터 조성된 것이다. 절벽에
굴을 파고 그 내부에 불상과 벽화를 조성하여 사원으로 꾸몄는데, 키질
석굴벽화는 고대 쿠처의 음악을 이해하는 데 없어서는 안 될 자료다.

안악 3호분 〈무악도〉
의 춤추는 사람.

키질 38굴의 〈천궁기악도〉에는 쿠처에서 사용된 악기, 완함阮咸과
횡적横笛이 그려져 있다. 완함은 손으로 줄을 타는 현악기이며, 횡적은
가로로 부는 피리로 관악기다. 키질 벽화에 등장하는 이 악기들은 고구
려 벽화에서도 찾아볼 수 있다. 지안현의 삼실총엔 완함이, 5회분 4호묘
에는 횡적이 묘사되어 있다. 중앙아시아에 위치한 쿠처와 고구려 음악의
공통점이 악기 말고도 또 있을까.

쿠처 음악에는 다프daff라는 타악기로 연주하는, 우리나라의 도드리
장단과 매우 비슷한 장단이 있다. 다프는 탬버린과 아주 비슷하다. 위구
르족의 가장 대표적인 타악기이며 아랍권에서도 널리 사용되는 대중적
타악기인 다프는, 가운데 부분과 가장자리를 번갈아 치며 장단을 만들어
낸다. 도드리 장단은 인도 음악에도 나타나는데, 그렇다면 고구려와 서역
에서 이 장단이 공통으로 쓰인 게 아닐까. 요고로 도드리 장단을 연주하

는 고구려 악사를 떠올려봄직하다. 5회분 5호묘에는 요고와 거문고를 함께 연주하는 장면이 그려져 있다. 고음보다 저음에 맞는 소리를 내는 요고는 거문고의 저음과 잘 어울릴 것이다.

서역과 고구려의 공통점은 악기에만 머물지 않는다. 안악 3호분 〈무악도舞樂圖〉에는 연주자 한쪽 옆에 무희가 등장한다. 그런데 특이하게도 이 무희는 발을 꼬고 있다. 발을 꼬는 춤의 자세는 인도 춤인 카타크 kathak에서 찾아볼 수 있다. 카타크란 인도 북부 지방의 토착 춤으로 힌두교와 이슬람교 문화의 영향을 받으며 발전했다. 무용수 발목에 매단 100개의 방울을 조절하여 만들어내는 정교한 리듬과 복잡한 발놀림을 특징으로 한다. 〈무악도〉의 자세는 카타크에서 무대 위에 올라가 처음 춤을 시작할 때 취하는 자세와 비슷하다. 그렇다면 고구려에 인도의 춤이 전해진 것일까. 발을 꼬는 자세 외에도 고구려와 카타크의 공통점은 또 있다. 바로 빙빙 도는 동작이다.

당나라의 역사를 기록한 《신당서新唐書》는, "고구려 춤은 호선무胡旋舞인데, 바람처럼 빠르게 돈다"고 적고 있다. 또한 기록은 호선무가 멀리 사마르칸트에서 전해진 것임을 말해주고 있다. 둔황敦煌의 석굴에도 호선무를 추는 무희가 나온다. 중앙아시아의 춤인 호선무가 인도, 중국, 고구려까지 널리 퍼져 있었음을 알 수 있다. 고구려의 춤은 국제성을 띠고 있었던 것이다.

활동적인 멋의 주인공들

고구려인들이 즐기던 악기와 춤은, 멀리 인도에서 고구려까지 동아시아 일대가 광범위하게 공유하던 일종의 국제 문화였다. 영토를 확장하고 외국과 활발하게 문물을 교류하는 과정에서 고구려는 국제 문화를 적극 받

시인 백거이가 노래한 호선무

글자 그대로 풀이하면 '서역에서 들어온 빙글빙글 도는 춤'이 되는 호선무는 공 위에서 급회전하는 곡예에 가까운 것과 둥근 양탄자 위에서 빠른 속도로 빙빙 도는 것, 이렇게 두 가지가 있었다. 당나라 시인 백거이白居易는 악부 〈호선녀—최근 습속을 경계한다胡旋女─戒近習也〉에 호선무를 추는 무희의 모습을 다음과 같이 묘사했다. 이 묘사를 통해 고구려 무희가 춤추는 모습을 상상해봐도 좋을 것이다.

> 호선녀! 호선녀!
> 마음은 현을 따르고 손은 북 장단을 좇는다.
> 악기 소리 울리자 두 소매 펼쳐들고
> 휘도는 눈처럼 맴돌고 구르는 다북쑥처럼 춤춘다.
> 좌우로 빙글빙글 지칠 줄 모르고
> 천 번 만 번 맴돌며 그치지 않는다.
> 세상만물 가운데 비길 데 없으니
> 달리는 마차나 회오리바람도 느리리. (……)
>
> —이시다 미키노스케 지음, 이동철·박은희 옮김, 《장안의 봄》(이산, 2004), 39~40쪽.

아들인 것이다. 고구려 의상에도 고구려의 국제성이 잘 드러나 있다. 무용총 〈수렵도〉에서 활 쏘는 남자는 소매가 좁은 저고리에 바지를 받쳐 입고 있다. 활동하기에 무척 편한 복장이다. 말을 타고 활을 쏘는 생활을 했으므로 좁은 소매나 좁은 바지가 적합했다.

성별이나 신분에 따라 조금씩 차이가 있지만 고구려 의상에는 공통점이 있다. 저고리를 보면, 전체 모양이 직선을 많이 사용한 재단이며 앞이 열려 있고 목둘레 부분과 옷의 가장자리 부분에 선이 붙어 있다. 또 허리에는 띠를 매도록 되어 있다. 양쪽으로 팔을 벌리면 전체적으로 T자형을 이룬다. 이런 복식을 카프탄caftan 양식 혹은 앞트임형이라고 하는데, 고구려뿐 아니라 북방계 여러 민족이 입은 저고리 모양이다.

소매나 도련에 선을 대는 것은 고대 수메르인Sumerian의 겉옷부터 이슬람 지역을 거쳐 쿠처에서도 나타나는데, 고구려의 겉옷에도 어김없이 등장한다. 활동성을 고려한 북방 민족의 특징은 고구려인들이 입고 있는 바지에서도 잘 나타난다.

각저총 벽화의 귀족이 취하고 있는 자세를 보면, 다리가 90도 각도로 벌어져 있다. 당(가랑이 밑 부분에 덧대는 삼각천)이 달려 있는 바지와 그

무용총 고분벽화에서 볼 수 있듯 당시 아시아 사람들은 점무늬 옷을 주로 입었다.

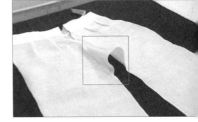

고구려인의 활달한 기상이 느껴지는 무용총 〈수렵도〉.
움직이기 편하도록 '당'(표시 부분)을 댄 고구려 시대 바지 재현.

렇지 않은 바지를 실제로 입어보면, 당을 댄 바지
를 입었을 때 다리를 90도로 벌리기 쉽다. 당을
대지 않은 바지는 다리를 벌리거나 말을 타고 내
릴 때 매우 불편하다. 당을 댄 바지는 고구려와 북방 기마민족들이 공통
적으로 입었던 옷으로 볼 수 있다.

무용총 벽화의 점무늬 옷에서 볼 수 있듯이, 고구려인들은 점무늬 옷
을 즐겨 입었다. 그런데 점무늬는 당시 아시아에서 널리 유행한 무늬였
다. 중국 당나라 여인의 화려한 옷에도 점무늬가 있다. 투루판 지역에서
는 점무늬 옷이 실물로 발견되기도 했다.

그렇다면 당시 고구려인들은 옷감 위에 점무늬를 어떻게 만들었을
까? 현재 학계에서는 다양한 방법이 거론되지만 가장 간단한 염색법인

홀치기 기법을 사용했을 가능성이 크다. '홀치다'는 단단히 잡아맨다는 뜻이다. 홀치기 기법은 천을 실로 묶어 그 부분에 염료가 침투하지 못하도록 하는 것인데, 어떤 방법으로 묶느냐에 따라서 여러 가지 무늬가 나타난다.

고분벽화를 분석한 결과, 천을 실로 묶을 때 콩을 쓴 것으로 추정할 수 있다. 콩을 사용했다는 근거를 문헌에서는 아직 찾지 못했지만, 대개 조그마한 패턴들을 똑같이 반복해서 나오게 하려면 작은 곡물이나 돌을 이용한다. 고구려에서는 한반도나 중국에 자생했던 콩을 손쉽게 구할 수 있었기 때문에, 콩을 사용했을 가능성이 크다. 일정 간격으로 묶은 옷감을 붉은 염액에 넣으면, 옷감에 물이 들 때 실로 묶은 부분만

콩을 사용한 홀치기 염색 기법으로 점무늬를 만드는 과정.
고분벽화를 바탕으로 복원한 고구려 복식. 무희 (왼쪽)와 궁수(오른쪽).

염색이 되지 않는다. 염색이 끝난 후 실을 풀면 마름모 모양의 무늬가 생긴다. 실을 묶은 간격과 콩의 색깔에 따라 무늬와 색깔도 다양하게 연출할 수 있다.

고구려는 다양한 외국의 문물을 받아들였을 뿐 아니라 다른 나라에도 영향을 미쳤다. 중국 산시성에서 발굴된 고분벽화의 〈사신도四神圖〉에서 백호白虎 그림을 보면, 백호를 호랑이 모습 그대로 묘사해놓았다. 중국의 벽화들은 대부분 생활 풍속을 소재로 하고 있어서 사실적이다. 고구려 고분벽화는 중국의 영향을 받았지만, 소재나 기법 측면에서 한층 세련되었다. 고구려 고분벽화의 걸작으로 꼽히는 평안남도 강서대묘江西大墓의 〈사신도〉를 보면 중국의 벽화를 뛰어넘는 완성도를 보여준다.

일본 나라현奈良縣의 다카마쓰高松 고분에서 발굴된 벽화에도 사신도가 있는데, 이것은 고구려의 영향을 받은 것이다. 고구려는 외국 문화를 고구려 고유의 것으로 잘 소화시켜 더욱 수준 높은 문화로 발전시켰을 뿐 아니라, 다른 나라에도 영향을 미쳤다.

열린 고구려, 글로벌 고구려

고구려가 서역의 문물을 폭넓게 수용했던 것은 서역과 자유롭게 오갈 수 있는 길이 있었기 때문이다. 서역으로 가는 길이라면 흔히 이 실크로드 Silk Road를 떠올리게 되지만, 고구려인들은 서역으로 통하는 또다른 길을 오갔다.

서역으로 가는 대표적인 길은 실크로드다. 그 실크로드 위에 둔황 석굴이 있다. 1000여 개의 석굴에 불상과 다양한 벽화가 남아 있어 세계의 고대 미술관이라고도 불린다. 둔황 220호 석굴 내부의 벽화 안쪽에는 여러 나라의 사절들이 모여 있는데, 그 가운데 한 사람이 특이한 모자를 쓰

고구려가 북방 유목민족과 교류하는 데 이용했던 초원길 지도.

고 있다. 깃이 달린 모자, 즉 고구려의 조우관鳥羽冠이다. 당나라 시대에
외국의 사절단을 그린 염립본閻立本의 〈왕회도王會圖〉에도 고구려의 조우
관이 등장한다. 백제, 신라 사신과 함께 당나라에 온 고구려 사신이 조우
관을 쓰고 있는 것이다. 둔황 벽화에서 조우관을 쓴 인물도 바로 고구려
사신이다.

실크로드를 따라 고구려에서 서역으로 가기 위해서는 중국을 거쳐야
한다. 그러나 고구려가 동방의 패자覇者로 떠오르면서 중국과 고구려의
관계는 급속히 냉각된다. 수隋 양제煬帝는 607년 돌궐 왕 계민 칸啓民可汗
의 장막을 방문했다. 당시 돌궐은 수나라를 신하의 예로 섬기고 있었는
데, 수 양제는 그곳에 고구려의 사신이 와 있는 것을 알게 된다. 돌궐은
고구려와도 긴밀한 관계를 맺고 있었던 것이다.

유목민 국가 수장의 장막에서 수의 황제와 동에서 온 고구려 사신이
마주치는 극적인 사건. 이는 고구려와 유목민 국가들이 자주 오가며 상
호 정치적·군사적 연결을 모색했음을 보여주는 사건이다. 고구려는 6~7

옷섶을 여미는 두 가지 방법─좌임과 우임

《논어》 헌문憲問 편에는 자공子貢이 관중管仲에 대해 묻자 공자가 이렇게 답하는 말이 나온다. "관중이 없었더라면 우리는 머리를 땋지 않고 옷을 외로 입고 있을 것이다." 여기에서 옷을 외로 입고 있다는 것은 좌임, 즉 왼섶을 안으로 들어가게 입는 것을 뜻한다. 공자는 중국과 중국 외의 이민족을 구분하는 하나의 문화 지표로 옷섶 여미는 방식을 거론한 것이다.

고구려 벽화에는 좌임과 우임이 혼용되어 나타난다. 시기에 따라 대략 전기 고분에서는 우임, 중기 고분은 좌임, 후기 고분은 우임이 되지만, 지역별로 다소의 차이가 있기 때문에 고구려 복식의 옷섶 여미는 방식을 시대에 따라 명확하게 구별짓기는 힘들다. 벽화가 조성되기 전부터 이미 우임으로 변했으리라고 추정할 수 있다.

사신도에 드러난 오행 사상

사신도는 사수도四獸圖라고도 한다. 방위로는 동방에 청룡靑龍, 서방에 백호白虎, 남방에 주작朱雀, 북방에 현무玄武, 중앙에 천제天帝를 상징하는 황룡黃龍이 있다. 계절로는 청룡은 봄, 백호는 가을, 주작은 여름, 현무는 겨울을 주관한다. 색으로는 파란색이 동쪽, 흰색이 서쪽, 붉은색이 남쪽, 검은색이 북쪽 그리고 중앙은 노란색이다. 고분벽화의 경우 사방 벽에 청룡, 백호, 주작, 현무가 자리 잡고 천장에 황룡이 자리한다.

이는 고대 중국 사상의 우주 신앙이나 오행설五行說과 깊은 관련이 있으나, 부여夫餘가 나라를 다섯 지역으로 나누어, 중앙을 왕이 통치하고 도읍 바깥을 넷으로 나누어 가加들이 다스렸다는 점에서(부여의 네 지방을 사출도四出道로 일컫기도 했다), 우리 조상들도 이른 시기부터 다섯 방위신에 관한 믿음을 갖고 있었다고 추정할 수 있다.

호쇼차이담 분지 비석의 투르크 문자.

세기 동북아시아 3대 세력의 하나로 부상한 돌궐과는 중국을 견제하기 위해 화친 정책을 폈고, 돌궐 역시 그런 고구려와 이해 관계를 공유했던 것이다. 이 사건은 결국 수 양제가 고구려를 침공(《HD역사스페셜 2》 10장 참조)하는 계기가 되기도 했다. 양제는 고구려와 돌궐의 제휴로 동북아시아 세력 판도가 수에 불리하게 전개되는 것을 참을 수 없었던 것이다.

한편 중국 랴오닝성의 차오양은 서쪽으로는 중국과 북쪽으로는 유목민족과 통할 수 있는 교통의 요지다. 차오양, 옛 지명대로 하면 영주는 고구려의 국제무역 거점이었다. 6세기에 이곳은 고구려의 영토였던 것이다. 고구려인들은 북방의 유목민족과 접촉하기 위해서 어떤 길을 따라갔을까. 차오양에서 출발해 북쪽으로 올라가면 광활한 초원 지대가 펼쳐진다. '초원길Steppe Route'은 오늘날 몽골의 영토인 오르콘Orkhon으로 이어진다.

오르콘 강 인근 호쇼차이담 분지에 비석이 하나 서 있다. 높이 3.75미터, 너비 1.22~1.33미터 크기로 732년에 세워진 이 비석에는 돌궐문자로 빼곡하게 비문이 새겨져 있다(한 면에만 한문이 새겨져 있다). 비문에는 6세기 이곳을 다녀간 여러 나라의 사절단이 기록되어 있다. 과연 고구려는 이곳에 왔을까.

비문에 새겨진 돌궐문자는 지금은 사용되지 않는 고대 투르크어Turkic languages다. 돌궐제국의 초대 칸이었던 부민 칸의 장례식(553년)에 여러 나라의 사절이 참석하는 내용이 나오는데, 그 중에 뵈클리, 무클리, 뫼클리, 벡엘기 등으로 불리는 나라도 있다. "동으로는 해가 뜨는 곳에서 뵈

아프라시압 궁전 벽화에는 고구려 사신이 등장한다(왼쪽). 당나라 때 그려진 〈안회도〉에도 고구려 사신이 조우관을 쓰고 나타난다(오른쪽 위). 고구려 사신은 둔황 220호 석굴 벽화에도 모습을 남겼다(오른쪽 아래). 그림 속 표시 부분이 조우관이다.

클리가 조문단을 파견해왔다"고 새겨져 있는 것이다. 학계에서는 이 나라를 바로 고구려로 보고 있다. 뵈클리 또는 뫼클리는 맥구려貊句麗, 즉 고구려를 일컫는다고 보는 것이다. 고구려 사신은 초원길을 따라 돌궐제국의 중심지 오르콘에 도착했다. 고구려는 돌궐제국이 일어날 때 이미 동북아시아 국제 질서의 새로운 재편을 염두에 두고 돌궐제국과 제휴를 모색했던 것이다.

차오양에서 오르콘으로 이어지는 초원길은 멀리 중앙아시아 사마르칸트까지 이어진다. 사마르칸트는 동서양이 만나는 중앙아시아 교통의 요지다. 8세기 이슬람이 이 지역을 장악하기 전, 아프라시압Afrasiab 언덕에는 고대 왕궁이 있었다. 지난 1965년 이 왕궁 유적을 발굴하는 과정에서, 궁전의 벽면을 장식하고 있던 벽화 한 장이 세상에 드러났다. 현재

벽화는 인물들의 윤곽선만 겨우 구분할 수 있을 정도로 심하게 훼손된 상태다. 그런데 희미한 인물의 윤곽선에서 낯익은 형태의 모자가 눈에 띈다. 새의 깃털이 달린 관모다. 발굴 당시 벽화를 보면 열두 명의 사절단을 그린 채색 벽화에 조우관을 쓰고 있는 인물 두 명이 등장한다. 허리에는 큰고리칼을 차고 머리에는 조우관을 쓴 고구려 사신들이다.

벽화의 한쪽엔 소그드어Soghd로 명문銘文이 새겨져 있는데, 이 명문에서 고구려 사신이 이곳에 언제 다녀갔는지를 알 수 있다. 명문은 사마르칸트의 와르후만Varxuman 왕이 인근 왕국에서 보낸 사절단과 나눈 대화를 기록한 것이다. 와르후만 왕은 7세기 중엽에 활동한 인물로, 벽화에 나오는 사건은 대략 650년에서 655년 사이에 일어났다고 볼 수 있다. 아프라시압 궁전 벽화는 고구려인이 머나먼 중앙아시아의 사마르칸트까지 갔음을 증명해준다.

고구려 사신들은 왜 그토록 먼길을 떠났을까? 7세기 중엽 당唐은 세 차례에 걸쳐(645년, 647년, 648년) 고구려를 침공했다. 이 세 차례 전쟁에서 고구려는 매번 당을 물리쳤지만, 서역 여러 나라와 일종의 연합 전선을 구축하여 당을 압박할 필요성은 더욱 커졌다. 사마르칸트 벽화 속의 고구려 사신 두 사람은 나라의 명운이 달려 있다고도 해야 할 중요한 외교 임무를 띠고 '초원길' 위로 말을 달렸을 것이다(《HD역사스페셜 2》 11장 참조).

실크로드는 고구려가 서역과 교류할 수 있는 편리한 교통로였다. 그러나 고구려는 실크로드 외에도 북방 유목민족과 서역을 잇는 또 하나의 길을 가지고 있었다. 바로 '초원길'이다. 초원길은 고구려와 서역을 잇는 고대의 고속도로였다. 고구려는 이 길을 통해 정치·경제·문화 등 다양한 분야에 걸쳐 세계와 교류했던 것이다.

광개토대왕 이후 고구려는 광활한 제국으로 커나갔다. 영토를 확장하

실크로드, 초원길, 바닷길—문명 교류의 루트

동서 문명 교류사에는 유명한 실크로드(일명 '사막길' 혹은 '오아시스의 길') 외에도 초원길과 바닷길(일명 '바다의 실크로드') 등이 있었다. 선사 시대부터 유목민들이 이동하던 초원길을 무대로 고대 스키타이와 흉노가 활동했다. 경로는 동아시아에서 몽골 고원, 키르키스 초원, 남부 러시아 평원을 거쳐 유럽에 이르게 되어 있다. 몽골의 유럽 원정도 초원길을 통해 이루어졌다. 5~6세기에는 돌궐이 초원길에서 크게 활약했는데, 때마침 고구려는 요서 지방의 유성을 국제 교역의 거점으로 삼고 있었다.

한편 초원길이 북쪽에 치우쳐 있어 시간이 많이 걸리는 데다가 유목민들 때문에 통과하기가 쉽지 않았으므로, 한 무제는 장건에게 고비 사막을 가로지르는 경로를 개척하게 했다. 물론 이전에도 유목민들이 실크로드로 오갔을 가능성이 크지만, 문명 교류사에서 중요한 의미를 지니게 된 것은 한 무제 이후다.

실크로드는 동아시아의 타림 분지 일대와 파미르 고원 지역을 거쳐 중앙아시아와 이란 고원을 지나 서아시아, 소아시아 그리고 유럽에 이른다. 당 제국의 전성기인 7세기에 완성되었으며, 9세기에 들어 사양길로 접어들었다가 몽골 제국이 전성기를 누린 13세기에 다시 한 번 번영기를 맞이했다.

한편, 육로는 물동량에 한계가 있고 육지라는 특성에서 비롯된 갖가지 재난에서 자유롭지 못했다. 이에 따라 무슬림 상인들은 8세기부터 계절에 따라 반복되는 바닷바람의 성격을 터득하고 나침반과 천문 지식에 바탕을 둔 발달된 항해술을 이용해 바닷길 개척에 나섰다. 바닷길은 동아시아에서 남중국해를 거쳐 말라카 해협, 인도양, 페르시아 만 등지를 지나 서아시아와 유럽에 이르는 길로, 서역 상인들이 고려에 들어온 경로이기도 하다. 신라의 해상왕 장보고는 동아시아 여러 지역을 잇는 정기 항로를 안정적으로 확보해 바닷길의 동쪽을 지배한 인물이다. 이상의 모든 동서 문명 경로를 통틀어서 '실크로드'로 일컫는 경우도 있다. 이때 '실크로드'는 넓은 의미의 실크로드라 하겠다.

는 과정에서 다양한 종족을 아울렀을 뿐 아니라, 세계 여러 나라와 교류하며 문물을 주고받았다. 고구려인은 그들의 화려하고 풍요로웠던 시절을 고스란히 벽화에 옮겨놓았다. 고구려 고분벽화는 우리에게 이렇게 말한다. "5세기와 6세기 고구려는 닫힌 고구려가 아니라 열린 고구려였고, 넓은 세계와 문화를 공유했던 명실상부한 글로벌 고구려였다."

09 고구려, 천하의 중심을
선포하다

고구려의 영광을 보려거든 광개토왕릉비를 보라.
광개토대왕이 다스리던 시대는 넉넉하기 그지없었으니.
역사상 가장 넓은 영토와 최강의 군사력,
그리고 경제적 풍요와 다양한 종족과 문화의 통합까지
1775자의 비문에 숨겨진 고구려 코드를 찾아보자.

"대왕께서 생전에 친히 말씀하시기를"

고구려 19대 왕 광개토대왕이 세상을 떠나고 2년 뒤, 지안의 국내성에는
비석이 하나 세워졌다. 그로부터 1600년, 숱한 나라들이 흥망성쇠를 거
듭하는 동안 잊혀졌던 비석이 세상에 다시 모습을 드러냈다. 넓은 영토
와 막강한 군사력으로 동아시아를 호령한 제국 고구려. 거대한 비석은
이러한 고구려의 비밀을 풀어줄 광개토대왕의 국정 보고서다. 우리 역사
최고의 정복군주, 가장 위대한 고구려의 왕, 광개토대왕을 이야기할 때
붙는 수식어들이다. 역대 수많은 왕들에 비해 광개토대왕이 이렇게 유명
해진 데는 광개토왕릉비가 중요한 역할을 했다.

광개토왕릉비. 높이 6.3미터로 아파트 3층 높이에 해당하는 큰 비석
이다. 광개토대왕이 세상을 뜬 지 2년 뒤 아들 장수왕이 세운 것으로, 이
렇듯 거대한 비석은 고구려 역사에서도 유일무이하다. 고구려 사람들은
왜 이런 비석을 세웠을까? 과연 어떤 내용이 기록되어 있을까? 비문은
내용에 따라 크게 세 부분으로 나뉜다.

대제국 고구려를 통치하기 위한 핵심 전략이 담겨 있는 광개토왕릉비는 규모면에서도 매우 거대한 모습(왼쪽)이다. 《조선고적도보》에 실린 광개토왕릉비의 옛 모습(오른쪽 위). 중국 정부가 설치한 보호 시설 안에 있는 지금의 광개토왕릉비 모습(오른쪽 아래).

첫 번째 부분은 시조인 추모왕(鄒牟王, 고구려의 시조 동명왕을 이르는 말)의 고구려 건국 과정과 건국신화, 역대 왕들에 관한 이야기를 담고 있다. 두 번째 부분은 광개토대왕이 18세에 즉위하여 39세의 나이로 세상을 떠날 때까지 주변 여러 나라들과 치른 정복 전쟁의 기록이다. 백제, 왜, 신라, 가야, 숙신肅愼, 비려稗麗, 동부여 등의 나라 이름이 보인다.

그리고 광개토대왕의 정식 명칭 '국강상광개토경평안호태왕國罡上廣開土境平安好太王'이 나와 있다. '고구려의 영토를 넓히고 나라를 평안하게 다스린 위대한 왕'이란 뜻이다. 이에 따라 중국 학계는 호태왕 또는 태왕이라 부르지만, 우리는 세종대왕의 경우처럼 위대한 왕을 대왕이라 높여 부르는 것이 다반사이기 때문에 광개토대왕이라 일컫기로 한다.

비문의 세 번째 부분은 수묘인연호守墓人烟戶, 즉 수묘인 제도에 관한

미천왕릉으로 추정되는 서대묘(왼쪽)와 광개토왕릉으로 확정된 태왕릉(오른쪽). 광개토대왕이 유언에서 수묘인 제도를 자세히 언급한 이유는 선왕들과 자신의 묘가 안전히 지켜지기를 바랐기 때문이다.

것이다. 수묘인이란 바로 왕릉을 지키는 능지기를 뜻한다. 그리고 광개토대왕의 유언이 나온다. "존시교언存時敎言", 즉 "광개토대왕께서 생전에 친히 말씀하시기를"이라는 말로 시작하는 유언이다. 광개토대왕이 후대에 대대로 남기고 싶어한 이야기는 과연 무엇이었을까?

중국의 지안시. 기원전 57년 개국한 고구려가 400여 년 동안 수도로 삼았던 곳이다. 시내를 벗어나면 곧바로 수많은 고분이 나타나는데, 지안의 고구려 무덤은 무려 1만 2000여 기에 달한다. 1600년 전 고구려 사람들이 1775글자를 직접 새겨넣은 광개토왕릉비는 그 가운데 자리 잡고 있다. 비문은 비석의 네 면에 모두 걸쳐 빼곡히 새겨져 있는데, 중국인들도 놀라는 독특하고 아름다운 예서체隷書體 한문이다. 광개토대왕의 유언은 모든 선왕들과 자신의 무덤이 안전하도록 묘 위에 비석을 세우고, 왕릉을 지킬 수묘인 제도를 비석에 새겨 착오가 생기지 않도록 하라는 내용을 담고 있다.

광개토왕릉비에는 아들 장수왕이 아버지 광개토대왕의 공적을 자세히 적어 후대에 길이 남기려는 의도와 수묘인 제도를 정해서 혼란을 막겠다는 의도, 이렇게 두 가지 의도가 담겨 있다. 광개토대왕은 왜 왕릉을 지키는 수묘인에 관한 유언을 남겼을까?

고구려 15대 미천왕의 무덤으로 알려져 있는 지안의 서대묘에서 단서를 찾을 수 있다. 서대묘는 도굴 탓에 무덤이 절반 이상 파헤쳐진 상태다. 미천왕릉의 수난은 여기에 그치지 않는다. 342년에는 5호16국 가운데 한 나라인 전연前燕의 모용황이 미천왕의 시신을 탈취하는 사건이 벌어지기까지 했다. 당시 중국의 신흥 강국 전연이 요동의 패권을 차지하기 위해 고구려를 침공했고, 고구려는 참패했다. 이때 국내성까지 들어온 전연의 군대가 미천왕릉을 훼손했던 것이다.

왕실의 존엄과 권위를 세우고 알리려면 선왕들의 무덤을 잘 보존해야 한다. 바로 이를 위해 비를 세웠고, 왕실과 국가의 위엄과 권위를 알리기 위해 수묘제가 필요했던 것이다. 수묘제에 관한 내용은 이게 끝이 아니다. 각 지역별로 선발할 수묘인의 숫자와 왕릉을 지킬 전체 수묘인 숫자가 나와 있다. 무려 330가구에 달한다. 중국 학계가 광개토대왕의 무덤으로 확정한 태왕릉. 장수왕은 아버지 광개토대왕의 유언에 따라 태왕릉 앞에 비석을 세우고 330가구에 달하는 수묘인을 지정해 무덤을 지키게 했다.

> 대왕께서 생전에 친히 말씀하시기를, "선조 왕들께서 멀고 가까운 지방에 사는 옛 백성들을 데려다가 무덤을 지키고 관리하게 하셨으니, 그 옛 백성들이 점차 처지가 고달파지게 될까 걱정이다. 이에 내가 (한강 유역에서) 새로 취한 백성들, 즉 한예에게 내 무덤을 관리하도록 하라." 이러한 말씀에 따라 한예 220가구를 데려왔다. 그러나 이 새로운 백성들이 무덤 관리하는 방법과 법도를 모를까 염려하여, 다시 (요동

고구려 사람들은 광개토왕릉비의 네 면에 예서체로 1775자를 새겨넣었다. 탁본의 누락 부분은 비문이 훼손된 자리다.

지역의) 옛 백성 110가구를 데려와 새로 온 백성들과 합치니 묘를 지키는 백성들은 (주된 구실을 하는) 국연이 30가구, (보조적인 구실을 하는) 간연이 300가구로 모두 330가구가 되었다. 윗대 선조와 선왕 이래 묘에 비석을 세우지 않아 묘를 관리하는 데 착오를 일으켰다. 대왕께서 선조와 선왕의 무덤에 모두 비석을 세우고 관리하는 백성에 관한 규정을 새겨 착오가 없도록 하셨다.

이는 신라 왕릉의 수묘인이 대개 스무 가구였던 것에 비하면 엄청나게 많은 수다. 북연北燕의 왕 고운高雲의 수묘인도 스무 가구였다. 더구나 당시 중국에서는 도굴이 워낙 심해 왕릉을 축소하고 아예 수묘인을 두지 않는 경우가 많았다. 광개토대왕이 지시한 수묘제는 인원 규모나 운영 체제 면에서 당대에 가장 완벽한 것이었다. 광개토대왕이 지시한 수묘제

고운은 고구려의 후예

중국 역사서 《진서晉書》에는 고운에 관해 이렇게 기록되어 있다.

> 모용운慕容雲의 자는 자우子雨인데 모용보慕容寶의 양자다. 조부는 고화高
> 和로서 고구려의 후예다. 고운은 생각이 깊고 너그러운 데다가 침착하여
> 말이 적었다. 당시 사람들은 고운이 고지식하다고 생각했는데 유독 풍발
> 馮跋만은 고운의 뜻이 남다름을 헤아려 벗이 되었다.

고운의 조상은 고국원왕 12년(342년) 모용황의 침입으로 국내성이 파괴
되고 왕모王母를 비롯한 1만여 명이 인질로 잡혀갔을 때 중국으로 건너갔다.
고구려계인 고운은 모용보가 후연의 왕으로 있을 때 모용보의 서자 모용회가
일으킨 반란을 진압한 공으로 최고 관직에 오르고 모용보의 양자가 되어 모용
씨 성을 받았다. 이후 후연의 왕 모용희의 폭정이 심해지자 한인漢人 풍발
가문의 도움으로 모용씨 정권을 종식시키고 북연의 왕이 되었다(모용씨는 선
비족鮮卑族의 일파다).

고운, 즉 모용운은 즉위한 뒤 성을 다시 고씨로 고쳐 고구려의 후예임을
분명히 했다. 그러자 광개토대왕은 사신을 보내 동족의 우의를 표했고 고운도
이에 답례해 동북아시아 일대를 사실상 고구려 세력이 장악하는 정세가 전개

됐다. 이를 두고 고구려가
북연을 사실상 위성국 또
은 속국으로 삼았다고 보
는 주장도 있다. 그러나 고
운은 즉위한 지 2년 만에
살해되었고(409년), 풍씨
가문이 북연의 정권을 장
악했다.

의 운영 원칙은 어떠한가?

　　수묘인은 서로 매매할 수 없으며 부유한 자도 함부로 살 수 없다. 이 법
　　령을 어긴 경우 파는 자는 형벌을 주고 산 자는 수묘인이 되도록 하라.

광활한 영토는 몽골까지

비문에 따르면 수묘인은 구민舊民과 신래한예新來韓濊로 나뉘는데, 구민
은 요동 지역에서 차출한 사람들, 신래한예는 한강 유역에서 데려온 사
람들, 즉 백제인들을 가리킨다. 광개토대왕은 왜 백제인들에게 자신의 왕
릉을 맡기려 했을까? 비문에 언급한 백제인들은 396년에 한성을 빼앗을
때 사로잡아 온 전쟁 포로들이었다. 신래한예의 출신 지역이 이때 획득
한 성과 같다. 광개토대왕 즉위 전까지 백제는 고구려에게 힘겨운 상대
였다. 평양성이 함락되고 고국원왕故國原王이 전사하는 치욕스러운 패배
를 당하면서, 고구려에게 백제는 반드시 이겨야 할 원수가 되어 있었다.
고구려인들은 그런 숙원을 396년의 전투에서 풀었던 것이다.

　　광개토대왕은 신래한예, 즉 백제 주민들을 데려와 수묘인으로 삼음으
로써 백성들에게 정복 사업의 성과, 넓어진 영토와 국력을 피부로 느끼
게 하려 했다. 고구려 백성들이 크나큰 자부심과 자신감을 느꼈을 법하
다. 결국 광개토대왕의 유언은 영토 확장 전쟁의 결과 새로 차지한 지역
의 백성들 또한 고구려의 백성이라는 사실, 다시 말해 새로운 통치 질서
를 널리 알리고 과시하는 선언이었다. 추모왕이 고구려를 건국한 지 400
여 년 만에 왕위에 오른 광개토대왕. 그가 이룩한 정복 사업과 국가통치
체제의 비밀을 밝힐 수 있는 중요한 열쇠가 바로 광개토왕릉비다.

　　광개토왕릉비에는 모두 여덟 차례에 걸친 전투 기록이 나온다. 수묘

고구려군의 진격로. 광개토대왕은 북으로 비려와 숙신을 정벌하고, 남으로 백제와 신라 지역을 세력권에 두는 대외 팽창 정책을 실시했다.

인에 관해 좀더 정확히 알려면 전투 기록부터 검토할 필요가 있다. 어느 나라와 싸워 어떤 전과를 올렸을까? 고구려군의 진격로는 크게 세 방향이다. 여러 종족 간에 밀고 밀리는 세력 다툼이 치열한 서북쪽 요동으로는 요하(라오허)를 건너 진격했다. 북쪽으로는 숙신과 동부여를 복속시켰다. 그리고 남쪽으로는 한강 유역과 오늘날의 충청북도 중원 지역을 거쳐 한반도를 관통했다.

이 가운데 서북쪽 요동 방면에서 고구려군이 어디까지 진격했는지 알아보자. 즉위 5년째를 맞이한 395년 광개토대왕은 비려 정벌을 단행했다. 비문에 나와 있는 단서는 "부산富山, 부산負山을 지나 염수鹽水를 건너 수많은 우마군양牛馬群羊을 획득하고 600~700영營을 확보했다"는 것이다. 그 가운데 공격 지역에 관한 가장 중요한 단서는 염수, 즉 소금강이다. 광개토대왕이 친히 군사를 이끌고 정벌에 나선 거란족의 일파 비려는 어디에 있는 나라였을까?

요동 벌판의 초원 지대를 달리다가 갑자기 만나게 되는 거대한 산, 의무려산醫巫閭山이 첫 번째 이정표다. 50여 개에 달하는 기이한 봉우리들과 험한 골짜기로 이루어진 산으로, 일대에서는 보기 힘든 풍부한 산림 자원을 품고 있다. 의무려산을 넘으면 다시 평원이 나타나고, 평원이 끝나는 지점에서 노노루 산맥과 만나게 된다. 비려를 정벌하기 위해 국내성을 출발한 광개토대왕의 고구려군 역시 요동 벌판에 서 있는 두 커다란 산을 넘었을 것이다. 그 당시 고구려 사람들은 산림이 우거진 의무려산은 부유하다는 의미의 '부산富山'으로, 그보다 나무가 적은 노노루 산맥은 '부산負山'으로 불렀다. 비문의 기록은 바로 오늘날의 의무려산과 노노루 산맥을 지나는 진격로를 적은 것이다.

오늘날에도 산을 넘어 동부 몽골 초원 지대에 들어서면 떼 지어 지나가는 소, 양, 말 등을 볼 수 있다. 비문에 나오는 '우마군양牛馬群羊'이란 바로 이 일대에서 획득한 전리품이 아니었을까? 그렇다면 이때 획득한 600~700영은 어느 지역일까? 오늘날 내몽골 자치주에 속하는 전형적인 유목민 지역인 이곳에서는 마을을 '영자營子'라 일컫는다. 고려영자라는 고구려 마을도 있었다는 게 이곳에 사는 사람들의 증언이다.

광개토대왕은 부산富山과 부산負山을 지나 염수 가에 이르러 비려와 한판 전투를 벌였다. 염수를 찾는다면 고구려가 확보한 지역이 어디까지였는지 알 수 있을 것이다. 염수는 다름 아닌 오늘날의 시라무렌 강 근처의 소금 산지, 정확히 말하면 초원 한가운데 있는 거대한 소금 호수를 말한다. 오늘날에도 호수 주변에서는 소금 채취가 이루어지고 있는데, 예로부터 대대로 내려온 염전이다. 비려 정벌의 결과로 고구려는 오늘날 내몽골 자치구 시라무렌 강까지 이르는 광활한 지역을 지배한 것이다.

삼천리 방방곡곡에 대왕의 힘 미치다

비문에 따르면 전쟁은 크게 두 종류로 나뉜다. 광개토대왕이 친히 정벌에 나선 전쟁과 장수와 군대만 보낸 전쟁이다. 서북 방면과 북쪽 동부여 정벌은 광개토대왕이 진두지휘한 전쟁이었다. 그만큼 중요한 전쟁이었다는 뜻이다.

그렇다면 고구려의 남쪽인 한반도의 상황은 어땠을까? 비문에 따르면 고구려 군대는 한강 유역에서 일단 백제와 만났고, 이후 한강을 건너 신라의 경주와 가야 지역까지 다다랐다. 고구려군의 출발지는 지안의 국내성 또는 당시 고구려 제2의 도시였던 평양성이었을 것이다. 한반도를 완전히 가로질러 진격했던 셈이다. 당시 한강에는 막강 백제군이 버티고 있었고, 가야 또한 풍부한 철 생산력을 바탕으로 튼튼하게 성장하던 나라였다. 그런데도 광개토대왕의 고구려군은 어떻게 이렇게 한반도 깊숙이 내려갔을까?

고구려 군대가 한반도 남쪽으로 진격하려면 반드시 넘어야 할 최대 고비가 한강이다. 한강이 한눈에 바라보이는 아차산 일대에서는 고구려 유적과 유물이 많이 발견된다.

서울 광진구 홍련봉 유적은 주변에 성벽을 쌓았고 안쪽에는 건물 흔적이 있다. 물 저장소와 온돌방 열 개가 있는, 100여 명이 주둔한 병영 유적도 있고, 땅을 깊게 파 기둥을 세운 건물과 돌과 흙을 섞어 담장을 만들고 지붕을 얹은 요즘의 축사와 비슷한 모양의 건물도 있다. 음식을 조리하고 온돌방에 불을 때던 부뚜막 입구 흔적도 볼 수 있다. 지금도 집터 한쪽 구석에는 불에 그을린 숯덩어리가 그대로 남아 있다. 200미터가 넘

아차산 일대에서는 고구려의 보루성이 발견되어 고구려가 이 지역까지 진출했음을 짐작케 한다(왼쪽).
물 저장 시설과 온돌방이 있는 고구려군 기지의 모습을 영상 복원했다(오른쪽).

는 성곽 안에 두 곳의 물 저장 시설, 열 개의 온돌방이 놓인 건물이 들어
서 있는 모습이다.

이를 살펴볼 때 이곳은 단순한 경계 초소가 아니라 고구려군이 장기
주둔했던 보루성이라고 할 수 있다. 이런 보루성이 아차산 일대에서만
20여 군데가 발굴되었다. 작은 보루성 유적 여러 곳이 줄 지어 배치되어
있었다.

군사 유적만 남아 있다는 것은, 고구려가 한강 유역을 지배하는 방식
이 영역 지배가 아니라 선형 지배, 즉 장기적으로 주둔하는 군사 기지
여러 곳을 띄엄띄엄 선형으로 배치하는 방식이었음을 말해준다. 보루성
은 한강 유역에만 있었던 게 아니다. 충주 지역을 지나 대전 근처까지
연결되어 있다. 고구려군이 한반도 중부 지역까지 내려왔음을 보여주는
것이다.

그런데 신라의 수도 경주에서 고구려의 한반도 남진 상황을 짐작케

고구려 보루성 유적 분포도. 고구려군은 한반도 중부 지역까지 남하해 세력을 떨쳤다.

경주 호우총에서 출토된 호우. 바닥에 광개토대왕의 시호가 새겨져 있다.

하는 중요한 유물이 출토되었다. 1946년에 발굴된 왕릉급 고분인 호우총壺杅塚에서 나온 청동항아리, 즉 청동호우壺杅다. 정교하게 만든 호우의 바닥에는 '국강상광개토경평안호태왕國罡上廣開土境平安好太王', 즉 광개토대왕의 시호가 선명하게 새겨져 있다. 광개토왕릉비에 새긴 것과 글씨체까지 완벽하게 닮아 있다. 광개토대왕이 세상을 떠난 뒤 고구려가 신라에 전해준 것이 분명하다.

당시 고구려와 신라는 어떤 관계였을까? 충청북도 충주시 중원고구려비에 중요한 단서가 있다. "신라토내당주新羅土內幢主", 고구려 군대가 신라에 주둔했다는 뜻이다. 여기서 당주는 군사령관, 즉 고구려 군사령관을 뜻한다. 이는 신라가 군사적으로 고구려의 지배를 받았음을 말해준다. 때는 400년, 신라는 고구려로 급히 사신을 보냈다. 비문은 당시 상황을 이렇게 전한다.

신라가 사신을 보내, 왜인이 국경 지대에 가득하여 여러 성을 파괴하고 있다며 도움을 청했다. 이에 광개토대왕이 보병과 기병 5만을 출정시켰다. 고구려 군대가 왜적을 추격하여 종발성從拔城에 이르자 왜는 즉시 귀순, 항복했다.

종발성은 어디일까? 부산 복천동 산성 유적이 종발성 유적이라는 게 정설이다. 신라 해안에 침입한 왜구를 물리치기 위해 오늘날의 경상남도·부산 지역까지 고구려군이 출정한 것이다. 당시 종발성은 김해 지역을 중심으로 번성한 금관가야金官加耶의 진입로에 해당하는 요충지였다. 종발성 지역, 즉 부산 복천동 일대에서 고구려의 흔적을 찾을 수 있을까? 복천동에서는 당시 지배자의 무덤으로 보이는 대형 고분이 발굴되어 300점이 넘는 가야 유물이 쏟아져 나왔다.

그 유물 가운데는 고구려의 것과 같은 형태의 무기도 있다. 고구려 고분벽화에 보이는 중무장한 고구려 기병이 입고 있는 갑옷과 같은 모양의 찰갑札甲이 발굴된 것이다. 당시까지 가야의 갑옷은 찰갑이 아닌 판갑板甲이었다. 고구려와 같은 모양의 목가리개도 나왔고, 말머리가리개(馬胄) 역시 고구려 고분벽화와 모양이 같다. 광개토대왕의 남진으로 고구려의 우수한 무기 체계가 한반도 남쪽까지 전해졌다. 중장기병을 동원한 기마 전술이 전수된 것이다.

고구려의 영향을 받은 가야 무기 가운데 대표적인

고분벽화에 등장하는 고구려 병사의 모습.

것은 바로 화살과 화살촉이다. 가야의 화살촉은
4세기 이후 눈에 띄게 길어졌다. 고구려의 단단
한 찰갑에 맞서 관통력을 높이기 위한 변화였을
것이다. 고구려군이 신라를 구원하기 위해 부산
종발성까지 진군한 결과 가야연맹은 와해되었
고, 광개토대왕의 위명威名은 한반도 전역에 널
리 퍼졌다.

세계 최강의 정예 부대

당시 고구려 군대는 공포의 대상이었다. 동부여
도 고구려 군대가 출정하자 곧바로 항복했고,
가야 역시 주민들 가운데 열에 아홉은 고구려군
에 투항했다. 동아시아 최강을 자랑했던 고구려
군의 위력은 어느 정도였을까? 일단 국제 정세
부터 살펴보자. 고구려군의 위세가 하늘을 찌를
무렵, 중국은 흉노, 선비 등 북방의 다섯 민족이
패권을 다투던, 이른바 5호16국 시대였다. 절대
강자가 없는 혼란 상황이 중국 대륙에서 계속되

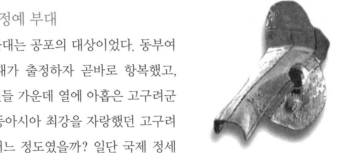

(위부터) 부산 복천동 가야 고
분에서 발견된 찰갑, 목가리
개, 말머리가리개.

자, 고구려는 국제 정세를 좌지우지할 한 축으로 떠올랐다.

그 무렵 서양의 패자는 로마 제국이었다. 기원전 27년 제국으로 발전
한 로마는 고구려처럼 전쟁을 통해 유럽, 북아프리카, 서아시아에 걸쳐
넓은 영토를 확보했다. 그런 로마 제국의 군대와 고구려 군대가 맞붙어
싸운다면 어떤 결과가 나올까? 갑옷 입고 투구 쓰고 창이나 검을 들어
중무장한 고구려와 로마의 병사를 비교해보면, 누가 이길지 가늠하기 힘

중원 고구려비

충청북도 충주시 용전리에
있는 고구려 비석. 화강암으
로 된 비석의 사면에 예서체
글씨가 새겨져 있으며 국보
205호다. 한반도에 현존하
는 유일한 고구려비로, 당시
역사에 대한 중요한 정보를
제공해준다. 비문에서 고구
려는 신라를 동이東夷라고
칭하는데, 이는 당시 고구려가 자국을 천하의 중심으로 여기고 주변 국가나
종족을 조공국과 같이 대하고 있었음을 말해준다. 왕의 신표인 부절符節을 가
져온 고구려 사신에게 예를 갖추는 대목 역시 신라가 고구려에 조공을 바치는
종속 관계였음을 보여준다. 비문에는 하부下部, 전부대사자前部大使者, 전부대형
前部大兄, 수사守事, 주부主簿, 발사자拔使者 같은 고구려의 관직명도 등장한다.

저무는 가야연맹

기원 전후 경상도 서부 지역을 중심으로 성장한 가야의 소국들은 3세기 전반
에 구야국을 중심으로 연맹체를 이루었다. 이를 전기 가야 연맹체(금관가야)라
하는데, 선진 중국 문물을 낙랑·대방군을 통해 넘겨받아 일본에 전하는 해상
물류 체계를 지니고 있었다.

　　4세기 접어들어 낙랑과 대방군이 고구려의 공격으로 멸망하면서 가야는
중국 남조의 동진 왕조와 활발히 교류하고 있던 백제를 새로운 교역 상대로
정했다. 그리하여 백제—가야—왜 세력과 고구려—신라 세력이 대치하게 되
었다. 특히 한반도 남부를 두고 가야와 국력을 다투고 있던 신라는 왜와 가야
의 협력을 막기 위해 사신을 파견했으나, 왜는 도리어 이들을 볼모로 삼고 신
라를 침략했다. 이에 신라는 고구려에 대해 신민臣民임을 자칭하면서 구원을
요청했고, 400년에 고구려는 5만 대군을 급파하여 왜군을 무찌르고 가야를

쳐서 종발성을 무너뜨렸다. 이로써 가야연맹의 주도권은 고령에 위치한 대가야로 넘어갔으나 예전의 국력을 회복하지는 못했다.

광개토왕릉비와 일본의 임나일본부설

임나일본부설任那日本府說은 일본, 즉 야마토 왜大和倭가 군사를 보내 가야를 정복한 뒤 4세기 중반부터 6세기 중반까지 약 200년 동안 일본부라는 군사통치 기관을 설치해 가야 지역을 다스렸고, 이를 기반으로 신라와 백제까지 세력권 안에 놓고 간접 지배를 하면서 고구려와 대치했다는 주장이다. 이런 주장은 일본의 역사 교과서에도 실려 있으며, 일본 학자들은 그 근거들 가운데 하나로 광개토왕릉비의 신묘년(391년) 기사를 든다.

문제의 기사 원문은 이렇다. "왜이신묘년래도해파백잔라이위신민倭以辛卯年來渡海破百殘羅而爲臣民" 이를 일본 학자들은 신라, 즉 '라羅'까지 끊어 읽어 이렇게 풀이한다. "왜가 바다를 건너와 백제와 임나·신라 등을 격파하고, 신민으로 삼았다." 그러나 일찍이 우리 역사학자 정인보는 같은 부분에 주어인 고구려가 생략되어 있는 것으로 보고, '파破'까지 끊어 이렇게 풀이했다. "왜가 신묘년에 오니 고구려가 바다를 건너와 왜를 격파했다. 백제가 신라를 쳐서 신민으로 삼았다."

한편 재일 역사학자 이진희는 일본군이 만주를 침공한 뒤 비문의 일부를 변조했고, 일본 참모본부가 그 사실을 은폐하기 위해 석회를 발랐다고 주장했다. 이후 우리나라의 많은 역사학자들이 일본이 비문의 일부를 변조했다고 주장해왔다. 변조한 부분을 바로 잡으면 "신묘년부터 조공을 바치지 않았으므로 고구려가 백제, 왜, 신라를 격파하여 신민으로 삼았다"라든가, "왜가 신묘년에 바다를 건너오자, 대왕이 백제와 그 동조자인 왜를 격파하고 신라는 복속시켜 신민으로 삼았다"든가 하는 새로운 해석이 가능하다고 보는 것이다.

들다. 막상막하가 아닐까 하는 추측만 들 뿐이다. 좀더 자세히 비교해보자. 로마 병사의 무기와 고구려 병사의 무기는 어떻게 달랐을까?

로마의 보병들의 대표 무기는 필룸Pilum이라는 긴 창이다. 병사들이 일제히 창을 던져 적진의 대열을 깨는 데 쓰는, 그러니까 일회용 창이었다. 필룸을 던져 적진의 대열을 흩어놓은 병사들은 방패와 '글라디우스Gladius'라고 부르는 양날 단검을 들고 돌격한다. 당시 로마와 고구려 모두 이런 무기의 장점을 잘 알고 있었다. 로마의 글라디우스나 고구려의 큰고리칼도 모두 실제 전투에서 큰 위력을 발휘하는 무기여서, 보병 무기만 놓고 보면 어느 쪽이 우세하다고 말하기 힘들다.

고구려의 갑옷은 철 조각들을 촘촘히 이어 만든 이른바 찰갑으로 유연성이 높다. 로마 병사들은 대부분 판갑을 입었다. 판갑은 무거운 데다가 병사가 몸을 자유자재로 움직이기 힘들기 때문에, 실제 전투에 임하면 찰갑에 비해 효율성이 크게 떨어질 수밖에 없다. 그러므로 갑옷을 놓고 보면 고구려 보병이 훨씬 유리하다. 단, 판갑은 찰갑에 비해 제작하기가 쉽고, 따라서 대량 생산할 수 있다는 게 장점이다.

그렇다면 기병은 어떨까? 고구려 기병은 병사는 물론, 말도 갑옷을 입고 있다. 긴 창과 검 그리고 징이 박힌 신발도 있었다. 고구려 기병이 눈앞에

뛰어난 군대 체제는 고구려가 동북아시아의 강자가 되는 데 중요한 원동력이었다. (왼쪽부터) 당시 사용했던 다양한 형태의 창. 말안장 턱테, 등자.

서 있다면, 도대체 어디를 어떻게 공격해야 할지 난감할 수밖에 없었을 것이다. 보기만 해도 위압감이 느껴지는 모습이다. 일제히 빠르게 돌격해 오는 수천, 수만의 고구려 기병과 맞서는 일은 여간한 용기가 아니면 불가능했을 법하다.

여하튼, 무기만 놓고 어느 쪽 군대가 우세하다고 단정하기는 힘들다. 전투에서 승패를 좌우하는 요소들이 워낙 많고 복잡하기 때문이기도 하다. 예컨대 뛰어난 전략전술이 필요하고, 용맹하고 지혜로운 지휘관도 있어야 하며, 군량을 비롯한 군수품 보급이나 적의 동태를 파악하는 정보전 능력도 중요하다.

그런데 고구려에는 등자鐙子라는 특별한 장치가 있었다. 등자는 병사가 말을 탈 때 두 발을 고정시키는 장치인데, 로마 기병에게는 없고 고구려 기병에게만 있었다. 그래서 고구려 기병은 말 위에서 자유자재로 움직일 수 있었다. 말 위에서 활을 쏘거나 칼을 휘두를 때도 자세가 전혀 흐트러지지 않고 안정을 유지할 수 있는 것이다. 실제로 로마에서는 기병이 크게 늘어나지 않은 데 비해, 고구려에서는 점차 기병이 늘어났다.

고구려가 동북아시아에서 위상을 떨칠 무렵, 서양에서는 로마가 패권을 차지했다. 영상으로 복원해본 로마와 고구려의 기병. 중무장한 이들의 모습에서 위대한 제국의 기상이 느껴진다(왼쪽). 갑옷과 투구를 착용하고 창과 검을 든 로마와 고구려의 보병(오른쪽).

바로 등자가 있고 없고의 차이 때문이었을 것이다. 로마에 없던 등자가 유럽에 등장한 것은 8세기의 일이다. 그러나 고구려는 5세기 초·중반부터 등자를 사용했다. 무기 체계만 놓고 보더라도 고구려 군대는 동시대, 세계 정상급의 강한 군대였다.

서해를 호령한 고구려 수군

광개토왕릉비의 비문을 보면 고구려에는 수군도 있었다. 광개토대왕이 직접 수군을 이끌고 참전했다는 기록인데, 이것은 다른 기록에는 나오지 않는, 광개토왕릉비만의 기록이다. 고구려에 과연 수군이 있었을까? 한국전쟁 당시 연합군의 대규모 상륙 작전이 이루어진 인천 월미도 앞바다. 1600년 전에도 이곳에서 상륙 작전이 이루어졌다. 한강 하구와 서해안이 한눈에 보이는 인천 문학산에 자리한 문학산성(인천광역시 남구 문학동)으로 가보자. 이곳은 삼국 시대 이후 통일신라, 고려 때까지 한강을 방어하는 군사 요충지였다. 성의 전체 둘레는 600미터 이상으로 추정되지만 현재까지 남아 있는 부분은 그리 많지 않다. 더구나 후대에 진행된 보수 작업 때문에 정확히 언제 처음으로 축조되었는지 밝히기도 어렵다.

그런데 학계 일부에서는 이곳을 4세기 말 백제의 미추성彌鄒城으로 추정한다. 한성을 방어하는 백제 수군의 해안 기지가 바로 이곳에 있었다는 것이다. 입지적으로는 바다와 육지를 동시에 관찰할 수 있는 최적의 장소인 데다가, 당시 중국 남조南朝와 활발하게 교역했던 백제가 이곳을 그냥 두었을 리 없다는 주장이기도 하다. 백제의 수군 기지는 임진강 하구에서 해안 초소 구실을 했던 것으로 보이는 관미성關彌城, 한강 유역의 아단성(아차산성), 용인 지역의 모로성牟盧城 등을 꼽을 수 있다. 백제는 여러 성을 쌓아 한강을 방어하고 있었던 것이다. 고구려 군대가 백제

고대 동아시아의 수중전

동아시아에서 처음으로 대규모 수군을 편성한 인물은 중국 춘추 시대 초楚에 서 오吳로 망명한 오자서伍子胥다. 이후 진·한 시대에는 주로 장강, 즉 오늘날 양쯔 강 유역에 출몰하는 남쪽 지역 이민족들을 제압하기 위해 대규모 수군을 양성했다. 한 무제는 기원전 109년 육군 5만과 함께 수군 7000명을 동원해 고조선을 침략하기도 했다.

광개토대왕이 활약한 시대는 한대(220년 멸망)에서 약 150년 뒤지만, 한 의 수군 편제를 바탕으로 고구려 수군의 편제를 추측해보는 것은 어떨까. 한 나라 수군의 전함 가운데 가장 큰 것은 누선樓船이다. 누선이라는 명칭대로 여 러 층의 누각을 세웠고, 양 옆으로 노를 저어 움직이는, 수백 명이 탈 수 있을 만큼 큰 배였다. 누선에 탄 병사들은 화살을 연달아 쏠 수 있는 노弩라 불리는 무기를 주로 사용했다. 누선은 장수가 타고 전투를 지휘하는 배로, 육지 전투 의 본진에 해당한다. 오늘날의 자동 화기에 해당하는 노는 보통의 활보다 훨 씬 더 멀리 화살을 쏠 수 있다.

누선 외에도 10여 명의 병사들이 탈 수 있는 단층의 배인 노요露橈, 적진 정찰을 위한 척후선, 적선에 돌진하여 부딪혀 적선을 파괴하기 위한 몽충夢衝, 돌격용 쾌속선인 선등先登, 오늘날 조정 경기용 보트와 모양이 비슷한 적마赤 馬 등의 배가 있다. 이렇게 여러 배를 상황에 따라 적절하게 편성하여 전투를 벌이는데, 배들이 쐐기 모양을 갖추어 적군 선단의 옆을 공격하는 것이 수군 의 기본 공격술이다. 수전에서는 특히 불화살을 날려 적군의 배를 불태워버리 는 것이 매우 중요했다. 적선을 불태우면 배 위의 적군들이 아무것도 할 수 없 도록 만들 수 있기 때문이다.

광개토왕릉비는 광개토대왕이 직접 수군을 이끌고 참전했다고 전한다. 고구려 수군의 존재를 언급한 유일한 기록이다.

의 심장부 한성을 공격하려면, 다시 말해 광개토대왕의 군대가 오늘날의 인천에 상륙하여 한성 지역으로 진격하려면 이러한 수군 기지부터 공격해야 했을 것이다.

당시 고구려 수군의 백제 공격로를 추정해보면 대략 세 가지 길이 있다. 1진은 한강 하류를 거슬러 올라오면서 김포반도를 지나 백제 방어 체계를 무력화한다. 2진은 문학산성, 즉 미추성을 점령하여 오늘날의 인천 지역에 교두보를 확보한 뒤 직접 한강으로 들어온다. 3진은 당항진, 즉 남양만 지역에 상륙하여 용인, 성남 지역을 거쳐 한성의 배후를 공격한다. 백제의 심장부를 여러 방면에서 한꺼번에 뚫어버리는 기습 작전이라고 할 수 있다. 이렇듯 동시에 여러 방면에서 공격해오는 고구려 군대의 수군과 육군을 백제가 당해내기는 힘들었을 것이다. 광개토왕릉비를 보면 396년 고구려는 한강 유역의 백제를 공격하여 큰 전과를 올렸다. 백제의 성 58곳, 마을 700곳을 함락시키고 남녀 노비 1000여 명과 가는 베 1000필을 획득한 것이다.

고구려 수군의 존재에 관해서는 광개토왕릉비 말고는 전하는 기록이 없다. 고구려의 수군 활동을 짐작해보기 위해 요동반도로 가보자. 좀더 후대에 벌어진 당나라와 고구려의 전투에서도 수군이 없었다면 승리하기 힘들지 않았을까? 발해만으로 둘러싸인 요동반도 최남단에 우뚝 솟은 다헤이 산 정상에는 고구려가 세운 비사성卑沙城이 있다. 성이라기보다는 거대한 바위산처럼 보이는 비사성은 삼면이 절벽으로 이루어져 있다. 정상에 올라서면 멀리 발해만이 한눈에 들어오기 때문에, 멀리 떨어

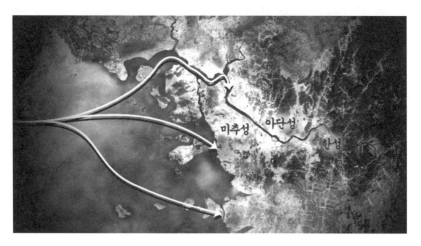

고구려 수군의 백제 공격 경로. 광개토왕릉비에는 고구려가 396년 백제의 한강 유역을 정벌했다는 기록이 있다. 고구려 수군은 한강을 통해 기습했을 것이다.

진 곳에 상륙하는 배까지도 감시할 수 있는 천혜의 요새다.

645년 당나라가 고구려 안시성安市城을 공격할 때 안시성의 배후를 차단하는 가장 효과적인 방법은 비사성에서 수군을 출동시키는 것이었다. 그러나 당나라는 고전을 면치 못했다. 안시성을 포위하고 있던 당나라 군대의 배후를 오히려 고구려군이 공격한 것이다. 정확한 사정이 기록되어 있지는 않지만, 당나라가 수군 지휘관들을 참수하고 옥에 가두는 등 엄하게 책임을 물었던 것으로 볼 때 수군에서 발생한 문제였다.

요동반도 남단에 상륙하려던 당나라 수군을 막아낸 고구려 수군의 기지는 어디 있었을까? 비사성 앞바다에 여러 작은 섬들이 떠 있는 창하이 군도. 이곳의 다창산 섬에 있는 성 이름이 놀랍게도 고구려산성이다. 바다 한가운데 있는 작은 섬에 자연 지형을 살려 세운 정교한 돌성이다. 크고 작은 전함을 정박시키는 해양 기지이자 바다의 동태를 살피는 감시 초소였던 게 분명하다. 《장해현지長海縣志》의 기록에 따르면 고구려는 창

창하이 군도의 다창산 섬에는 고구려산성이라 불리는 정교한 성벽이 남아 있다. 고구려는 이런 해양 기지를 구축하고 적극적인 해상 군사 활동을 펼쳤다.
당나라 수군의 고구려 공격도. 고구려는 645년 안시성을 포위한 당나라 군대의 배후를 역으로 공격했다. 고구려 수군은 비사성 근처에서 지도에 표시된 길을 따라 출정했을 것이다.

하이 군도를 통째로 지배하고 있었다.

고구려의 이러한 해양 기지는 고구려 수군이 단순한 초계 활동에 그치지 않고 좀더 적극적인 전략·전술을 펼쳤다는 것을 보여준다. 철갑 기병을 앞세운 막강한 육군과 더불어 활약을 펼친 수군 덕분에 고구려는 다양한 전략·전술을 구사할 수 있었고 전투를 승리로 이끌었던 것이다. 수군의 전력은 고구려가 동아시아의 패자가 되는 데 또 하나의 중요한 힘이었다.

위대한 왕의 위대한 꿈

18세의 나이에 즉위하여 막강 군대를 진두지휘하며 고구려의 영역을 크게 확장시킨 광개토대왕. 그는 어릴 때부터 용맹이 남달랐고 보통 사람들보다 키도 크고 기골도 장대했다고 한다. 그런 광개토대왕이 다스린 고구려는 어떤 나라였을까? 광개토대왕 비문에 나와 있는 수묘인들의 출신지는 50여 곳에 달한다. 예컨대 "매구여賣句余 민民은 국연 둘, 간연

세 가구, 동해고東海賈는 국연 셋, 간연 다섯 가구" 이런 식으로 수묘인 330가구를 일일이 다 적어놓은 것이다. 비문 중 가장 많은 부분을 차지하는 게 바로 수묘인 관련 내용이다.

왕의 비석이라면 적어야 할 중요한 내용이 많았을 텐데, 유달리 수묘인 문제를 상세하게 기록한 까닭이 뭘까? 광개토대왕이 수묘인과 수묘인 제도를 각별히 강조한 것은 국가 통치 질서에 대한 그만의 특별한 원칙 때문이었다. 이미 살펴보았듯이 수묘인은 출신지에 따라 크게 구민과 신래한예로 나뉘는데, 광개토대왕이 자신의 수묘인으로 지정한 사람들은 신래한예였다. 그러나 신래한예, 즉 백제인들이 국내성 지역의 환경에 잘 적응하지 못하고 수묘인 활동에 대해서도 잘 모를 것을 염려하여 구민들도 포함시켰다.

수묘인 330가구의 구성을 보면 구민이 110가구, 신래한예는 220가구로, 신래한예가 정확히 두 배 더 많다. 또한 역할에 따라 국연國烟과 간연看烟으로 나눴는데, 국연이 30가구, 간연이 300가구로 간연이 열 배 더 많다. 국연은 직접 수묘를 담당했던 사람들이고, 간연은 주변에서 농경에 종사하면서 수묘에 협력하는 사람들이었을 가능성이 높다. 비문에 나오는 이런 수묘제는 광개토대왕이 생전에 직접 지시한 운영 원칙에 따라 장수왕이 정비한 것이었다. 이렇듯 완벽하게 제도를 정비했다는 사실은 고구려가 정복한 지 얼마 안 된 지역까지 완전히 파악하고 강력한 통제력을 행사했다는 것을 뜻한다. 또한 조직적이고 체계적으로 노동력을 차출할 수 있었다는 의미도 된다. 당시 고구려의 지방 지배 역시 그만큼 조직적이고 체계적이었다는 말이다.

국내의 사회통합 질서를 확립한 광개토대왕은 주변국들과의 관계도 하나의 원칙에 따라 진행했다. 직접 지배보다는 일종의 제후국으로 설정하여 간접 지배하는 방식을 택했다. 그래서 일단 항복한 주변국과는 더 이상 전쟁을 벌이지 않았다. 이 원칙은 비문에 나타나 있다. 백제 왕이 노객奴客, 즉 신하가 되겠다고 약속하자 군대를 철수했고, 신라 왕 또한 노객을 자청하자 군대를 보내 도와준 것이다. 이런 방식은 중국 북연과 관계를 맺을 때도 마찬가지였다. 후연이 멸망한 뒤 들어선 북연을 종족宗族, 즉 고구려와 형제 사이인 나라로 규정한 것이다. 종족의 서를 베풀었다는 것은 신하국으로 삼았다는 뜻이다.

주변국들을 신하의 나라로 삼으면서, 고구려는 천하 질서의 중심 국가가 되었다. 광개토대왕이 숱한 전쟁으로 영역을 넓히고 여러 종족을 고구려 백성으로 받아들여 통합하려 한 까닭이 바로 여기에 있다. 그가 특별히 수묘인 제도의 정비를 명하고 비를 세운 사실도 마찬가지 맥락에서 볼 수 있다. 선왕들과 자신의 무덤을 지키는 일은 곧 고구려의 정통성과 천하 질서의 중심을 지키는 일이었던 것이다.

광개토대왕은 고구려가 천하의 중심이라는 국가 이념을 비문 첫머리에 적게 했다. 고구려를 건국한 시조 추모왕은 하늘신의 아들이며 어머니는 하백의 딸이라고 밝힌 것이다. 천제天帝의 아들이 시조이고, 그 후손인 현재의 왕은 당연히 천손天孫이며, 그런 천손이 다스리는 나라는 천하에서 가장 성스럽고 위대한 나라라는 자의식이다. 광개토대왕이 북부여에 파견했던 신하 모두루牟頭婁의 묘비에도 같은 내용이 있다. 모두루는 노객, 즉 신하이며 대왕은 '일월지자日月之子', 즉 태양과 달의 아들이라고 적어놓은 것이다. 광개토대왕은 실로 고구려의 국가 비전, 국가 정체성, 국가 정통성을 확립시켰다.

20여 년 재위 기간에 요동과 한반도 전역에서 대규모 전쟁을 여러 차례 수행했던 정복군주 광개토대왕의 목표는 단순히 영토 확장에 있지 않았다. 정복 전쟁은 국가의 기틀을 다지는 전초 작업이었다. 광개토대왕이 꿈꾼 고구려는 주변의 다양한 종족을 통합하여 거느리는 '제국' 고구려

고구려 왕은 얼마나 오래 살았을까

광개토대왕은 375년에 출생하여 413년에 세상을 떠났다. 겨우 38세였으니, 고대인의 수명이 짧았다는 것을 감안하더라도 그리 오래 살지는 못한 셈이다. 한편 마케도니아의 정복 군주 알렉산드로스 대왕은 기원전 356년에 태어나 기원전 323년까지 살았으니 세상을 떠났을 때 불과 서른세 살이었다. 몽골 제국을 건설한 칭기즈 칸은 그 출생 시기를 놓고 1155년, 1162년, 1167년 등 세 가지 설이 있으나, 1162년 설이 유력한 편이다. 그렇다면 칭기즈 칸은 65년을 살았으니(1227년 사망) 당시로서는 꽤나 장수한 셈이다.

생활 여건 덕분에 고대의 귀족이나 왕은 평민이나 노예보다 오래 살기는 했지만, 오늘날의 기준으로 장수한 왕은 드문 편이다. 광개토대왕의 맏아들로 왕위를 이은 장수왕은 394년에 태어나 491년에 세상을 뜨기까지 97세, 즉 백수白壽에 가까운 수명을 누렸으니 장수왕이라는 이름이 너무도 적합하다 하겠다. 그러나 가장 장수한 왕은 고구려 6대 왕인 태조왕太祖王이다. 태조왕은 기록을 그대로 믿는다면 47년부터 165년까지 살았으니 무려 118년을 산 셈이다. 재위 기간도 53년~146년으로 무려 93년이나 된다.

우리나라 역대 왕조의 통치 기간을 보면 고구려 왕의 재위 기간이 가장 길다. 고구려 왕 한 사람의 평균 재위 기간은 25년이 조금 넘는다. 가장 짧게 재위한 안원왕의 14년에 비해 두 배에 가깝다. 이렇게 된 데도 역시 태조왕과 장수왕의 매우 긴 재위 기간이 큰 영향을 미쳤다고 할 수 있지만, 고구려 왕실의 내분이 다른 왕조들에 비해 적었기 때문이 아닐까?

였다. 제국의 새로운 복속민을 왕릉 수묘인으로 정하여 점차 고구려의 백성으로 받아들인 것도, 다양한 종족과 문화를 포용할 수 있다는 자신감이 있었기에 가능했으리라.

무덤 옆에 비석을 세워 수묘제를 확립하겠다는 것은 광개토대왕의 생각이었다. 그리고 장수왕은 건국신화와 선왕의 위업을 비문으로 적어 만천하에 그 위대함을 널리 알리려 했다. 광개토대왕이 다스린 고구려의 모습을 비문은 이렇게 전한다.

그 은혜와 혜택이 하늘에 이르렀고, 그 위엄과 무공은 온 세상에 널리 퍼졌다. 또한 생업을 편안케 하였으므로 나라는 부유하고 오곡이 풍성하게 무르익어 백성은 넉넉하였다.

10 잃어버린 백제의 왕성, 풍납토성

고구려의 침공으로 역사에서 사라진 백제의 첫 수도!
동아시아 해상 무역의 허브로 명성을 떨친 위례성이
바로 서울의 풍납토성으로 밝혀지는데……
중국과 왜를 오가는 무역선으로 활기 넘쳤을 한강과 왕성.
고대국가 백제의 역사를 말해줄 블랙박스가 깨어난다.

1500년의 베일을 벗은 위례성

공주와 부여, 백제의 수도를 물어보면 많은 사람은 이 두 곳을 들 것이다. 그러나 700년 가까운 역사를 이어간 백제가 공주와 부여를 수도로 삼은 기간은 185년에 불과하다. 그렇다면 남은 500년의 백제 역사에서 중심지 역할을 했던 곳은 어디일까? 475년 고구려 장수왕은 3만 대군을 이끌고 백제 위례성을 공격했다. 위례성을 포위한 고구려군은 네 방면으로 나뉘어 협공을 펼쳤고, 결국 위례성은 폐허가 되고 말았다. 이후 역사의 무대에서 사라진 백제의 첫 수도 위례성이 그 위치가 어디인지 잊혀진 채 백제사 최대의 미스터리로 남았다.

1960년대 서울 송파구 풍납동에서 발견된 토성의 흔적이 사라진 백제 위례성일 줄은 30여 년이 지나도록 아무도 생각하지 못했다. 위례성이 잿더미로 스러지고 1500여 년이 흐른 1997년, 토성 부근의 아파트 재건축이 진행되고, 그에 앞서 문화재 시굴 조사를 하면서 백제 유물이 모습을 드러냈다. 이를 신호탄으로 우리 역사학계 최대의 발견이라 일컬을

서울 송파구 풍납동 풍납토성. 사라진 왕성 위례성의 비밀을 품고 있다.

만큼 엄청난 양의 백제 유물이 쏟아져 나왔고, 아파트 재건축을 강행하려는 주민들과의 갈등 끝에 2001년 이 근방은 사적으로 지정되었다. 출토된 유물을 분석한 결과, 풍납토성은 백제사 500년의 미스터리는 물론 우리 고대사의 체계를 재구성할 수 있는 놀라운 비밀을 간직하고 있는 것으로 밝혀졌다. 2005년 현재 8년째에 접어든 국립문화재연구소의 풍납토성 발굴은 여전히 진행 중이다.

지금 한창 발굴 중인 곳은 과거 미래마을연립이 있던 풍납토성의 서북쪽 구역이다. 이곳 지하 1~4미터의 지층에서 모습을 드러낸 유물은 대부분 거의 원형에 가깝다. 항아리 옆에서는 불에 타 주저앉은 건물 기둥으로 여겨지는 목탄도 대거 발견되었다. 목탄이 나온 자리는 백제 초기의 집터였을 것이다. 유물 가운데 4세기, 즉 300년경에 만들어졌으리라 추정되는 기와들이 무더기로 나와 발굴단의 각별한 관심을 끌었다. 건물이 무너지면서 쓸려 내려온 것으로 보이는 막대한 양의 기와들이 나오는 이곳에는 어떤 건물이 있었을까?

풍납토성에서 출토된 기하학적 무늬의 기와막새(왼쪽)와 지붕 처마에서 떨어지는 물도 처리하고 조경 효과를 냈을 강자갈(오른쪽).

미래마을 터에서는 모양과 색상, 제작 방법이 다양한 기와가 무려 500상자나 출토되었다. 기하학적 무늬의 기와막새는 풍납토성에서만 나오는 것으로 눈길을 끌었다. 또 함께 나온 전돌은, 도로 포장이나 건물 하부 구조 시공에 쓰던 재료로 보통 집터에서는 찾아보기 힘들다. 이는 풍납토성에 고급 전돌을 사용했던 특별한 건물이 있었음을 암시한다. 고대에 기와 건물은 아무나 이용할 수 없는 최고급 건물이었다.

십각형 초석礎石도 이 점을 확인해준다. 지금 파편만 남아 있는 초석은 그 안쪽으로 둥글게 기둥을 끼워넣었을 것이다. 초석을 깔고 그 위에 기둥을 세운 다음 기와로 지붕을 올리고 막새로 장식한 격조 높은 대규모 건물은 무엇이었을까? 더구나 기와와 마찬가지로 당시의 고급 건축재였던 벽돌도 있었으니 건물의 위상은 매우 높았을 터이다. 발굴할수록 기와 건물의 화려한 면모를 짐작케 해주는 유물이 잇따라 나타났다. 기

십각형 초석의 파편과 그 복원도. 둥근 모양의 안쪽에 기둥을 세웠을 것이다(맨 위).
특별한 건물에만 쓴 전돌의 일부와 복원 형상. 전돌은 고급 건물의 바닥재로 쓰였다(가운데).
출토된 유물에 기초하여 풍납토성의 미래마을 터에 있던 기와 건물을 복원했다. 고급 전돌로 바닥을 깐 뒤 십각형 초석에 기둥을 세우고 기와 지붕을 올렸다고 추정된다(아래).

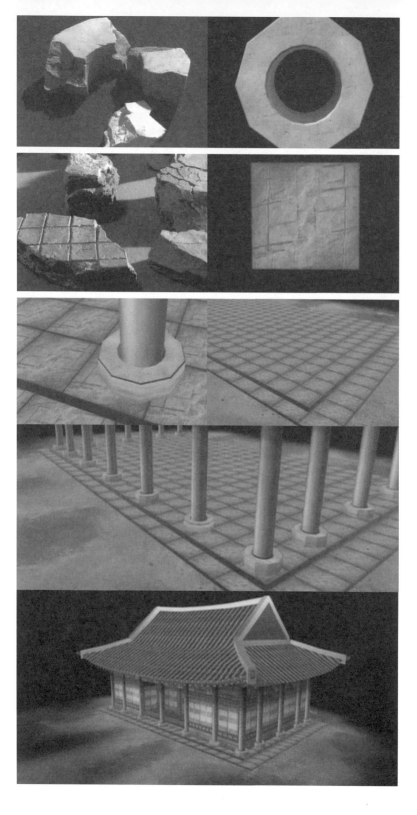

와 건물의 처마 밑에 깔려 있었으리라 추측되는 고운 강자갈도 처음 발견되었다. 지붕 처마에서 떨어지는 낙수를 처리하고 조경 효과를 내는 일종의 산수석散水石이다.

2005년 5월, 이렇게 산수석으로 조경까지 했던 기와 건물의 용도를 밝혀줄 단서가 나타났다. 바로 불가마 유적으로, 붉은 기운이 감도는 쇳물 흔적, 철 제련에 사용한 풍로 흔적이 역력했다. 불가마 터 주변에는 철을 제련할 때 나오는 슬래그가 널려 있었다. 그렇다면 풍납토성에서 미래마을 터는 어떤 곳이었을까? 왕도王都에 공급하는 특별한 물품을 제작하는 공방이었다고 추측된다. 만일 여기가 위례성의 공방 지역이라면, 기와 건물은 공방을 관리하는 관청이었을 것이다. 이렇듯 풍납토성에서는 지금도 위례성의 실체를 밝혀낼 수 있는 단서들이 하나둘씩 드러나고 있다. 그 발견에 따라 백제사와 백제인들의 생활상을 다시 써나갈 것이다.

이토록 위례성이 가까이 있었는데도 왜 이렇게 오랜 세월을 찾아 헤맸을까? 《삼국사기》에 따르면, 백제의 첫 수도 위례성의 위치는 "북으로는 한수漢水를 끼고, 동으로는 높은 산에 의지하고 있으며, 남으로는 비옥한 뜰을 바라보고, 서로는 큰 바다에 접해 있는 곳"이다. 김부식이 《삼국사기》를 집필한 고려 시대에도 위례성의 정확한 위치는 알려져 있지 않았던 듯싶다. 그러다 보니 지금까지 위례성으로 거론된 곳도 한두 지역이 아니었다. 그런 논란의 와중에 풍납토성 발굴을 시작했던 것이다. 그렇다면 풍납토성을 위례성이라 볼 수 있는 확실한 증거는 무엇일까?

백제 말머리뼈, 오사카에도 있다

1999년에 진행된 풍납토성 경당 지구 발굴은 역사학계를 크게 긴장시켰다. 경당 지구에서 말뼈가 나와 학계의 이목을 집중시켰다. 한 구덩이에

한성에 도읍했던 초기의 백제

위례성을 도읍으로 하여 백제가 설립된 시기부터 475년 수도를 웅진으로 옮길 때까지를 가리킨다. 기원전 18년, 부여·고구려 계통의 유·이민이 세운 백제는 처음 마한 지역의 한 소국으로 출발한 뒤, 한강 유역의 유리한 입지 조건에 힘입어 마한 전 지역으로 세력을 넓혔다. 북쪽 낙랑 세력과 고구려·신라와 경쟁하면서 상당한 발전을 이룬 백제는 3세기 후반에 북쪽으로는 예성강, 동쪽으로는 지금의 춘천, 남쪽으로는 공주, 서쪽으로는 서해안 지역에 이르는 넓은 영역을 차지했다. 또 8대 고이왕古爾王 때(260년) 6좌평과 16등급으로 이루어진 관직 체계와 백관百官의 공복公服을 제정하고 율령을 반포해 국가 제도를 정비했다. 이러한 한성 백제의 중흥은 4세기까지 계속되다 고구려의 공격으로 도읍을 옮기면서 끝이 났다.

풍납토성은 홍수에 약하지 않았다

역사학계 한쪽에서는 풍납토성이 지나치게 강과 가까워 침수의 위험이 크므로, 이곳을 백제의 위례성으로 확정하기 어렵다는 주장을 내놓는다. 침수 피해를 당하기 쉬운 강변이라는 입지 조건을 고려하면, 굳이 왕성으로 정할 다른 까닭이 없다는 논리다. 그러나 1925년 대홍수 때 한강변의 북서쪽 성벽이 유실되었다는 점을 상기하면, 풍납토성은 20세기 이전까지 비교적 홍수에 안전했다고 할 수 있다. 1925년에야 성벽이 유실된 것은, 그때까지 오랜 세월 안전했다는 반증이기 때문이다.

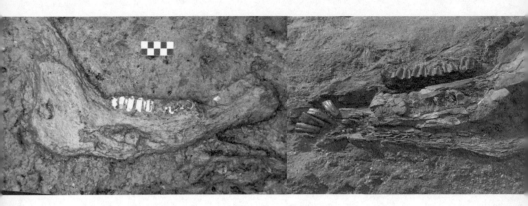

풍납토성 경당 지구에서는 아홉 개체의 말머리뼈가 발견되었다(왼쪽).
일본 오사카 시조나와데시 역사민속자료관 소장 말머리뼈. 위례성을 잃고 이 지역으로 건너온 백제인이 제사의 희생물로 사용했으리라 추정된다(오른쪽).

서 나온 말뼈가 무려 아홉 개체나 되는데, 다른 부분은 없고 머리뼈만 남아 있는 것이 특이했다. 어떤 의도로 말을 죽여 몸통은 다른 방법으로 처리하고 구덩이 안에는 머리만 넣어둔 것일까? 말은 고대 사회에서 함부로 죽일 수 있는 동물이 아니었다. 왜 말머리만 골라서 한곳에 묻었을까? 대체 말머리는 무엇을 뜻할까?

의문을 풀어줄 단서는 뜻밖에도 일본 오사카에서 나왔다. 시조나와데시 역사민속자료관은 5세기 말에서 6세기 초의 백제계 유물을 많이 소장하고 있다. 백제의 한성(위례성)이 함락되고 웅진으로 수도를 옮긴 때가 475년이니, 한성 백제 몰락과 같은 시기의 물건들이다. 시조나와데시 역사민속자료관은 이 시기 백제의 말머리뼈 유물도 소장하고 있다. 일본 고고학계는 위례성이 함락된 후 시조나와데 지역으로 건너온 백제인들이 특별한 제의를 올릴 때 말을 제물로 썼다고 추정한다. 실제로 개천이나 우물에서 제의에 사용한 희생물 유물이 나온 것으로 보아 농경과 관련한 일종의 기우제를 지냈으리라고 생각하는 일본 학자도 있다.

그렇다면 풍납토성 경당 지구에서도, 백제인이 말머리를 희생물로 바친 모종의 제의가 행해졌을 가능성이 크다. 말머리뼈가 나온 9호 구덩이 바로 옆에서 '음률 여呂'자와 비슷한 모양으로 조성된 대형 건물 터가 확인되었다. 보통의 건물지에서는 볼 수 없는 폭 1.5미터의 도랑이 이 건물지를 에워싸고 있다. 도랑 안을 채운 숯이 이곳을 신성시하고 출입을 통제하면서 각별히 보호했음을 짐작케 한다. 건물이 정남북을 향하고 있는 점도 예사롭지 않다. 특별한 권위와 위엄을 지니도록 설계된 이 건물은 백제인의 제사장이 아니었을까? '여'자형 건물지와 말머리뼈가 함께 나온 9호 구덩이 일대는 기우제 같은 제사를 여러 번 반복해서 지낸 공간이라는 것이 학계의 정설이다.

경당 지구 유적에서 학계의 이목을 집중시킨 또 하나의 유물은 '대부大夫'자를 새긴 토기다. 그런데 최근 같은 모양의 토기에 '정井'자를 새긴 것이 발견되었다. 우물 '정'자의 위치는 '대부'가 새겨진 곳과 같았다. '대부'와 '정'자는 무엇을 뜻하는 것일까? 고구려 아차산 유적에서 출토된 '대부정大夫井' 토기(서울대학교 박물관 소장)가 단서가 된다. '대부정'은 무슨 뜻일까? 같은 유적지에서는 고구려 접시도 나왔는데 여기에는 고구려 관직 이름으로 추정되는 '형兄'자가 공통으로 새겨져 있었다. 그래서 '대부정'도 처음에는 관직 이름이라고 추측되었다.

(위) 풍납토성 경당 지구에서 발견된 '대부大夫' 토기와 '정井'자 토기.
(아래) 아차산성에서 출토된 고구려의 '대부정大夫井' 토기. 모든 표면에 글자가 새겨져 있다.

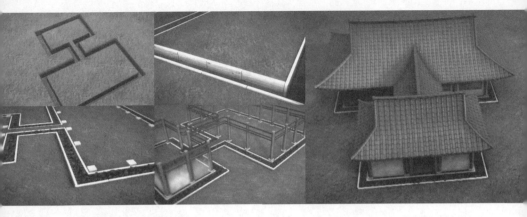

풍납토성 경당 지구의 '여'자형 건물 복원도. 도랑을 파고 전돌을 깔아 그 안에 숯을 채운 다음 건물을 지었을 것이다. 정남북으로 자리한 건물에서 성스러움이 드러나 제사장 터로 보인다.

그러나 풍납토성에서 나온 백제 토기에도 고구려의 것과 똑같은 '대부'와 '정'자가 새겨져 있는 것으로 볼 때, 더 이상 관직 이름으로 보기는 힘들어졌다.

그렇다면 백제와 고구려 두 나라의 사상적 · 문화적 공통점을 반영하는 것이 아닐까? '정'이라는 글자는 문자가 아니라 일종의 상징 기호였을지 모른다. 이런 기호는 고구려 · 백제뿐 아니라 신라 · 가야 그리고 바다 건너 일본에서도 발견되는데, 이를 볼 때 사악한 기운을 멀리하고 나쁜 기운을 막는 주술적 의미가 있었을 것으로 보인다. 도교에서 신선으로 중시하는 팽조彭祖가 767세에 이르러 대부大夫로 봉해졌다는 문헌을 근거로 당시 행해진 제사가 도교의 성격을 지녔을 가능성도 제기되었다. 고대 사회에서 제사 의식은 국가 체제를 유지하는 데 중요한 기능을 했다. 지도자를 중심으로 사회를 통합하고 지배 질서의 정당성을 뒷받침하는 역할이었다.

《삼국사기》 '백제본기'에는 제사 관련 기록이 자세히 나와 있다. 구수왕仇首王 14년 기사를 보면, 4월에 가뭄이 들어 동명왕 사당에 제사를 지냈더니 곧 비가 내렸다고 되어 있으며, 비류왕比流王 10년 기사에는 왕이 몸소 희생물을 베었다고 나와 있다. 동명묘東明墓와 천지天地에 올리는 제사 외에도 여러 종류의 제사를 거행했는데, 이런 제사들은 왕국과 왕의 권위, 위엄을 확인해주었다. 풍납토성의 경당 지구는 왕이 직접 제사를 주관하고 기우제를 올리던 백제의 국가 제사장 터다. 즉 백제 위례성

2004년 풍납토성 성벽 밖에서 발견된 목조우물. 보전 상태가 좋아 매우 견고하고 치밀한 구조가 잘 보인다.

의 중요한 구심점인 제의 공간이었고, 이는 풍납토성이 왕성이었음을 말해준다. 온조가 한강 유역에 나라를 세운 기원전 18년부터 고구려 장수왕의 공격으로 위례성이 불타버린 475년까지 백제의 500년 역사가 바로 풍납토성에서 이루어진 것이다.

목조우물은 백제의 타임캡슐

성벽이 상당히 잘 보존되어 있는 풍납토성 동벽의 바깥쪽에는 또다른 비밀이 숨어 있었다. 2004년 10월 동벽과 도로 하나를 사이에 두고 있는 아파트 재건축 공사 현장 지하 4미터 지점에서 백제의 목조우물이 나온 것이다. 우리나라에서 순전히 나무로 짠 우물이 발굴된 것은 처음이었다. 왜 백제인들은 토성 밖에 이런 목조우물을 만들었을까? 우물이 성 밖에서 발견된 것은 성 밖에도 많은 사람들이 거주했음을 알려준다.

발굴 직후 우물은 해체해 보존 처리 중이다. 목재의 변형을 막고 영구

보존하기 위해 특수 약품을 섞은 물에 깨끗이 씻은 다음, 형태가 변하지 않도록 경화 처리를 거친다. 이 과정에서 백제인이 우물을 나무로 만든 이유를 밝힐 수 있었다. 우물 목재에 끼어 있는 개흙이 해답이었다. 풍납 토성 일대 지반은 개흙층이었고, 개흙층에서 잘 지탱하는 소재는 나무였다. 돌로 만들면 지반이 내려앉을 경우 우물벽이 무너져내리기 쉽다. 특히 하부 구조를 단단하게 만들려면 큰 석재를 넣어야 하는데 이는 쉬운 일이 아니다.

견본을 채취해 전자현미경으로 관찰한 결과, 우물에 쓰인 나무는 조직이 치밀하고 아주 단단한 상수리나무였다. 참나무라고도 하는 상수리나무는 우리나라에서 소나무와 함께 흔히 볼 수 있고, 집을 짓거나 배를 만들 때도 많이 사용해온 수종이다. 상수리나무는 특히 물속에서 잘 견디기 때문에 유럽에서는 주로 술통을 만드는 데 쓰기도 한다.

보존 처리가 진행 중인 목재를 자세히 관찰한 결과, 내구성을 위해 목재 끝을 암수로 다듬어 엮었다는 사실이 밝혀졌다. 이른바 결구結構 기법

목조우물의 축조 과정 복원도(왼쪽). 결구 기법으로 우물을 짜고 진흙을 발라 이물질이 들어오지 못하게 했다. 유물에 바탕하여 영상 복원한 우물 터 모습(오른쪽).

을 사용한 것이다. 양쪽 끝을 암수로 다듬어 우물 정#자 모양으로 한 단 한 단 정교하고 단단하게 짜올렸고, 목재와 목재의 이음새에는 진흙을 발라 이물질의 침투를 막았다. 이렇게 엮어올린 우물 정자 모양의 나무 단은 14단으로, 우물 높이는 2.5미터에 달했다. 백제의 석탑은 대체로 이러한 결구 기법과 비슷한 구조를 갖고 있는데, 목탑 조성 때의 결구 기법이 여기에 다소 변형되어 남아 있는 게 아닌가 추정해봄직하다.

우물 목재에는 이미 건축에 사용한 나무를 재활용한 흔적도 있었다. 우물 목재에 목조 건축에서 사용했던 작은 홈들이 패어 있었던 것이다. 이는 주변에 상수리나무로 만든 건축물들이 있었고, 그런 건축물에 쓰인 목재로 우물을 다시 만들었다는 의미다. 곧 우물 목재로 재활용할 정도로, 당시 풍납토성 밖에도 상당한 수준의 목조 건물들이 있었다는 뜻이기도 하다.

백제인의 생활상을 짐작케 하는 유물도 우물에서 출토되었다. 두레박 걸이용으로 보이는 목기, 반원형 나무두레박, 물동이를 일 때 사용한 똬리도 고스란히 남아 있었다. 물풀로 엮은 똬리는 직경 10센티미터 정도로, 오늘날의 똬리와 별반 다르지 않다.

목조우물 터에서 발견된 백제 토기들. 물동이로 쓰였을 것이다.
빠진 두레박을 건져올리는 데 사용했을 법한 삼지창 모양의 도구와 두레박 걸이로 추정되는 목제품.

서울 송파구 석촌동의 백제 돌무지무덤. 고구려 양식과 비슷한 돌무지무덤이 80여 기나 있어 '돌마을〔石村〕'이라 불렸다.

우물에서 가장 많이 나온 것은 물동이로 추정되는 항아리다. 물을 긷다가 우물에 두레박이나 물동이를 빠뜨리면 건져내는 삼지창 모양의 도구도 있었다. 식수원 역할을 하는 우물가 근처에 모여 살았을 백제인. 그들이 우물가에 모여 있는 풍경은 우리에게도 무척 익숙한 것이다.

동북아의 허브 항구로 바닷길이 통하다

지금도 서울에는 생각 이상으로 백제 유적이 많이 남아 있다. 서울 속의 백제는 과연 어떤 모습일까? 풍납토성을 발굴하기 전만 해도 가장 유력한 위례성 후보지는 몽촌토성이었다. 《삼국사기》 아신왕阿莘王조에 아신왕이 '한성별궁漢城別宮'에서 태어났다고 되어 있다. 역시 《삼국사기》 개로왕蓋鹵王 21년의 기록에는 고구려군이 북성北城과 남성南城을 차례로 함락하고 개로왕을 죽였다고 되어 있다. 그렇다면 풍납토성과 몽촌토성은 그 역할이 달랐지만 모두 왕성의 위상을 지니고 있던 것은 아닐까?

풍납토성에서 출토된 소가야 토기(왼쪽)와 소가야 지역에서 나온 백제 토기(오른쪽).

풍납토성에서 650미터 떨어져 있는 몽촌토성은 구릉 지대를 이용해 쌓은 토성으로 산성에 가깝다. 성벽에는 방어용 목책을 쳐놓았고 성벽 아래로는 적의 성벽 접근을 막는 일차 방어선인 물길, 즉 해자垓子가 있었다. 몽촌토성에서는 방어 시설뿐 아니라 주로 무기류가 출토되었다. 이런 사실로 보아 몽촌토성은 위례성의 방어성으로 세워진 것이 아닌가 하고 짐작하게 된다.

송파구 석촌동의 돌무지무덤도 백제 고분이다. 일제강점기만 해도 80여 기의 고분이 밀집해 있었지만, 지금은 3기밖에 남아 있지 않다. 기단석 제1단의 규모가 동서 50.8미터, 남북 48.8미터에 달해, 고구려의 태왕릉에 견주어봐도 전혀 손색이 없다. 도시화와 개발의 물결 속에서 무덤들이 대부분 사라진 것도 아쉽지만, 부장품이 모두 도굴되어 역사의 빈 페이지를 채울 기회가 사라진 현실이 더욱 안타깝다.

석촌동 고분군과 몽촌토성 말고도, 풍납토성 가까운 곳에는 여러 산성이 분포해 있다. 북쪽으로 한강을 건너면 백제의 수도방어 산성으로

풍납토성 출토 토기 조
각을 복원한 일본 토기
하니와.

추정되는 아차산성(阿且山城, 서울시 광진구 광장동.
사적 234호)이 있다. 성벽 높이는 10미터가량이며
한강 상류와 하류에서 올라오는 선박의 움직임을
왕성으로 알리는 구실을 한 곳이다. 아차산은 장수
왕의 고구려군이 보루성을 쌓고 주둔한 곳이기도
하다. 경기도 하남시에는 한강 이남의 평야 지대를
배후에서 지키던 백제의 수도방어 산성인 이성산
성(二聖山城, 사적 422호)이 있다. 화강암을 이용해 S
자 모양의 포곡형(包谷形)으로 쌓았으며, 둘레 약 2킬
로미터의 성벽을 옥수수 알처럼 다듬은 돌로 축조
한 성이다. 이곳에서도 백제 유물들이 발굴되었다.
조선 시대에 축조한 남한산성 일대에서도 백제 토
기가 출토되었다.

앞에서 말한 대로 풍납토성은 한강에 바짝 붙어 있다. 홍수가 지면 강
물이 범람해 큰 피해를 입을 위험이 있을 텐데, 백제는 왜 한강변에 수도
를 정했을까? 이 의문을 풀자면 먼길을 돌아봐야 한다. 우선 풍납토성
경당 지구 출토 유물 가운데 그 수가 가장 많은 토기류에 주목할 필요가
있다. 백제 토기는 항아리와 단지류가 주를 이루는데, 장식성보다 실용성
을 강조하는 것이 전반적인 특징이다. 또한 토기 표면에 끈이나 무늬가
있는 나무방망이로 두들겨 무늬를 새긴 두드림무늬 토기(打捺文土器)도
오랜 세월 이어진 백제의 토기 양식이다. 그런데 풍납토성 경당 지구에
서는 백제 양식이 아닌 토기들이 상당수 나왔다.

암갈색 토기 조각들은 그 색상과 모양으로 볼 때 5세기경 소가야(小伽
倻) 지역에서 제작한 토기가 분명하다. 경상남도 고성 지역에 자리했던 소
국 소가야, 백제의 심장부 풍납토성에서 왜 소가야의 토기가 나오는 것

풍납토성에서 발굴한 동전무늬 도기의 문양(왼쪽)과 중국 주연 가족묘박물관 소장품에 찍힌 동전무늬 (오른쪽). 3세기 초 백제와 중국의 국제 교역을 알려준다.

일까? 이는 한성 백제의 중앙세력과 소가야 세력이 교류했음을 말해준 다. 흥미로운 사실은, 경상남도 산청군 묵곡리에서 발견된 5세기경의 소 가야 무덤군에서 백제 토기가 발견되었다는 점이다. 묵곡리에서 나온 백 제 토기는 20여 점으로, 이것은 소가야 외곽에 해당하는 산청 지역까지 백제의 중앙세력이 영향을 미치고 있었다는 증거다.

어인 이유로 백제는 오늘날 경상남도 서부 지역의 작은 나라인 소가 야와 교류한 것일까? 풍납토성에서 나온 작은 토기 조각을 복원하면, 3 세기 중반부터 왜倭의 무덤에 등장하는 토제 장식품인 하니와埴輪와 비 슷한 것이 나타난다. 백제가 왜와 해상무역을 한 흔적이다. 그렇다면 소 가야는 일본 열도와 백제를 오가는 교통로에서 일종의 중간 기지가 아니 었을까?

백제와 중국의 교역을 알려주는 유물도 있다. 풍납토성에서 출토된 동전무늬〔錢文〕 도기는 중국 동진東晉의 대표 도기로 알려져 있다. 동전이 계속 바뀌면서 중국에서 나오는 동전무늬 도기의 문양도 달라진다. 풍납 토성 출토 동전무늬 도기는 백제가 동진과 교류했음을 알려준다. 3세기

몽촌토성 출토 금동과대금구. 이것은 중국 동진의 관복 허리띠인데, 몽촌토성에 이어 풍납토성에서도 발견되었다. 여기서 일본 야마토 정권과 중국 동진의 교류에 백제가 중심축이었음을 알 수 있다.

말 동진의 수도였던 중국 난징南京의 난징시립박물관 입구에는 6세기 중국에 모여든 각국 사신들을 묘사한 〈양직공도梁職貢圖〉가 전시되어 있는데, 백제 사신의 모습도 찾아볼 수 있다. 당시 백제가 동진과 매우 밀접한 관계를 맺고 있었음을 보여주는 장면이다.

그런데 지금까지 알려진 것보다 훨씬 일찍부터 백제와 동진이 교류했음을 알려주는 단서가 있다. 3세기 안후이성 절도사를 지낸 주연의 가족묘박물관에 소장된 동전무늬 도기는 3세기 초 중국의 삼국 시대에 유행했다가 4세기 동진 시대에 들어와서는 점차 없어졌다. 이렇듯 특정 시기에만 유행한 동전무늬 도기는 중국에서도 흔치 않은 유물이다.

이 동전무늬 도기가 출토된 주연 가족묘는 3~4세기에 조성된 유적이다. 백제가 중국과 교역한 시점이 바로 이 범위 안에 들어온다. 그동안 백제가 중국과 교역한 시점은 4세기 말이라고 알려져 있었지만, 풍납토성 출토 동전무늬 도기를 통해 보면 교류 시점은 3세기 초로 올라간다.

문헌 기록에 따른다면 백제와 중국 남부 왕조가 직접 교류한 시기는 동진 시기, 구체적으로는 동진의 말기에 해당한다. 그러나 풍납토성에서 동전무늬 도기가 발굴된 것으로 미루어볼 때, 동진 초기나 중기 등 더 이른 시기에 교류를 시작했을 것으로 추정할 수 있다. 중국에서 위·촉·오세 나라가 세력을 다투던 삼국 시대(220~265년)의 동오東吳와 교류했을 가능성, 즉 좀더 이른 시기에 교류를 시작했을 가능성도 적지 않다. 3세기 초 한성 백제와 중국의 교류는 놀라운 사실이다. 그러나 놀라움은 단

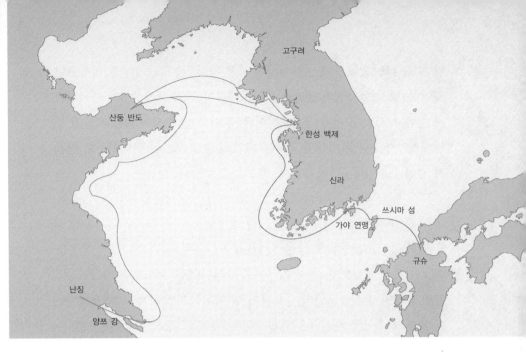

고구려

산둥 반도

한성 백제

신라

쓰시마 섬

가야 연맹

규슈

난징

양쯔 강

4세기 백제의 해상 교역로. 일본, 중국으로 통하는 뱃길을 바탕으로 백제는 동아시아 국제해상 무역의 핵심이 되었다.

지 중국과 교류했다는 데서 그치지 않는다.

일본에서 동진의 관복 허리띠인 금동과대금구金銅銙帶金具가 발견되었다. 그동안 일본 학계는 금동과대금구를 일본 야마토 정권이 중국과 직접 교역했다는 증거로 삼아왔다. 그러나 몽촌토성에 이어 풍납토성에서도 중국제 금동과대금구가 출토되면서 우리 학계는 중국과 왜를 연결하는 중심에 백제가 있었다고 보고 있다. 4세기에 중국의 동진과 일본의 야마토 정권이 직접 교류하지 않았고, 중간에 백제가 있었다는 것이다. 다시 말해서, 4세기 동아시아 국제 교류에서 백제가 일종의 중심축 역할을 했다는 뜻이다. 이렇게 일본에서 백제를 거쳐 배를 타고 들어오면 중국의 산둥 반도, 장쑤성이 가깝고 양쯔 강을 교통로로 이용할 수 있다.

이렇듯 뱃길을 이용한 백제 교역로는 중국과 일본으로 이어져 있었다. 이를 바탕으로 백제는 동아시아 국제 해상무역의 중심으로 성장했던 것이다. 당시 한강변의 풍납토성은 동아시아 국제 해상무역의 중심지이자 물류 기지였다. 이제 풍납토성이 한강 바로 옆에 자리 잡은 까닭이 분명해졌다. 500년 위례성의 역사는 왜와 중국을 오가는 무역선들로 활기가 넘쳤을 것이다.

하이테크 성곽 풍납토성은 말한다

이제 시야를 넓혀보자. 당시 지구촌의 교역 상황은 어떠했을까? 중국 동진의 유적지에서는 로마의 유리잔이 발견되기도 했다. 2세기경 이미 로마 황제가 중국에 사절단을 직접 파견할 정도로, 동서양의 문명 교류는 우리의 생각보다 활발했다. 동서 문명의 융합이 일어난 대표지인 인도의 간다라 불상은 그리스인의 얼굴, 로마인의 얼굴을 닮아 있다. 온조왕이 백제를 건국한 기원전 18년 로마는 공화제를 마감하고 제국으로서 첫발을 내딛었고, 당시로서는 획기적인 기술로 동서 교역의 중심지가 되었다.

문명 교류는 기술 혁신을 가져왔다. 로마 제국의 폼페이 유적지에서 발굴된 벽화에는 외과 의사가 상처를 치료하는 장면이 그려져 있다. 이 시기에 이미 외과 수술을 하고 있었던 것이다. 상품의 무게를 재는 저울은 고대 이집트인들의 발명품이다. 중국에서는 지진의 발생과 진원지까지 알려주는 지진계를 발명했다. 로마는 콘크리트 제작 기술을 보유해 도로 포장까지 했으니 고대인의 기술력에 놀라지 않을 수 없다. 그런데 풍납토성에서도 그에 버금가는 성벽 축조 기술을 확인할 수 있었다.

현재 풍납토성 성벽은 2.2킬로미터에 걸쳐 이어져 있다. 허물어져 나간 곳까지 계산하면 3.5킬로미터에 달한다. 성벽이 가장 잘 보존된 동벽은 폭 20미터, 높이 9미터 정도다. 흙으로 쌓은 토성이 1500년 이상 지탱

삼국의 각축장이었던 이성산성

이성산성은 풍납토성, 몽촌토성과 인접해 있을 뿐 아니라 한강 본류와 남한강·북한강이 만나는 두물머리에 위치해, 배후의 평야 지역과 한강 유역을 방어하기에 매우 유리한 입지 조건을 갖추고 있다. 따라서 삼국이 대치하는 최전선 지역인 한강변 요충지가 되었기에 삼국의 유물이 모두 발견된다. 신라 및 통일신라 시대 유물이 나오는가 하면, 고구려 목간과 척尺 등 고구려계 유물과 백제계 토기류도 나온다. 성벽을 축조한 양식도 백제 계통과 고구려 계통이 모두 나타난다.

5~6세기에 해당하는 유물들로 보면 당시에는 고구려가 차지하고 있었던 것으로 추정할 수 있지만, 적어도 5세기 초까지는 백제의 지배 아래 있었다는 주장도 있다. 앞으로의 발굴 성과와 연구 결과에 따라 삼국의 각축장이었던 이성산성의 전모는 물론, 한강 유역에 대한 삼국의 세력 판도 변화도 좀더 정확하게 알 수 있을 것이다.

초기 백제 불교의 유적과 유물은 왜 없을까?

중국의 동진에서 인도 출신 승려 마라난타摩羅難陀가 침류왕枕流王 원년(384년)에 뱃길로 백제에 와서 불교를 전했다는 이야기는 유명하다. 물론 그전에 이미 중국과 교류하면서 불교가 전래되었을 가능성이 크지만, 국왕이 외국 승려를 환대함으로써 불교를 본격 수용했다고 할 수 있다. 그런데 왜 불교 전래 후에도 100년 가까이 도읍지였던 위례성 부근에서는 불교 관련 유적·유물이 발견되지 않는 것일까?

초기 한성 백제의 불교 문화를 짐작케 하는 유물·유적이 없는 점은 미스터리로 남는다. 심지어 마라난타의 불교 전래 기록을 신뢰하기 힘들다는 주장마저 있다. 백제의 불교 문화는 웅진성熊津城으로 천도한 이후 빠르게 발달했다. 다만 학계 일부에서는 하남시 남한산 일대의 불교 유적 및 유물이 초기 백제의 불교 전통에 바탕을 둔 것이 아닌가 추정한다. 백제의 불교 수용 초기에 관한 의문은 백제의 전통 신앙과 종교 관념, 사회 체제, 웅진 천도 이후의 변화 등을 종합해 풀어야 할 과제다.

풍납토성은 매우 과학적인 기술로 축조되었다. 동쪽 벽에서 확인할 수 있는 판축 기법(위). 벽돌처럼 한 층 한 층 쌓아올려 내구성을 보완했다. 지반이 약한 갯벌층 사이에 식물 유기체를 깔아 접착 강도를 높였고(왼쪽 아래), 석축의 단면에 일정하게 골을 남겨 배수를 고려했다(오른쪽 아래).

해온 비결은 무엇일까? 1999년에 성벽 축조법을 확인하기 위해서 성벽의 일부를 절개했다. 절개한 단면을 보니 단순히 흙을 쌓은 게 아니라 벽돌처럼 한 층 한 층 쌓아올린 판축 기법을 사용했음이 밝혀졌다.

　일정한 간격으로 나무틀을 대고, 그 안에 고운 흙을 반죽해 부어넣은 뒤, 마치 벽돌을 찍듯 한 층 한 층 다져서 중심 토루를 만든다. 그리고 그 옆으로 네 겹의 점토를 덧대어 성을 완성한 판축 토성은 콘크리트와 비슷한 효과를 낸다. 성벽 중간 지점의 갯벌층에서도 과학적 축조 공법이 확인되었다. 지반이 약한 갯벌층 사이에 식물 유기체를 약 10센티미터 높이로 깔아 성벽의 접착 강도를 높이는 부엽공법敷葉工法을 이용한 것이다. 성벽 축조 당시 그 구간의 토질이 갖고 있던 취약성을 보완하기 위해 완충제로 식물 유기체, 갯벌흙, 식물 유기체, 갯벌흙, 이렇게 번갈아 깔아 튼튼한 토층을 쌓았던 것이다.

성벽 내부의 마무리 지점에서는 석축이 드러났다. 3단으로 쌓아올린 석축의 단면에는 일정하게 골을 남겨두었다. 판축한 성벽이 한강의 범람에도 견딜 수 있도록 배수를 고려한 것이다. 돌과 돌 사이에는 점토를 발라놓고, 그 사이로 골을 내서 물이 잘 흐를 수 있게 처리했다. 이 모든 시설은 축조에 들어가기 전부터 이미 치밀하게 설계되었을 것이다.

성벽 바닥은 지하 깊숙한 곳까지 뻗어 있는데, 가장 밑면의 폭이 43미터, 높이는 15미터에 이른다. 사다리꼴로 중심을 쌓은 다음, 좌우로 판축한 거대한 토성이었다. 이런 규모의 토성을 축조하는 데 들어간 노동력과 물자는 어느 정도였을까? 토목 공학의 수치 해석 프로그램으로 계산한 흙의 양은 엄청났다. 성벽 전체 길이를 3.5킬로미터라고 할 때 토목공학으로 따져보면 부피는 약 80만 세제곱미터가 되는데, 흙 무게로는 150만 톤, 즉 10톤 트럭 15만 대 분량이다. 이 정도라면 오늘날의 공사 장비를 동원하더라도 아주 큰 공사다. 동원 인력도 연인원 100만 명 이상이었을 것이다. 이런 대역사를 수행한 시기는 백제가 고대국가로 성장한 시점을 가늠하는 단서가 된다.

이런 대규모 성벽을 정확히 언제 쌓았는가 하는 문제에는 여러 견해가 있다. 그러나 상당히 이른 시기부터 백제가 그 정도 규모의 토목 공사를 할 수 있을 만큼 국가 권력이 집중되어 있었다는 점은 분명하다. 이에 따라 풍납토성은 삼국 시대의 국가 형성 또는 국가 발전사에 관한 연구를 다시 한 번 돌이켜보게 하는 계기가 되었다. 《삼국지》 위지 '동이전'은 3세기의 백제를 변변한 성곽도 없는 부족국가 정도로 묘사했다. 지금까지 많은 학자가 이 기록을 근거로 초기 백제의 실체를 인정하지 않았다.

그러나 《삼국사기》에 따르면 백제는 1세기 이전부터 주변국들을 병

백제 위례성 500년 역사 동안 한강은 동아시아 국제 해상무역의 중심지이자 물류 기지로 언제나 활기가 넘쳤다. 풍납토성과 한강을 바라본 당시 복원도(왼쪽). 풍납토성이 발견되기 전 위례성의 후보지였던 몽촌토성(오른쪽).

합했다. 3세기에 이르면 백제는 이미 충청권까지, 신라는 경상북도 일대를 통합하고 있었다. 중국의 역사서 《삼국지》와 김부식이 쓴 《삼국사기》. 이 두 역사서에 묘사된 백제는 크게 다르다. 왜 이런 현상이 벌어졌을까?

《삼국지》 위지 '동이전' 한韓조는 삼한 지역의 제도, 산물, 습속 그리고 낙랑이나 대방 지역과의 원거리 교역 관계 등을 주로 기술하는 문헌이다. 그런 문헌을 바탕으로 백제의 정치사를 재구성하다 보니, 백제의 정치사는 사실상 말살·왜곡·축소되기 십상이다. 《삼국지》 위지 '동이전'의 한조에만 근거한다면, 최근의 고고학 발굴 성과를 설명할 길도 없을 뿐더러 백제 역사는 왜곡될 수밖에 없다.

풍납토성 축성 연대를 밝히면, 백제가 일찍부터 고대국가로 성장했다고 전하는 《삼국사기》의 신빙성도 검증할 수 있다. 풍납토성 성벽에서 발굴한 목재를 방사성탄소연대 측정을 해보니 기원전 1세기~기원후 2세기 사이라는 결과가 나왔다. 늦어도 2세기경에 백제는 풍납토성 같은 성을 지을 수 있는 고대국가로 성장했다는 뜻이다. 이는 《삼국사기》의 초기 기

백제의 해양 전통과 대외 개방성

6세기에 백제는 제주도, 일본 북부 규슈, 오키나와, 타이완, 필리핀 군도 흑치국, 인도차이나 반도, 인도에 이르는 일대 해상 교역로를 통해 먼 지역과 문물을 활발하게 교류했다. 성왕聖王 시대 백제 승려 겸익謙益은 뱃길로 인도에 들어가 불경을 구해왔다. 6세기 중반에는 오늘날의 캄보디아 지역에 해당하는 부남국扶南國과도 교역했고, 페르시아 직물을 수입하기도 했으며, 인도양과 태평양에 서식하는 야광조개도 들여왔다.

백제와 중국 지역의 교역 항로는 한반도 서남부, 요동반도, 발해만, 산둥반도, 난징 지역으로 이어져 있었지만, 고구려 연안을 거쳐야 했기에 그리 안전했다고 보기는 힘들다. 백제는 고구려 수군이라는 위험 요인을 극복하고 중국 지역과 교류했으며, 한반도 서남부에서 산둥 반도로 가거나 흑산도를 거쳐 곧바로 난징 지역으로 향하는 항로를 이용하기도 했다. 후자는 당시 항해 기술로는 어려움이 많은 항로였다.

이러한 백제의 눈부신 해양 전통과 대외 개방성이 통일신라 시대 청해진 출신 장보고가 활약하는 데 밑거름이 되었다고 하면 과장일까? 중국에서도 바다와 인접한 산둥성, 저장성, 장쑤성, 푸젠성 등이 해양 전통과 대외 개방성을 오래전부터 보유하고 있는 지역이다. 또 이들 지역은 일찍이 중국 바깥으로 나가 장사로 큰 성공을 거둔 화교 거부들을 많이 배출하기도 했다.

방사성 탄소연대측정법이란?

모든 생물에는 탄소동위원소가 있다. 생물이 죽으면 세월이 흐르면서 탄소동위원소가 파괴된다. 탄소동위원소가 파괴된 정도를 측정해 오래전에 죽은 생물의 연대를 측정하는 것이 바로 방사성 탄소연대측정법이다. 그러나 대략 5만 년보다 오래된 유적·유물에 대해서는 이 방법으로 정확한 연대를 측정하기 힘들다.

록과도 일치한다. 《삼국사기》의 온조왕 13년조를 보면, 백제를 건국한 온조왕 때 백제는 이미 남으로는 금강 일대와 북으로는 예성강까지 세력을 미치고 있었다.

풍납토성은 한국 고대사의 새로운 이정표를 세우고 있다. 풍납토성의 전체 면적은 74만여 제곱미터이지만, 그동안 발굴한 면적은 극히 일부다. 앞으로 풍납토성 발굴이 계속될수록 우리 고대사는 잃어버렸던 조각들을 되찾게 될 것이다. 지금은 비록 고층 건물에 싸여 있지만 풍납토성은 잃어버린 백제 500년의 숨결과 표정, 나아가 우리 고대사를 새롭게 복원하게 할 블랙박스라고 불러도 지나치지 않다.

11 금동신발 속의 백제인, 그는 누구인가

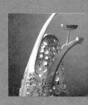

도대체 누가 이 금동신발을 신었을까?
신발 속 뼈의 주인은 왕일까, 귀족일까, 아니면?
공주 수촌리 고분에서 나온 금동신발은
백제 고대사의 많은 수수께끼를 풀어줄 단서다.
현대 의학과 함께 수수께끼 풀이에 나서보자.

최초 발굴! 금동신발 속의 뼈

유구한 역사의 숨결을 안고 유유히 흐르는 금강을 품은 옛 백제의 도읍 공주. 2003년 금강 북쪽 공주시 의당면 수촌리에서 4세기 후반~5세기 초·중반에 걸쳐 조성한 것으로 보이는 고분 다섯 기가 세상에 모습을 드러냈다. 발굴 소식이 전해지자 학계와 언론은 비상한 관심을 보였다. 다섯 기의 고분에서 중국제 자기, 큰고리칼, 금동관모 두 점, 금동신발 석 점 등 왕의 무덤에서나 나올 최고급 유물들이 쏟아져 나온 것이다. 실로 1971년 무령왕릉(武寧王陵, 충청남도 공주시 금성동) 발굴 이후 최대의 백제 고분 발굴 성과였다.

무덤 구덩이를 파고 그 안에 목곽과 목관을 안치한 나무덧널무덤(土壙木槨墓)인 1호분에서 금동관모와 금동신발이 한 조를 이루어 함께 나왔고, 무덤방으로 연결되는 입구 시설을 갖춘 굴식 돌방무덤(橫穴式 石室墓)인 5호분에서는 중국제 청자와 함께 금동신발 한 켤레가 금동관모와 같이 나왔다. 역시 굴식 돌방무덤인 4호분에서는 금동신발 한 켤레가 바닥

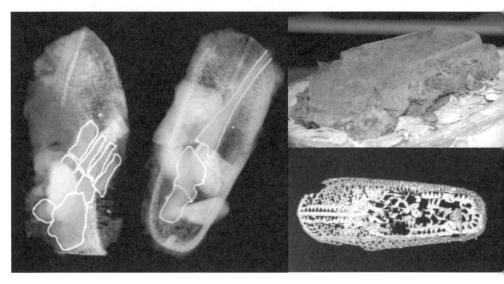

공주 수촌리 3호분에서 출토된 금동신발 한 켤레(오른쪽 위). 보존을 위해 X선 촬영을 해보니 사람의 발뼈가 보였다(왼쪽). 영상으로 복원해 그 화려한 모습을 확인할 수 있었다(오른쪽 아래).

을 위로 한 채 큰고리칼과 같이 발굴되었다.

더욱 흥미로운 사실은 3호분에서 나온 금동신발을 보존 처리하는 과정에서 사람의 발뼈를 확인했다는 점이다. 금동신발은 동판으로 신발을 만들어서 표면에 금을 입힌 것으로, 우리나라에서는 삼국 시대에 사용되었다. 주로 왕이나 왕족에 버금가는 사람들의 무덤에서 나오는데, 그것도 수량이 그리 많지는 않다. 그런데 공주 수촌리 고분에서는 세 켤레의 금동신발이 나왔다.

지금까지 금동신발은 신는 게 아니라 죽은 사람의 관 옆에 묻어주는 물건, 즉 부장품으로만 알려져 있었다. 그런데 수촌리 고분에 묻힌 사람은 금동신발을 신고 있었다. 그는 누구일까? 법의학자, 탄소연대측정 전문가, DNA 전문가 등이 모여 뼈를 분석했다.

금동신발 속의 백제인, 그는 누구인가 263

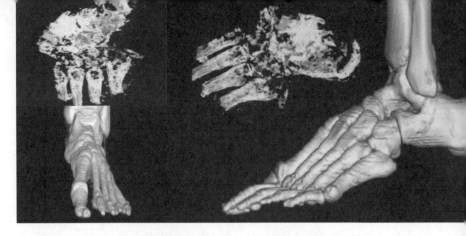

정상인의 발뼈(왼쪽 아래)와 비교해보면 금동신발 안에 남아 있는 발뼈의 모습(왼쪽 위)을 더 정확히 확인할 수 있다. 정상인의 발뼈와 금동신발 안 발뼈의 측면도(오른쪽).

우선 죽은이의 관절은 굵어지는 현상이 이미 일어난 상태였다. 이것은 나이 든 사람에게서 나타나기 때문에, 죽은이는 적어도 어린이가 아니라 나이가 상당히 든 사람일 것이라고 추정했다. 물론 나이가 '상당히 들었다'고는 해도 고대와 오늘날의 차이는 있을 것이다. 이를테면 예순 정도의 나이로 추정했는데 실제로는 이 고대인의 나이가 마흔 정도라든가 하는 차이다. 여하튼 어린이나 청소년 또는 청년은 아니며 최소한 장년 이상의 사람이 묻혔다고 말할 수 있다.

탄소연대측정이나 DNA 분석으로 좀더 구체적인 정보를 얻으려면, 뼈의 상태도 좋아야 하지만 거기에서 나오는 콜라겐의 질이 좋아야 한다. 경우에 따라서는 발뼈를 통해 당시 사람들의 흐름 또는 계통, 예컨대 만주에서 왔는지, 동남아시아 지역에서 왔는지, 중국 남부에서 왔는지 등을 알아낼 수도 있다. 그러나 금동신발이 워낙 오랜 세월 흙에 묻혀 있다 보니, 뼈가 거의 남아 있지 않은 상황이다. 그렇다고 흙더미에서 뼈를 떼내면 곧바로 부스러질 가능성이 높다. 오래된 뼈는 흙보다도 약하다. 흙 속의 신발과 뼈는 건드리지 않고 뼈 상태를 알아볼 수 있는 방법은 없을까?

(왼쪽부터 시계 방향으로) 공주 수촌리에서는 널무덤, 나무덧널무덤 2기, 굴식 돌방무덤 2기가 발견되었다.

병원에서 사용하는 최첨단 의학장비를 이용해 3차원 영상으로 뼈 상태를 원형 그대로 복원하는 방법을 써보았다. 컴퓨터단층촬영으로 발가락뼈를 제외한 네 가닥의 발뼈와 뒷꿈치뼈가 남아 있는 것을 확인할 수 있었다. 컴퓨터 영상을 근거로 3차원 영상을 만들어보니, 신발 속에 들어 있는 발뼈는 생각보다 훼손 정도가 심했다. 발뼈 중간 부분의 골 네 가닥과 뒷꿈치 부분만 약간 남아 있는 정도인데, 뼈의 크기로 볼 때 성인이라는 것 말고는 남성인지 여성인지도 단정하기 힘들었다. 결국 최첨단 의학장비로도 발뼈의 주인공이 성인이라는 것 말고 좀더 상세한 정보를 얻기 힘든 일이었다.

왕인가 아닌가?

뭔가 좀더 상세한 단서를 찾자면 결국 수촌리 발굴 현장을 자세히 검토할 수밖에 없다. 여기는 다양한 양식의 고분 다섯 기가 한자리에 모여 있다. 일부는 안으로 사람이 드나들 수 있도록 입구와 문이 달려 있는 굴식

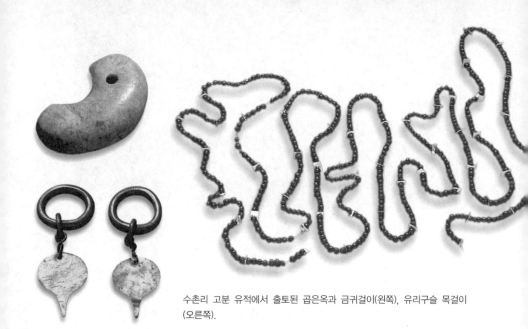

수촌리 고분 유적에서 출토된 곱은옥과 금귀걸이(왼쪽), 유리구슬 목걸이 (오른쪽).

돌방무덤, 이른바 횡혈식 석실묘다. 또한 직사각형 덧널을 파고 아래 바닥에 자갈을 깔아 만든 널무덤도 있고, 땅에 구덩이를 파고 나무관을 안치한 나무덧널무덤도 두 곳이 발굴되었다. 다섯 무덤들은 마치 원을 그리듯 배치되어 있다.

무덤에서는 중국 황실이나 제후급 무덤에서나 볼 수 있는 최고급 중국제 자기들이 다섯 점 출토되었다. 덮개가 있고 귀가 네 개 달린 항아리 모양의 청자 사이호四耳壺와 '닭머리를 닮은 주둥이가 달린 검은 유약을 바른 주전자', 즉 흑유계수호黑釉鷄首壺도 있다. 모두 동진東晉의 자기다. 중국 자기뿐 아니라 실생활에서 직접 사용한 듯 보이는 토기들도 많이 나왔다. 살포라는 농기구도 발견되었다. 철기류도 많았는데, 거기에는 재갈이나 등자 등 마구와 함께 아주 긴 큰고리칼도 있었다. 또한 여성 무덤으로 추정되는 무덤 두 기에서는 귀걸이와 구슬 등 화려한 장신구들이 출토되었다.

266

큰고리칼은 보존 처리를 하자 환두, 즉 칼손잡이의 고리 부분에서 은 상감을 한 용머리 문양이 드러났다. 큰고리칼 같은 큰 칼뿐 아니라, 작은 칼과 창도 나왔다. 말을 탈 때 쓰는 마구는 모든 무덤에서 발견되었는데, 이로 미루어 남녀 모두 말을 탔으리라 추정할 수 있다. 여성의 묘로 추정되는 두 기의 무덤에서는 수백 점이나 되는 유리구슬도 나왔다. 적색과 청색 등 화려한 빛깔의 유리구슬은 무덤에 묻힌 여성이 아주 높은 신분의 사람이었음을 말해준다. 이미 언급한 금동신발 외에도 금동관모가 두 개 나왔다. 지금까지 금동관모나 금동신발이 나온 유적은 있지만, 이렇게 한 지역의 무덤 세 곳에서 금동관모 두 개와 금동신발 세 켤레나 나온 경우는 처음이다.

금동관모는 2005년 현재 아직도 흙에 덮여 있다. 흙을 털어내고 보존 처리 작업을 마무리 짓는 데 2년이 걸릴 예정이다. 수촌리 금동관모는 무령왕릉의 금관 장식에 견주어도 손색 없이 화려한 데다가 전라남도 나주시 신촌리 금동관보다 정교한 맛이 있어서 아주 세련된 미감을 보여준다. 3차원 컴퓨터단층촬영으로 금동관모와 금동신발을 복원해보니 금동신발은 T자형 투조무늬에 바닥은 용을 형상화한 모습이었다. 비록 오랜 세월 흙에 눌려 일부가 훼손되기는 했지만 금동관모의 화려한 자태도 여전히 남아 있었다.

금동관모의 부피와 문양을 알아내기 위해 레이저로 스캔하여 표면 접사 촬영을 한 뒤 모형 복원에 들어갔다. 영락瓔珞, 즉 구슬이나 귀금속을 꿰어놓은 장신구가 달려 있고, 투조透彫, 즉 판금板金을 앞면에서 뒷면까지 도려내어 모양을 나타낸 기법으로 장식된 금동관모가 모습을 드러냈다.

금관 전문가에 따르면 이 금동관모는 단지 무덤에 들어가는 부장품이 아니라, 생전에 직접 쓴 것일 가능성이 높다. 그렇다면 금동관모를 쓴 인물은 과연 왕이었을까? 금동관모를 썼다고 해서 모두 왕이라고 단정

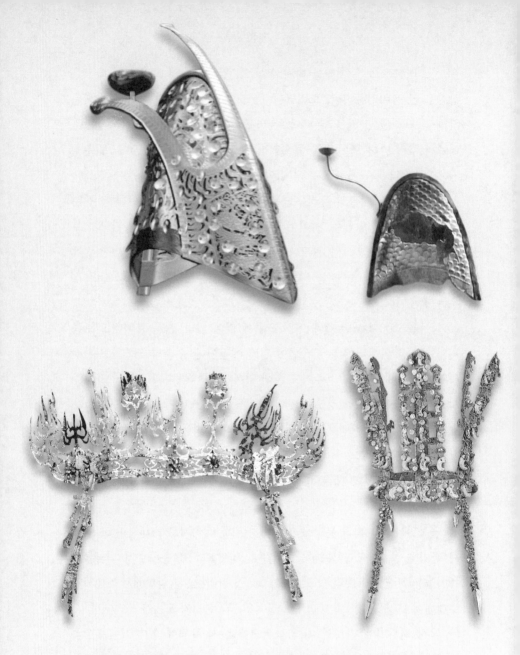

수촌리 고분에서 출토된 금동관모(왼쪽 위)는 고깔 모양의 관모에 화려한 꽃봉오리 장식이 달려 있다. 이것은 백제 고분으로 확인된 익산 입점리 금동관(오른쪽 위)과 형태가 같다. 다른 시대 관들과 비교해보면 유사성은 더욱 분명해진다.

평양 청암리 토성 부근에서 나온 고구려의 금동관(왼쪽 아래)에서는 타오르는 불길이나 바람에 세차게 날리는 구름무늬를 새긴 아홉 개의 세움 장식이 눈에 띈다. 천마총에서 나온 신라 금관도(오른쪽 아래) '산山'자형 세움 장식에 원형 금판과 옥돌로 장식한 점이 특징이다.

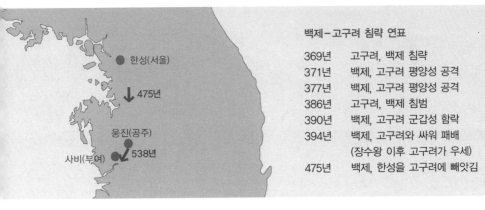

백제-고구려 침략 연표

369년　고구려, 백제 침략
371년　백제, 고구려 평양성 공격
377년　백제, 고구려 평양성 공격
386년　고구려, 백제 침범
390년　백제, 고구려 군갑성 함락
394년　백제, 고구려와 싸워 패배
　　　　　(장수왕 이후 고구려가 우세)
475년　백제, 한성을 고구려에 빼앗김

백제는 고구려의 침략으로 475년 수도를 웅진으로 옮긴 뒤 538년 다시 사비로 천도했다.

할 수는 없다. 신라 영토에서 발굴한 지방 수장급 무덤들에서도 금동관모가 나온 바 있기 때문이다. 그러니 금동관모의 주인공을 찾으려면 고분의 조성 시기를 알아볼 필요가 있다.

　백제의 본래 도읍지는 한성, 지금의 서울 지역이었지만 고구려에 패해 475년 도읍지를 웅진, 지금의 공주 지역으로 옮겼다. 그리고 538년에 사비, 지금의 부여로 옮겼다. 수촌리 고분이 백제가 웅진으로 천도한 475년 이전에 만들어졌다면, 발뼈의 주인공은 왕일 수 없다. 475년 이전에는 왕성이 있는 한성과 멀리 떨어진 공주 지역에 왕릉을 만들었을 가능성이 거의 없기 때문이다. 역사학계는 대체로 백제 13대 왕인 근초고왕近肖古王 24년인 369년에 마한 세력이 백제에 복속된 것으로 보고 있다. 그렇다면 그전에는 백제의 남쪽 경계가 금강 유역이었다고 볼 수 있다. 따라서 적어도 4세기 중반까지 수촌리 일대는 백제의 남쪽 변경 지역이었다. 그러나 475년 웅진 천도 이후 수촌리 고분군이 조성되었다면 발뼈의 주인공, 금동관모의 주인공은 왕일 가능성이 크다.

　5~6세기 백제 고분으로 확인된 전라북도 익산시 입점리의 굴식 돌방

나무덧널무덤인 수촌리 1호분의 매장 과정 재현.

무덤(사적 347호)에서도 금동관과 금동신발이 나왔다. 입점리 출토 금동관은 고깔 모양 관모에 꽃봉오리 모양 장식이 달려 있다. 이는 백제 관의 특징으로 수촌리 고분 출토 금동관도 같은 모습이다. 관대 위에 장식을 하는 신라 관이나 고구려 관과는 다르다. 그러므로 수촌리 금동관이 백제 관이라는 사실은 분명하다.

국립부여박물관에 전시된 은허리띠와 꽃 장식 등 백제의 사비 시대 출토 유물을 살펴보면 알 수 있듯 이 시기 유물에는 금동제품이 전혀 없다. 모두 은제품뿐이다. 그렇다면 수촌리 금동신발은 사비 시대 이전에 만들어진 것이며, 수촌리 고분 전체가 사비 천도 시기인 538년 이전에 생긴 무덤군이라고 봐야 한다. 그런데 고분의 조성 시기를 좀더 상세히 알 수 있는 유물이 앞서 이야기한 중국제 자기 계수호다. 흑유계수호로도 불리는 이 중국 자기가 무덤 조성 시기가 5세기 초중반 이후로 내려가지 않는다는 증거다.

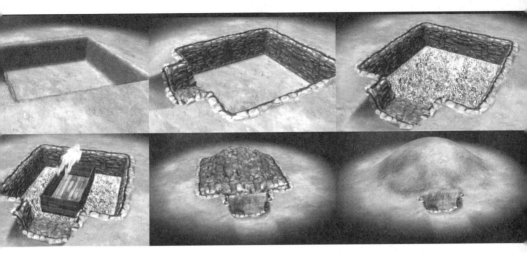

굴식 돌방무덤인 수촌리 5호분의 매장 과정 재현.

보이지 않는 세력가

중국 난징시립박물관에는 동진 시대 유물이 많은데, 여기에도 수촌리에서 발굴한 계수호와 비슷한 자기가 있다. 406년에 만들어진 것으로 사온이라는 사람의 묘에서 나온 흑유계수호다. 동진은 316년에 건국되어 420년까지 존속되었던 나라다. 자기 밑바닥에 제작 연대를 새겨놓은 동진제 계수호는 후대로 갈수록 목 부분이 점차 길어지고 입구의 둘레가 넓어진다. 수촌리 출토 계수호도 목 부분이 길고 입구가 넓어, 406년에 제작된 사온의 묘 계수호와 모양이 비슷하다.

중국의 항저우 라오허 산老和山 무덤에서도 364년에 제작된 흑유계수호가 발견되었는데, 모양으로 볼 때 수촌리 계수호는 그보다 뒤에 제작된 것으로 보인다. 결국 수촌리 계수호는 5세기 초반, 좀더 상세히는 400~420년에 만든 것으로 보인다. 수촌리 4호분이 조성된 시기도 바로 이때였을 것이다.

(왼쪽부터) 수촌리, 사온묘, 라오허 산 출토 흑유계수호. 수촌리와 사온의 묘 흑유계수호는 라오허 산 출토 유물보다 목도 길고 입구도 넓어 그보다 후대의, 비슷한 시기에 제작된 것으로 보인다.

시기를 뒷받침해주는 또 하나의 근거는 무덤의 형태다. 수촌리 1호분은 땅에 구덩이를 판 후 바닥에 자갈을 깔고 나무로 만든 곽을 세운 나무덧널무덤이다. 나무곽 안에 나무관을 안치한 후 마지막에 흙으로 덮었다. 수촌리 5호분은 굴식 돌방무덤으로, 5세기 후반 웅진 도읍 시기 백제 전역에서 쓰인 무덤 양식이다. 땅에 구덩이를 파고, 그 안에 돌을 이용해 관을 안치하는 방을 만들고, 무덤 벽 한 쪽에 밖으로 통하는 출입구를 만든 뒤 흙으로 덮었다. 1호분과 5호분, 즉 나무덧널무덤과 굴식 돌방무덤이라는 서로 다른 형태의 무덤들이 한 지역에서 동시에 조성된 것이다.

백제 고분은 5세기 후반 웅진 도읍 시기에 더 네모진 형태로 양식이 굳어진다. 수촌리 고분군의 경우 4호분은 직사각형이고, 5호분은 방형 형태에 가깝다. 초기 묘제가 틀이 잡히지 않은 상태에서 일종의 혼선이 빚어진 모습이다. 이로 미루어보면 수촌리 무덤은 아무리 늦게 잡는다 해도 백제가 웅진으로 천도하기 전에 사용하던 무덤으로, 전통 묘제가 새로운 묘제를 수용하면서 변화하는 모습까지만 보여준다. 따라서 조성 시기를 4세기 말~5세기 중반 사이로 추정함직하다.

그런데 발굴 도중 4호분과 5호분에서 부러진 관옥管玉이 나왔다. 두 무덤에서 각각 나온 관옥 조각을 맞춰보니 딱 맞았다. 무덤의 주인들이

생전에 부부나 가족이었음을 알 수 있다. 변치 않는 사랑을 약속
하는 의미로 관옥을 쪼개 나누어 갖고 있었거나, 아니면 남편
이 먼저 죽고 부인이 장례를 치르면서 관옥을 쪼개 하나는
자신이 갖고 다른 하나는 남편의 시신과 함께 묻었을 수도
있다. 충성을 맹세하는 징표로 보는 주장도 있고, 부부간
사랑의 징표라는 주장도 있다. 어느 쪽이든 매우 인상적
인 유물이 아닐 수 없다.

수촌리 4호분과 5호
분에서 반쪽씩 발견된
관옥을 맞추니 정확히
들어맞았다.

　수촌리 고분군은 660제곱미터 남짓한 상당히 작은
규모로 나무덧널무덤인 1호분, 2호분과 돌방무덤인 4
호분, 5호분이 시계 반대 방향으로 돌아가면서 시대
순으로 조성되어 있다. 1호분과 2호분은 직선으로 놓
여 있고, 4호분과 5호분은 나란히 있어 부부 무덤으
로 추정된다. 3대에 걸친 직계 가족이 하나의 가족 묘역군을 이룬 것일지
도 모를 일이다. 이렇듯 가족묘로 보이는 수촌리 고분이 만들어진 시기
는 4세기 말~5세기 중반으로 확인되었다. 그러니 무덤 주인공들은 확실
히 백제의 왕이 아니다.

살포를 하사하심은 경제권을 주심이라

왕이 아닌 사람이 화려한 금동관을 쓰고 금동신발을 신었다면 무덤 주인
공은 대단한 세력가였음에 틀림없다. 무덤 주인공은 한성 백제와 어떤
관계였을까? 그는 왕족이었을까? 아니라면 또 어떤 인물이었을까? 5세
기 전반 백제에서 사용한 굴식 돌방무덤이 발달한 무덤 양식인 무령왕릉
을 보면, 굴식 돌방무덤에는 반드시 출입구가 있고 부부 합장合葬이 기본
이다. 무령왕릉에도 무령왕과 왕비가 합장되었다.

역시 굴식 돌방무덤인 무령왕릉은 왕과 왕비를 합장한 형식을 취했다.

그런데 수촌리의 굴식 돌방무덤은 합장이 아니었다. 4호분에는 관을 올려놓는 관대가 하나만 있고, 금동신발 역시 한 켤레만 나왔다. 한 사람이 묻힌 무덤인 것이다. 발굴 당시 4호분과 5호분에서 각각 발견된 부러진 관옥도 단장單葬, 즉 한 사람씩만 묻었음을 보여준다. 무덤의 입구와 방향까지 나란히 해서 배치한 것으로 볼 때, 이 무덤들은 부부를 한 사람씩 묻은 경우로 봐야 한다.

그렇다면 이 무덤을 만든 사람들은 입구를 만드는 무덤 형태만 수용하고 매장 방법은 한 사람만 묻는 단장을 고수한 것이다. 나중에는 다 합장으로 바뀌게 되지만, 합장 개념을 수촌리 지역 사람들은 완전히 수용하지는 않은 것이다. 시대가 바뀌면 매장 관념이나 방식도 변하지만, 수촌리 지역 사람들은 아직 전통을 따르고 있었다.

굴식 돌방무덤을 쓰면서도 단장을 했다는 사실은 결국 수촌리 무덤의 주인공들이 지방 토착세력이었음을 말해준다. 나무덧널무덤도 이를 뒷받침해준다. 4세기 백제의 한성 지역 지배층은 돌무지무덤을 쓰고, 지방세력은 각각 고유한 무덤 양식을 사용했다. 그러므로 수촌리 고분의 주인공은 중앙에서 내려온 인물이 아니라, 바로 그 지역 토착세력이었던 것이다.

수촌리는 공주 일대에서 가장 넓은 평야가 펼쳐진 천혜의 비옥한 땅이다. 정안천正安川과 금강을 낀 수로 교통의 요충지이기도 하다. 이런 지리적 이점을 바탕으로 수촌리 세력은 많은 부를 축적했을 것이다. 무덤에서 나온 유리구슬은 그들이 얼마나 부유했는지 잘 보여준다. 구슬은 당시 백제에서 금·은·비단보다 오히려 더 귀한 물건으로 여겨지고 있었다. 구슬의 제작 방법과 재질을 분석하면 원산지를 알 수 있는데, 분석 결과 인도네시아 지역과 관련이 있었다. 수촌리 고분의 주인공은 인도네시아산 구슬까지 장식품으로 사용했을 정도로 부를 누렸던 것이다.

원주 법천리 고분에서 출토된 양 모양 청자.

수촌리 고분의 주인공들이 어떻게 인도네시아산 구슬과 중국산 자기를 구했을까? 그들이 직접 교류했을까? 수촌리 세력이 제 힘으로 중국과 교류해서 자기를 획득했다고 보기는 힘들다. 수촌리뿐 아니라 천안 지역, 강원도 원주 법천리 지역 등지에서도 중국 도자기가 나오기 때문이다. 일례로 한성 백제 시기 지방 수장의 무덤군인 원주 법천리 고분에서는 동진에서 만들어진 양 모양 청자가 나왔다. 그러나 원주는 지리조건 때문에 중국과 직접 교류하기는 힘든 지역이다. 원주뿐 아니라 중국과 직접 교류하기가 어려운 다른 여러 지역에서도 중국 자기가 출토되었다. 백제 중앙정권에서 지방세력에 자기를 하사했으리라 추측해봄직하다.

금동신발과 금동관도 지방에서 만들 수 있는 물건이 아니다. 역시 백제 왕이 하사한 물건일 것이다. 백제 왕은 왜 이렇게 귀한 물건을 내려주었을까? 구하기 힘든 중국 물건, 신임의 징표라고 할 법한 큰고리칼 등을 내려주었다는 것은, 백제가 지방까지 통째로 지배하기 힘든 상황에서 토착세력과 손을 잡았음을 말해준다. 완전한 직접 지배가 아니라, 중요한 지역의 유력자인 토착 세력가를 대우하는 거점 지배 방식을 취한 것이다.

쿨라, 의례적 교환 체계

남태평양 파푸아뉴기니 동부의 트로브리안드 군도群島에는 쿨라kula라는 의례적 교환 체계가 있다. 쿨라 체계는 여러 섬 사이를 둥글게 회전하며 교환이 이루어지기 때문에 '쿨라환環'이라고도 불린다. 교환되는 물건은 빨간 조개껍질로 만든 목걸이와 흰색 조개껍질로 만든 팔찌다. 목걸이의 순환은 시계 방향으로, 팔찌는 시계 반대 방향으로 이루어진다.

이 목걸이와 팔찌를 지닌 사람들의 위세는 대단히 높지만, 실제로 사용되는 일은 거의 없고 심지어 장식용으로도 쓰지 않는다. 그저 그것을 갖고 있다는 사실 자체가 그 소유자의 위세를 보장해줄 뿐이다. 그런데 그마저도 오래 지닐 수 없고(길어야 2년) 계속 다른 섬으로 전하여 순환시켜야 한다.

쿨라 체계에 참여할 수 있는 사람은 한 섬에 몇 사람뿐이며, 그들은 멀리 떨어진 섬에 살고 있는 참여자들과 평생에 걸쳐 긴밀한 관계를 유지한다. 이런 관계가 주기적으로 이루어지면서 다른 물물교환도 함께 행해져서 사회적 유대 관계가 돈독해진다. 쿨라 체계에 참여하는 이들의 사회적 지위가 높으면 교환하는 상대방의 숫자도 많아지고 선물도 많아지는데, 자주 교환에 참여하거나 선물을 많이 주는 사람은 그 지위가 상승하기도 한다.

고대국가를 다스리는 여러 방법

고대 사회에서 왕 또는 황제가 관료제적 통치 기구를 통해 모든 지역과 모든 인민을 직접 지배한 경우는 드문 편이다. 중앙에서 파견한 관료가 지방 장관이 되어 관할 지역의 인력 징발과 세금 징수를 관리하는 군현제郡縣制는 진시황이 처음으로 본격 시행했다.

군현제와 대비되는 제도로는 봉건제封建制가 있다. 주나라는 종법 질서와 제사 제도에 바탕을 두어, 왕의 직할 통치 지역을 제외한 다른 지역을 제후에게 봉토로 하사하여 다스리게 했다. 그러나 우리가 살펴본 수촌리 고분의 주인공들, 즉 백제 왕에게 공주 일대에 걸친 지배권을 인정받은 세력의 성격이 주나라 봉건제의 제후 세력과 정확히 일치한다고 보기는 어렵다.

하지만 조선 시대에 들어와 강력한 중앙집권적 관료제를 확립할 때까지,

향촌 사회의 유력 가문이나 지방 유림 집단이 상당한 권한을 행사했다. 중앙에서 지방으로 파견된 수령들도 해당 지방에 뿌리를 내리고 있는 유력 인사들의 여론을 중시해야 했다. 이렇듯 군현제와 봉건제로 대표되는 집권과 분권, 직접 지배와 간접 지배는 시대와 지역을 달리하면서 다양한 형태로 나타난다.

왕비가 되려면 왕비족으로 정해져야

전통적인 백제 왕실의 왕비족王妃族은 진眞씨와 해解씨였다. 진씨가 왕비족으로 막강한 권력을 행사하고 있었지만, 아신왕이 죽은 뒤 전지왕(405~420년)의 즉위를 둘러싼 권력 투쟁 과정에서 해씨 세력이 진씨 세력을 누르고 왕비족이 되었다. 왕비족은 군사권을 중심으로 백제의 실권을 장악함으로써 상대적으로 왕권이 약화되는 결과를 초래했다. 이에 따라 동성왕은 사씨, 백씨, 연씨 등 금강 유역을 기반으로 하는 신진 세력을 중앙 귀족으로 등용해 한성에서 옮겨온 전통 귀족 세력과의 균형을 꾀하려 했고, 백제 내부에 세력 기반이 없는 신라 왕실 여성과 혼인을 하기도 했다.

일본에서 건너온 동성왕

동성왕은 백제 21대 문주왕文周王의 아우인 곤지昆支의 아들이다. 곤지가 왜에 건너가서 낳은 아들로, 곤지의 제사를 지내는 신사가 있는 아스카 일대에 머물고 있었다. 23대 삼근왕三斤王이 10대 중반에 세상을 떠났기 때문에, 뒤를 이을 자식이 없었거나 있어도 나이 어린 아이였을 것이다. 이에 따라 문주왕의 아우인 곤지의 아들 가운데 모대가 즉위했으리라 보인다.

당시 실권을 장악한 귀족들로서는 백제의 국내 사정에 어두운 모대가 왕이 되는 편이 자신들의 세력을 유지하는 데 유리하다고 판단했을 법하다. 그러나 모대, 즉 동성왕은 결코 귀족 세력에게 휘둘리는 무기력한 왕이 아니었다. 모대가 백제 왕이 되기 위해 일본을 떠날 때 왜왕은 모대를 격려하면서 "나이는 어리지만 슬기롭다"고 말했다. 그런 동성왕의 비극적 최후는 왕권 강화에 반대해 백제 귀족 집단이 일으킨 사건이었을 수도 있다.

수촌리 고분에서
출토된 살포.

　지방 세력의 수장들은 중앙에서 받은 하사품으로 권위와 권력 그리고 자기 지역의 지배권을 보장받았다. 수촌리에서 출토된 농기구 가운데 논의 물꼬를 트는 데 사용하는 살포가 있는데, 당시 왕이 살포를 하사한다는 것은 그 지역의 농사권, 즉 경제권을 준다는 의미였다. 지방 수장에게 농지는 물론이거니와 수확한 농산물을 차지할 수 있는 권리도 부여한 것이다. 이러한 체제 아래 지방 수장은 그 가운데 일부를 한성에 있는 백제 왕에게 보냈을 것이다.

　백제 최고의 하사품이었던 살포는 조선 시대까지 그 의미가 이어졌다. 조선 18대 왕인 현종顯宗은 영의정 이경석李景奭이 은퇴하자 궤장几杖을 하사했다. 의자와 지팡이로 이루어진 궤장은 오랜 공직 생활을 마친 고위 관리에게 임금이 내린 최고의 영예다. 왕이 내린 궤장, 그 지팡이 끝에 살포가 달려 있다. 살포는 시대를 막론하고 왕이 내리는 최고의 하사품이었던 것이다.

　수촌리 세력의 수장은 왕이 그 지역의 경제권뿐 아니라 군사권까지 부여한, 지방의 최고 권력자였던 것으로 보인다. 큰고리칼이 바로 그 증거다. 용이나 봉황의 문양이 장식되어 있는 큰고리칼은 신분이 높은 사람이 낮은 사람에게 신임의 징표로 내리는 경우가 많다. 천안 용원리를 비롯한 여러 지역에서 큰고리칼이 출토되었는데, 이는 해당 지역 수장이 한성 백제 중앙세력과 매우 긴밀한 관계를 맺고 있었음을 뜻한다. 수촌리 고분의 주인공들은 백제 왕과 밀접한 관계를 맺음으로써 공주 일대의 경제권과 군사권을 장악한 그 지역 최고의 수장이었다.

웅진의 백가, 왕을 베다

백제에는 수촌리 세력과 같은 여러 지방세력들이 곳곳에 있었고, 왕은 각 지역 세력가들에게 하사품을 내려 경제적인 부와 지배 권력을 누리게 함으로써 그 지역을 간접 통치했다. 그렇다면 수촌리 세력은 백제 중앙정부와 어떤 관계를 맺었을까? 백제는 한성에서 왜 하필 웅진, 지금의 공주 지역으로 도읍을 옮겼을까? 4세기 말부터 백제와 고구려는 국운을 걸다시피한 전쟁을 계속했다. 4세기에는 백제가 우위를 차지했지만, 5세기 고구려 장수왕 이후 밀리기 시작했고, 결국 475년에 한성 지역을 고구려에게 내주고 도읍을 웅진, 오늘날의 공주로 옮겼다.

용이 장식된 수촌리 고분의 큰고리칼 복원도(위)와 실물(아래). 이 무덤이 지방 최고 권력자의 것임을 알게 한다.

학계에서는 공주가 고구려의 침략을 방어할 수 있는 최적의 지리 조건을 갖추고 있기 때문이라고 보고 있다. 정말 공주는 고구려를 방어하기 위한 최적의 요새일까? 이 지역은 강으로 북쪽과 서쪽이 보호되고, 남쪽으로는 낮은 구릉들이 둘러싸고 있다. 안쪽이 협소하기는 하지만 방어 측면에서는 유리한 입지다. 고대 성곽 구조에서는 성곽 주변에 물길을 만들고 물을 채워 적의 공격을 저지하는 해자가 필수 요소다. 그만큼 방어 전략에서 강이 갖는 의미는 크다. 앞으로는 금강이 흐르고, 북으로는 차령산맥이 막고 있어, 웅진 시대 백제의 왕궁이었던 공산성(公山城, 충청남도 공주시 산성동, 사적 12호)은 고구려의 공격을 방어하는 데 아주 적합했다.

앞으로 금강이 흐르고 북으로 차령산맥이 막고 있는 공주 공산성(왼쪽).
백제 가림성으로 추정되는 부여 근방의 성흥산성(오른쪽).

　　그러나 조선 시대 지리지에는 공주는 수심이 얕아 큰 배가 드나들기
어렵다는 기록이 있다. 수도에 큰 배가 드나들 수 없게 되면 중국, 일본
지역 등과 교류하기는 물론, 주변에서 식량을 조달하는 일도 쉽지 않게
된다. 수도로서는 큰 약점이 아닐 수 없다. 물론 조선 시대 기록이기는 하
지만, 부여가 도읍지로서는 훨씬 더 적지라는 뜻이 된다. 또 부여 말고도
금강을 이용해 방어하기 유리한 지역은 금강 북쪽에도 많다. 예컨대 금
강 물줄기를 따라 북쪽에 자리한 연기군 금남면 일대는 천혜의 군사 방
어지일 뿐 아니라 넓은 평야도 있다.

　　백제는 왜 그런 곳을 놔두고 굳이 공주 지역을 택했을까? 이 지역에
서 가장 강력한 세력이 자기 영향력을 행사할 수 있는 주변으로 도읍을
유치한 게 아니었을까? 지금까지 발굴한 유적들 가운데는 수촌리 고분군
세력이 도읍과 가장 가깝고 가장 오랫동안 번성한 세력이다. 우연의 일치
인지도 모르지만, 금강을 경계로 북쪽에 수촌리 세력이 있고 남쪽에 도읍

이 들어섰다. 그렇다면 수촌리 세력
이 백제 왕실을 이 지역으로 끌어들
인 것이 아닌가 추정해볼 수 있다.

수촌리 세력이 백제 왕실을 공주
로 끌어들였다면, 그들은 누구일까?
두우杜佑가 편찬한 중국 역사서 《통
전通典》에 따르면, 백제에는 여덟 개
의 큰 성씨들이 있었다. 그들 중 백제
가 웅진으로 도읍을 옮긴 후 부상한
성씨는 사씨, 연씨, 백씨 등이다. 수촌

수촌리 고분 복원도.

리 세력은 이 중 과연 누구일까? 그 단서가 부여 남쪽인 임천군의 성흥산
성(聖興山城, 충청남도 부여군 임천면 군사리, 사적 4호)에 있다. 이곳은 백
제 때 가림군이었고, 이에 따라 성흥산성을 백제 때의 가림성加林城으로
추정할 수 있다.

백제 24대 동성왕東城王은 이곳에 성을 쌓고(501년) 자주 사냥을 나왔
다. 동성왕은 세 차례에 걸쳐 사비泗沘, 지금의 부여 지역으로 사냥을 나
왔는데, 사비 지역으로 도읍을 옮기려는 뜻을 엿볼 수 있다. 물론 이는 사
냥하는 지역 일대에 대한 왕의 지배권을 확인시키는 일이기도 했다. 왕
이 사냥한 일대를 왕이 직접 소유하는 땅, 즉 왕토王土로 삼을 수도 있었
던 것이다. 사비에 도읍을 두려면 주변에 수도 방어를 위한 산성을 쌓아
야 했으므로 금강을 통해 사비 지역으로 진입하는 부분이면서 전망도 좋
은 곳에 바로 가림성을 축조했다.

가림성을 쌓은 동성왕은 최측근인 백가苩加를 성주로 임명했다. 그런
데 동성왕은 사냥을 하다가 큰 눈에 길이 막혀 어느 마을에 머물게 되었
고, 그 지역을 관장하던 가림성 성주 백가는 자객을 보내 동성왕을 죽이

수촌리 고분에서 출토된 토기들. 백제인의 생활을 엿보게 한다.

고 가림성에서 반란을 일으켰다가 진압당했다. 왕의 최측근 백가가 왜 동성왕을 죽였을까? 백가는 백제가 공주로 천도한 지 11년 되는 486년에 위사좌평, 즉 백제 왕의 경호 책임자가 된 인물이다. 동성왕은 공주 지역 토호세력을 고위직에 임명하여 왕권을 지지하는 세력으로 삼았던 것이다.

한성 백제 시대에는 왕실의 처족, 즉 왕비족인 진씨와 해씨 귀족 세력이 요직을 독점하다시피 했지만, 동성왕은 금강을 중심으로 오늘날의 충청남도 일대에 기반을 둔 사씨, 백씨, 연씨 등의 세력을 새롭게 대거 등용했다. 동성왕으로서는 다양한 귀족 세력을 등용하여 귀족들이 서로 견제, 대립하게 함으로써 왕권을 강화하는 결과를 얻으려 했을 것이다. 동성왕이 신라 왕족의 딸과 혼인한 까닭도 전통적인 왕비족의 힘을 약화하려는 의도로 볼 수 있다.

백가는 가림성 성주로 임명되자 병을 핑계 삼아 가림성으로 가지 않으려 했다. 자신의 세력 기반인 공주를 떠나기 싫었던 것이다. 그러나 제 뜻과 달리 가림성 성주로 가게 되자, 모시던 왕을 시해하고 말았다. 동성왕이 부여로 수도를 옮기려 하는 상황에서, 자신마저 공주 지역을 떠나게 되자 위기의식을 느낀 나머지 극단적인 선택을 했을 것이다. 웅진의 토착세력인 백가에게 가림성 성주가 된다는 것은 중앙권력에서 소외된다는 뜻이었으며, 자신의 세력 기반과 멀어진다는 의미이기도 했다. 이는 정치적 입지 약화로 이어질 수 있고, 라이벌 관계에 있는 다른 세력들에게 밀린다는 뜻도 된다.

수촌리 고분 주인공은 동성왕 시해사건보다 한참 전의 사람이지만, 백제의 웅진 도읍기에 가장 득세했고, 부여로 도읍을 옮기는 것을 사실상 결사반대한 백씨 세력의 선조가 아닐까 하는 추측도 해봄직하다. 그들은 공주 지역 최고의 권력가였고, 백제가 도읍을 웅진으로 옮기는 데 큰 역할을 했을 것이다.

공주 지역이 방어에 유리했기 때문에 백제가 한성에서 공주로 천도했으리라는 것이 많은 사람들의 생각이었다. 그러나 수촌리 고분 발굴을 통해, 백제 왕실과 긴밀한 유대 관계를 맺은 세력이 공주 지역에 이미 성장해 있었다는 것이 밝혀졌고, 따라서 백제의 천도는 공주 지역 세력의 적극적인 지원을 바탕으로 이뤄졌다고 볼 수 있다.

무령왕릉 발굴 이후 최대의 성과로 불리기도 하는 공주 수촌리 고분 발굴은 그동안 감춰져 있던 백제 웅진 천도의 비밀을 풀게 해준 대사건이었다. 수촌리 발굴은 시작에 불과하다. 금강 유역에서 많은 발굴이 예정되어 있기 때문이다. 좀더 많은 발굴이 진행되면 백제에 관해 또 어떤 새로운 사실들이 드러날까. 가슴 두근거리는 설렘을 담은 질문이다.

연표

연도	한국사	세계사

선사 시대

60만 년 전	평양 검은 모루 유적.	250만 년 전, 구석기 시대 시작.
4만 년 전	청원 두루봉 유적 흥수아이 탄생.	
2만 5000 년 전	좀돌날 등장.	
6000년 전	한반도 신석기 시대 시작.	

기원전

2333년	단군왕검, 고조선 건국.	
194년	고조선, 위만의 즉위로 위만 왕조가 시작됨.	221년, 진나라 시황제, 중국을 통일함.
108년	고조선, 한나라의 침략을 받아 멸망. 한나라가 한사군을 설치함.	
82년	한사군 가운데 진번군과 임둔군을 폐하고 그 일부가 각각 낙랑군과 현도군에 편입.	
57년	사로국(신라), 박혁거세를 시조로 건국.	58년, 로마의 카이사르, 갈리아 원정을 시작(51년까지).
37년	주몽(동명왕)이 고구려를 건국함.	
18년	백제, 온조왕 위례성에서 즉위하여 나라를 세움.	

1세기

3년	고구려, 도읍을 졸본에서 국내성으로 옮김.	
9년	백제 온조왕, 마한 목지국을 멸망시킴.	25년, 유수가 광무제로 즉위하여 후한 왕조 성립.
42년	수로왕이 가락국(가야)를 건국하고 즉위함.	
56년	고구려, 동옥저를 통합함.	

2세기

108년	말갈, 백제를 우곡성을 약탈함.	
115년	가야, 신라의 남쪽 변경을 공격. 신라는 반격했으나 패함.	
121년	고구려 태조왕, 한나라 요수현을 공격하여 요동 태수 채풍을 죽임.	144년, 인도 쿠샨 왕조, 카니시카 1세 즉위. 쿠샨 왕조의 최전성기 시작.
132년	백제 개루왕, 북한산성을 쌓음.	

연도	한국사	세계사
137년	말갈, 신라 변경에 들어와 방어 시설을 불태움.	
146년	고구려 태조왕 서안평을 공격, 대방 현령을 죽이고 낙랑 태수의 가족을 사로잡음.	161년, 마르쿠스 아우렐리우
188년	백제 초고왕, 신라의 모산성을 공격함.	스, 로마 황제로 즉위.
191년	고구려, 을파소가 국상國相이 됨.	184년, 후한에서 황건적의
194년	고구려 고국천왕, 진대법을 시행함.	난이 일어남.
198년	고구려 산상왕, 환도성을 쌓음.	

3세기

연도	한국사	세계사
231년	신라, 경상북도 김천 부근에 있던 감문국甘文國을 멸망시킴.	
236년	경상북도 영천 부근에 있던 골벌국骨伐國이 신라에 투항.	220년, 중국의 후한이 멸망
246년	고구려, 환도성이 위나라 관구검의 공격으로 함락됨.	하고, 조비가 황제에 올라 위나라를 세움.
259년	고구려, 위나라 울지해가 이끄는 침략군을 양맥에서 대파.	
260년	백제 고이왕, 관위 16품과 6좌평 제도, 공복 제도 등을 정함.	250년, 이후 반세기에 걸쳐 로마의 기독교 대박해가 이
285년	백제의 박사 왕인이 《논어》, 《천자문》 등을 일본에 전함.	어짐.
297년	신라, 이서국伊西國의 공격으로 금성(金城, 경주)이 포위됨.	265년, 사마염이 위나라를 멸망시키고 진나라를 세움
298년	백제 책계왕, 낙랑군과 말갈군의 침공에 맞서다가 전사.	(280년에 중국을 통일함).

4세기

연도	한국사	세계사
313년	고구려, 낙랑군 축출. 이듬해에는 대방군을 멸망시킴.	313년, 로마 황제 콘스탄티
346년	백제 근초고왕, 즉위.	누스 1세, 기독교를 공인함.
369년	백제 근초고왕이 마한 세력을 병합. 황해도의 치양성전투 에서 고구려 격파.	316년, 진나라가 멸망하고 5 호16국 시대가 시작됨. 이듬
371년	백제 근초고왕, 고구려 평양성을 공격(고구려 고국원왕 전사, 소수림왕 즉위)하고 왜에 칠지도를 하사.	해 동진 왕조 성립.
372년	고구려, 태학太學 설립(이듬해 율령 반포).	
382년	신라, 고구려를 통해 전진前秦과 외교 관계 수립.	375년, 게르만 민족의 대이 동 시작.
396년	고구려 광개토대왕(391년 즉위), 한강 이북의 백제 58 개성을 함락.	
400년	고구려 광개토대왕, 5만 군사를 보내 신라를 도와 왜를 격파함.	

HD역사스페셜 1
한국사, 신화를 깨고 숨을 쉬다

원작 KBS HD역사스페셜
해저 표정훈

2006년 2월 25일 초판 1쇄 발행
2007년 7월 31일 초판 3쇄 발행

펴낸곳 효형출판
펴낸이 송영만

편집 안영찬, 박재은, 김금희, 강초아 | **디자인** 김미정 | **마케팅** 정광일, 심경보
디자인 자문 최웅림

등록 제406-2003-031호 1994년 9월 16일
주소 413-756 경기도 파주시 교하읍 문발리 파주출판도시 532-2 | **전화** 031-955-7600
팩스 031-955-7610 | **홈페이지** www.hyohyung.co.kr | **이메일** booklove@hyohyung.co.kr

ISBN 89-5872-025-5 04910
      89-5872-019-0 (세트)

값 8,800원